Copyright © 2017 Ediciones Rialp, S.A.
Copyright da edição brasileira © 2018 É Realizações Editora
Título original: *La Tolerancia y la Manipulación*

EDITOR | Edson Manoel de Oliveira Filho
COORDENAÇÃO DA COLEÇÃO | Gabriel Perissé
PRODUÇÃO EDITORIAL | É Realizações Editora
PREPARAÇÃO DE TEXTO | Paulo Mendrone
REVISÃO | Marta Almeida de Sá
CAPA E PROJETO GRÁFICO | Mauricio Nisi Gonçalves

Reservados todos os direitos desta obra. Proibida toda e qualquer reprodução desta edição por qualquer meio ou forma, seja ela eletrônica ou mecânica, fotocópia, gravação ou qualquer outro meio de reprodução, sem permissão expressa do editor.

CIP-BRASIL. CATALOGAÇÃO NA PUBLICAÇÃO
SINDICATO NACIONAL DOS EDITORES DE LIVROS, RJ

Q68t

Quintás, Alfonso López, 1928-
  A tolerância e a manipulação / Alfonso López Quintás ; tradução Gabriel Perissé. - 1. ed. - São Paulo : É Realizações 2018.
  304 p. ; 21 cm.   (López Quintás)

Tradução de: La tolerancia y la manipulación
ISBN 978-85-8033-333-6

1. Filosofia. I. Perissé, Gabriel. II. Título. III. Série.

18-48772
                                                CDD: 100
                                                CDU: 1

Leandra Felix da Cruz - Bibliotecária - CRB-7/6135
03/04/2018 05/04/2018

É Realizações Editora, Livraria e Distribuidora Ltda.
Rua França Pinto, 498 · São Paulo · SP · 04016-002
Caixa Postal: 45321 · 04010-970 · Telefax: (5511) 5572 5363
atendimento@erealizacoes.com.br · www.erealizacoes.com.br

Este livro foi impresso na Mundial Gráfica em abril de 2018.
Os tipos são da família Minion Pro e Freebooter Script Regular.
O papel do miolo é o Lux Cream 70 g, e o da capa cartão Ningbo C2 250 g.

Alfonso López Quintás

A TOLERÂNCIA E A MANIPULAÇÃO

tradução: Gabriel Perissé

É Realizações
Editora

*Em memória de minha irmã Esther e
de meu cunhado Pedro.*

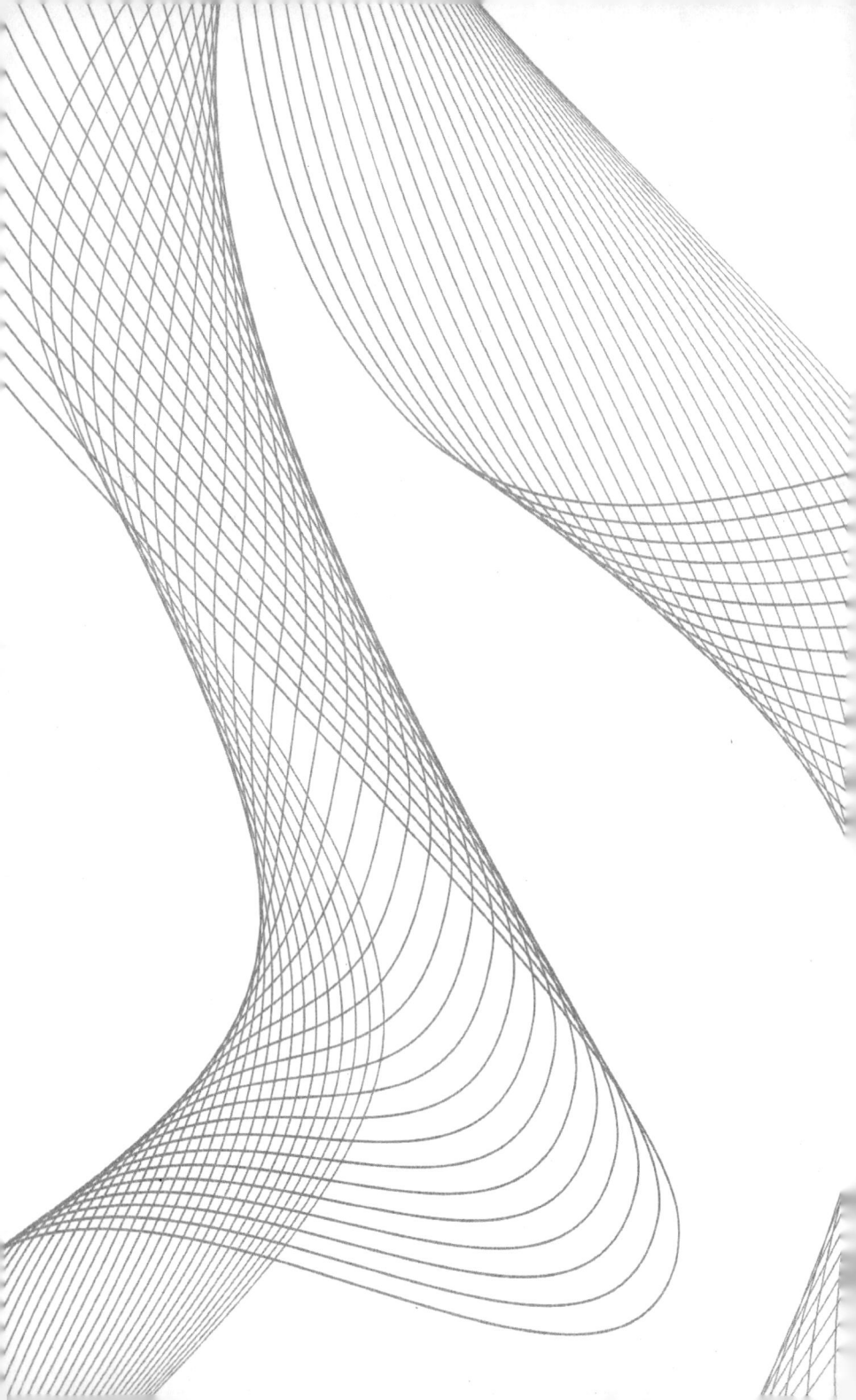

Sumário

Prólogo
9
Introdução
17

1. A TOLERÂNCIA E A BUSCA EM COMUM
DA VERDADE
21

2. A MANIPULAÇÃO E SEUS RECURSOS
(VISÃO SINÓPTICA)
53

3. MANIPULAR É REBAIXAR DE NÍVEL
77

4. QUEM MANIPULA
93

5. COM QUE INTENÇÃO SE MANIPULA
139

6. COMO SE MANIPULA
I. As atitudes do manipulador
151

7. COMO SE MANIPULA
II. Uso tático dos vocábulos
173

8. COMO SE MANIPULA
III. Prestígio artificial da palavra "mudança"
189

9. COMO SE MANIPULA
IV. A deturpação dos esquemas mentais
209

10. COMO SE MANIPULA
V. Os procedimentos enganadores
231

11. COMO SE MANIPULA
VI. Segunda e terceira fases da manipulação ideológica
267

12. CONSEQUÊNCIAS DA MANIPULAÇÃO E SEU ANTÍDOTO
289

Prólogo

Quando eu trabalhava em minha tese de doutorado sobre a *metodologia do suprassensível*,[1] tomei consciência de que é absolutamente necessário aprender a pensar com extrema precisão também ao analisarmos questões à primeira vista mais ambíguas. Devemos fazer as pazes com a ambiguidade, uma vez que existe uma forma de ambiguidade que é sinal de elevação e grande amplitude. "Onde termina a pessoa que ama? Onde começa o ser amado?", pergunta-se um personagem de uma obra teatral de Gabriel Marcel. No apogeu do amor, a transformação da atitude egoísta numa atitude generosa permite-nos criar *relações recíprocas, bidirecionais*, nas quais se supera a cisão entre o "aqui" e o "lá", entre o "dentro" e o "fora", entre o exclusivamente "meu" e o retraidamente "teu".

Um modo de transformação cada vez mais sutil determina nossa ascensão de nível: do nível 1 para o nível 2 – o nível da criatividade, do encontro e do amor; do nível 2 para

---

[1] Cf. *Metodología de lo Suprasensible*. 2. ed., 1963. In: Publicaciones de la Universidad Francisco de Victoria. Madrid, 2015.

o nível 3 – o nível dos grandes valores e da perfeição da vida ética; dos planos mais altos do nível 3 para o cume do nível 4, que é o nível religioso. Em todos eles encontramos relações ambíguas, como a do intérprete e a obra musical que ele recria. A obra o impulsiona e inspira, e ele, por sua vez, dá vida à obra. A obra o acolhe como um lar e o músico dá à obra um corpo sonoro, tornando-a acessível a uma multidão de pessoas. A obra só existe realmente quando pessoas capacitadas a interpretam devidamente. O que a obra oferece para este complexo acontecimento? E o que este acontecimento deve ao intérprete? Quando alguém habitua sua mente e seu olhar à ambiguidade própria desse tipo de acontecimento relacional ou dialógico, sente que se elevou a um nível de realidade muito mais alto do que todos os objetos do mundo, por mais valiosos que sejam.

Ao escrever os três volumes da *Metodología de lo Suprasensible* – o primeiro já citado anteriormente, mais *El Triángulo Hermenéutico*[2] e *Cinco Grandes Tareas de la Filosofía Actual*[3] – fiquei muito à vontade numa trama grandemente complexa de âmbitos de realidade, de realidades abertas. Quanto mais subia de nível, mais ambíguas faziam-se as relações, e tanto mais crescia meu poder de superação de falsos paradoxos. A liberdade e as normas deixaram de se opor; a autonomia e a heteronomia passaram a se complementar e enriquecer mutuamente... Dia a dia, eu percebia que não só havia me reconciliado com a ambiguidade, mas com ela me irmanava. Era

---

[2] Cf. op. cit. 2. ed., 1971. In: Publicaciones de la Universidad Francisco de Vitoria. Madrid, 2015.
[3] Cf. op. cit. 2. ed., 1977. In: Publicaciones de la Universidad Francisco de Vitoria. Madrid, 2015.

como um sinal de que o discurso adquiria altura e qualidade, e uma forma peculiar de clareza, a clareza própria da lucidez.[4] A partir de então, decidi: a) fomentar tudo o que promovesse a lucidez intelectual, aquela luz que nos cativa e encanta ao ler Platão e Santo Agostinho; b) denunciar e refutar tudo aquilo que alimentasse a confusão e o caos. A este segundo grupo pertence a prática da manipulação.

A manipulação, hoje em dia, é um fenômeno com gravíssimas consequências, de alcance mundial, e é assustador perceber que se trata de um tema muito pouco estudado e analisado. Já dediquei quatro livros a esse assunto, e penso que toda criança e todo jovem deveriam obter na escola um claro conhecimento a respeito das seguintes questões:

a. o que significa exatamente manipular, quem manipula, com que finalidades o faz e que meios utiliza para isso, ou seja, de que artimanhas lança mão para dominar as pessoas sem que estas se deem conta;
b. que antídoto podemos e devemos empregar para neutralizar a manipulação e ser interiormente livres, em termos de *liberdade criativa*.

[4] Nas famosas *Rencontres Internationales de Genève*, na edição de 1951, vários renomados pensadores não souberam muito bem o que fazer com o tema da "ambiguidade" inerente a certas realidades decisivas no caminhar da vida humana. Somente Maurice Merleau-Ponty, ainda que timidamente, indicou um início de solução: "Quando falo de ambiguidade, isto nada tem a ver com um pensamento instável, que vai do branco para o negro, e afirma primeiramente o negro e depois o branco. Refiro-me a um pensamento que distingue as diferentes relações entre as coisas, o movimento interior que faz com que participem dos contrários". Cf. *El Hombre y la Cultura en el Siglo XX*. Madrid, Guadarrama, 1957, p. 182.

Esse antídoto consiste em tomar três medidas: primeira, estarmos atentos, conhecendo com precisão o que é a manipulação e suas estratégias; segunda, pensarmos com grande ponderação e rigor, como num trabalho de ourivesaria, pois a manipulação só tem êxito numa vida pouco cultivada; terceira, vivermos criativamente, seguindo o processo de desenvolvimento humano, ciente de que a criatividade nos permite ver *por dentro* as grandes questões da vida.

Como a terceira medida depende, em boa parte, da segunda, cabe afirmar que é decisivo, diante do perigo da manipulação, cultivar uma forma de pensar e expressar-se de acordo com a lógica própria dos quatro níveis positivos:

- *Nível 1* – que é próprio dos objetos e do seu manuseio;

- *Nível 2* – o da criatividade e do encontro;

- *Nível 3* – o dos grandes valores e de seu poder para nos orientar e animar na realização de nossa vida;

- *Nível 4* – que é o propriamente religioso.

Há muito tempo tenho procurado, em diversos campos, estimular um tipo de pensar rigoroso, em consonância com a lógica própria de cada um dos níveis mencionados. Se seguirmos a tendência – tão difundida atualmente – de abordar a análise das realidades de alto nível com categorias próprias do nível mais elementar – o nível 1 –, estaremos sujeitos ao caos intelectual.

Exemplo bastante significativo disso remete-nos àquela situação em que, no nível 1, à liberdade e as normas opõem-se, pois aqui a liberdade é entendida como "liberdade de ação" — liberdade para fazer o que se deseja — e as normas são tomadas como meras *proibições*. Ao contrário, nos níveis 2, 3 e 4, liberdade e normas complementam-se e se enriquecem, pois a liberdade é entendida agora como *liberdade criativa*, e as normas são vistas como *caminhos para a criatividade*. Graças a isso, nesses níveis, desenvolve-se ao máximo a capacidade de criar modos mais valiosos de liberdade e de unidade. Agarrar-se à convicção de que "a liberdade e as normas *sempre* se opõem" — sem fazer ressalva alguma — significa excluir-se do campo da criatividade, com o decorrente e nocivo empobrecimento da vida pessoal.

Esse tipo de afirmações acerca de uma relação própria do nível 2 com um critério extraído do nível 1 revela um estilo de pensar imaturo e insuficiente. Em razão da sua precariedade, esse estilo de pensar deve ser considerado como um dos maiores males do nosso tempo, conforme constatamos ao analisarmos de perto as práticas manipuladoras.

Para atingir seus objetivos, o manipulador estende para os níveis superiores algo que só ocorre no nível 1. Pensemos — como exemplo notório — no mau uso que se faz hoje do conceito de "liberdade de expressão". No nível 1, dispomos da *liberdade de ação* absoluta para falar e nos expressar. A única condição é *poder fazê-lo fisicamente*. Amparado pelo fato de que o verbo "poder" refere-se, em alguns casos, à *capacidade física* e, em outros, à *licitude moral*, o manipulador, sem demora, estende a liberdade de ação a todos os níveis, e afirma que "*podemos* — no sentido de que *é lícito* — dizer tudo aquilo que quisermos", ainda que isso prejudique gravemente a honra de outras pessoas (nível 2), altere gravemente o sentido e a eficiência dos grandes valores (nível 3), ofenda as crenças de cidadãos que consideram a vida religiosa um patrimônio inalienável e decisivo para conservar os níveis mais altos de sua vida (nível 4).

O que há de grave nessa deturpação manipuladora é que os fatos do nível 1 são impostos a nós de modo contundente e parecem ser algo óbvio, inquestionável. Se, astutamente, estabelecermos como líquido e certo que as realidades e os acontecimentos dos níveis superiores estão regidos pela mesma lógica própria do nível 1, conseguiremos que muitíssimas pessoas, por desconhecer as sutilezas dos níveis superiores, aceitem como algo óbvio o que está bem longe de sê-lo, e se agarrem a isso de forma incondicional.

Como veremos amplamente neste livro, a pessoa que quiser superar radicalmente diversos mal-entendidos e bloqueios intelectuais deve analisar na realidade acontecimentos *à luz da lógica do nível ao qual estes pertençam*. Essa adequação às exigências de cada entidade coloca-nos no caminho para alcançar a verdade: a verdade das realidades que encontramos na vida, e a nossa própria verdade de pessoas humanas.

Se conhecemos com precisão as diversas fases dos processos de vertigem e êxtase, dispomos de uma excelente chave de interpretação para descobrir qual atitude de *egoísmo* poderá nos fazer cair em diversas formas de *sedução*, e como a atitude de *generosidade* nos levará diretamente ao cultivo das experiências de *encontro,* cujo fruto é a *plenitude pessoal* e a *felicidade*. Ambos os processos distinguem-se por sua origem, seu desenvolvimento e suas consequências. Parece óbvio que são opostos, mas é fácil confundi-los, pois a vertigem produz *euforia* – sentimento próprio do nível 1 – e o êxtase suscita *entusiasmo*, sentimento que surge no nível 2. Se confundirmos as duas formas de sentimento, pensaremos que, entregando-nos à vertigem – e ao temível fascínio que isso implica –, conseguiremos colher os frutos do êxtase, que coincidem com os do encontro. Daí provém uma das formas mais perigosas de manipulação ética.

Tendo em vista tudo isso, é urgente destacar a importância de cultivar uma *visão profunda*,[5] transmitindo-se os conhecimentos necessários a crianças e jovens. Ensinar não deve se reduzir a aumentar a quantidade de saberes. Deve-se também comunicar "sabedoria", e isso implica desenvolver as faculdades humanas: inteligência, vontade, capacidade de discernir o excelente do ruim, flexibilidade para distinguir e integrar níveis de realidade diferentes e complementares ao mesmo tempo.

A cada dia eu acredito mais na juventude e em sua capacidade de realizar um verdadeiro aprendizado, contanto que mobilizemos um método educativo *rápido, lúcido, convincente* e *entusiasmante*. Foi com um método desse tipo que procurei aplicar a análise da manipulação, em busca de um antídoto eficaz.

Se os leitores quiserem descobrir por sua própria conta a importância de cultivar a *visão profunda* e aplicar o antídoto de que falei, pode analisar pausadamente com a paciência de um ourives da atividade intelectual os capítulos 11 e 12 deste livro. Bastando definir com fina precisão o sentido de certas palavras, verá com que facilidade podemos adquirir as

---

[5] Uma análise bastante ampla do sentido dessa forma de ver a realidade encontra-se em meu livro *El Arte de Leer Creativamente*. Madrid, Stella Maris, 2014, p. 41-77.

condições necessárias para desmontar as inúmeras armadilhas que bloqueiam a vida intelectual e até mesmo a vida espiritual de muitas pessoas de boa vontade, mas pouco familiarizadas com as questões da linguagem. O esforço realizado para aperfeiçoar nosso conhecimento em torno da linguagem e das sutis diferenças de sentido entre determinados termos e outros traz consigo, não muito tempo depois, grande recompensa.

Agradeço profundamente a boa acolhida que o editor da É Realizações tem dispensado a esta coleção de minhas obras em língua portuguesa, e felicito o professor Gabriel Perissé por sua perícia em traduzi-las.

Alfonso López Quintás
Madri, 2017

Introdução

Depois que assistimos à ignomínia das atitudes prepotentes e cruéis que trouxeram tanta dor e humilhação a vários povos em boa parte do século XX, tornou-se comum, em certo momento, enfatizar a necessidade de sermos *tolerantes*, no sentido de *compreensivos*, com tudo aquilo que seja *diferente* de nós em termos de raça, origem, convicções ou crenças. Tal *compreensão*, limitada a permitir que o outro exista, que se manifeste livremente, que exerça o direito de ir e vir e tenha alguma iniciativa, é em si muito boa. É uma atitude que se encontra anos-luz à frente das discriminações que afetaram e ainda hoje afetam tantos seres humanos. No entanto, ser tolerante de verdade, felizmente, exige muito mais do que isso. Consiste numa atitude de *colaboração positiva* com o outro em *busca da verdade*.

No polo oposto a essa vontade de buscar a verdade de modo conjunto, para dela e nela viver, fundando uma autêntica vida comunitária, deparamos com o *manipulador*, que atua com a única finalidade de vencer sem convencer, de reduzir as pessoas a meios para atingir os seus fins, submetendo-as a uma desvalorização aviltante. O manipulador é um *ilusionista dos conceitos*, que deturpa o sentido das palavras para falsificar a seu bel-prazer a escala de valores, fazendo as pessoas perderem sua capacidade criativa e se tornarem facilmente domináveis.

Manipular é o contrário de *ser tolerante*. Quem pratica a tolerância busca a verdade em colaboração respeitosa, até mesmo com os seus adversários ideológicos. Quem manipula não busca a verdade, mas o domínio mediante o engodo. Não quer *viver em verdade*, criando uma autêntica vida de comunidade com os outros. Deseja dominar pessoas e povos como se estes fossem coisas ou objetos. Por isso emprega a adulação para logo depois tiranizá-los.

Se quisermos fomentar a tolerância, devemos conhecer com profundidade em que consiste a manipulação, a que finalidades obscuras pretende servir, quem a exerce, de que meios se utiliza para realizar seus propósitos perversos, e que perigos corremos. Esse conhecimento nos fará perceber quanto é arriscado manipular e deixar-se manipular. Nos dois casos, o outro é desprezado e o manipulador avilta-se a si mesmo.

A temível atividade manipuladora em boa parte se concretiza em razão do sugestivo poder dos "termos talismã", dentre os quais se destacam atualmente as palavras *liberdade, mudança* e *progresso*. Para demonstrar como é séria e preocupante a influência que tais vocábulos exercem na sociedade atual, retomo algumas questões que abordei em dois livros meus, *Inteligência Criativa* e *La Revolución Oculta*, analisando-as agora de modo mais direto. Meu objetivo é dar aos jovens a devida informação sobre esse tema, para que vivam interiormente livres num ambiente que procura dominá-los.

Em virtude dessa intenção pedagógica, o presente livro figura entre o material básico do projeto formativo que estou promovendo com o título *Escola de pensamento e criatividade*. Conhecer de perto a capacidade construtiva da tolerância e o poder destrutivo da manipulação é pressuposto indispensável para fundamentar corretamente uma teoria das relações humanas, questão básica em todo trabalho educativo. Não esqueçamos que a atitude tolerante inspira-se no amor à verdade, e é a verdade que nos proporciona saúde espiritual, energia e sentido. A manipulação, ao contrário, apoia-se na prática incessante da mentira, e a mentira nos adoece espiritualmente, pois impossibilita o encontro, que é o motor do nosso desenvolvimento como pessoas.

Alfonso López Quintás
Madri, 24 de setembro de 2000

1

A tolerância e a busca em comum da verdade

Para alcançar uma forma de unidade valiosa com as pessoas e os povos, precisamos esclarecer o conceito de *tolerância* e descobrir seu caráter eminentemente positivo e quanto é enriquecedor para a personalidade humana. Essa tarefa é facilmente realizável se amamos a verdade de modo incondicional e se reconhecemos nossa vocação de seres chamados ao encontro como algo decorrente de nossa própria realidade.

Aproximação da ideia de tolerância e intolerância

Numa mesa-redonda de que participei faz algum tempo, em Madri, enfatizei a necessidade de descobrirmos o *ideal* autêntico de nossa vida e de optarmos decididamente por ele em todas as nossas escolhas. Um dos participantes ergueu então a voz para me fazer ver, sem disfarçar sua agressividade, que perseguir "grandes ideais" na vida acarreta terríveis consequências para a sociedade, como se verificou nos atrozes "doze anos" do nazismo alemão. Procurei mostrar-lhe que "a corrupção do ótimo é péssima", como diziam os antigos romanos, e que um ideal equivocado certamente pode causar hecatombes, mas isso não nos autoriza de forma alguma a deixar de orientar a vida em direção ao valor mais elevado. Não se convenceu. E irritou-se ainda mais porque entendia a palavra "ideal" de modo nebuloso, etéreo, como um sonho utópico que se deseja atingir de forma *exaltada* e *irracional*.

Esse enfurecido colega manifestou uma atitude *tolerante*? Se fosse realmente tolerante, teria parado um pouco para pensar em que medida seu conceito de ideal não era limitado demais em comparação com o meu. A estreiteza e a pobreza de nossos conceitos geralmente nos impedem de ser flexíveis no diálogo e compreensivos em relação à opinião dos outros.

Vamos imaginar que, para você, *liberdade* significa poder escolher a cada momento qualquer uma das possibilidades que lhe são oferecidas; e que, para mim, ao contrário, essa forma de liberdade seja apenas uma *condição* para sermos realmente livres, pois a autêntica liberdade consiste em sermos capazes de nos distanciar dos próprios interesses e optar não em virtude dos nossos desejos egoístas, mas do anseio maior de realizarmos na vida o ideal autêntico de nosso ser como pessoa. Essa minha opinião é contrária à sua. Se você não se esforçar em descobrir o que possa haver de razoável em meu posicionamento e se limitar a sustentar a sua definição de liberdade com crescente firmeza, dizendo que talvez a minha opinião se deva a alguma influência religiosa ultrapassada e oposta à forma moderna de pensar, será você uma pessoa *tolerante*?

Antes de responder, compare essa sua hipotética reação com a de outra pessoa que, em situação semelhante, me pedisse que explicasse os motivos pelos quais associo tão fortemente *liberdade* e *ideal*. Essa pessoa, a princípio, acredita estar certa, mas, diante da minha oposição, não se fecha em suas próprias convicções, abre-se para a possibilidade de que eu tenha razão, ao menos em parte, e quer ampliar seus conhecimentos graças aos meus. É possível que minha explicação não lhe pareça convincente e continue fiel à sua posição. Mesmo supondo que continue fiel a uma opinião equivocada, poderíamos qualificá-la como uma pessoa *intolerante*? De modo algum, pois sua *fidelidade* não equivale à pura *teimosia*, à vontade de agarrar-se a uma ideia sem explicá-la e sem querer assumir uma posição perante outras ideias. Essa pessoa ouve opiniões divergentes, mas continua pensando que estas não superam a sua em termos de aproximação à verdade. Em suma, é uma pessoa *tolerante*.

Nos debates públicos é comum ouvir alguém acusando de intolerantes pessoas cujas ideias ou atitudes lhe parecem injustificáveis. "Você pode defender as ideias que quiser, mas não tente *impô-las* aos outros." "A Igreja Católica, internamente, pode pensar que a prática do aborto está errada. Ninguém obriga a Igreja a mudar de opinião e de atitude. Mas já seria ultrapassar todos os limites ela querer transformar em exigência *pública* o que é mera convicção ou crença *privada*." Frases desse tipo são repetidas com frequência como se fossem unânimes e inquestionáveis.

Todo aquele que se entusiasma ao defender uma convicção é criticado por pretender *impô-la* aos outros de modo intolerante. Será que essa defesa entusiasmada e *fundamentada* de uma ideia é de fato uma tentativa de *imposição*? É claro que não. Entusiasmar-se por uma convicção significa que alguém se vê enriquecido por ela e deseja conservá-la como fonte de plenitude e felicidade. *Defendê-la* não significa *impô-la*, mas querer vivê-la e *compartilhá-la* com outras pessoas. Esse desejo nada tem de coercitivo. Tem, na verdade, caráter *participativo*. Um valor não pode se impor. Ele *atrai*. Quem participa de algo valioso tende por lei natural a sugerir a outros que se aproximem do campo de irradiação de determinado valor. E o próprio valor se encarrega então de atrair quem possui a adequada sensibilidade.

Quem se entusiasma e defende com tenacidade algo valioso está disposto, sem dúvida, a mudar de opinião, caso alguém o convença, *baseado em razões*, de que se encontra equivocado. *Entusiasmar-se* não equivale a *exaltar-se*. Se eu penso que a vida humana merece respeito *incondicional*, no sentido de que qualquer problema suscitado pela vida nascente deve ser resolvido sem destruí-la, e dou a conhecer essa minha convicção em ambientes privados e em público, não sou uma pessoa intolerante com aqueles que pensam de modo diferente. Se me convencerem de que, diante de um problema ou dificuldade causados por uma gravidez, é lícito anular o processo vital que está em andamento, certamente passarei a defender essa posição com o mesmo vigor com que defendia a posição anterior.

É possível que, ouvindo os meus argumentos, você me diga que a decisão de manter uma postura antiabortista impede que eu chegue a um acordo com aqueles que reivindicam para as mulheres a liberdade absoluta de decisão. Esse enfrentamento, por sua vez, inviabilizaria a paz social. Você me pede, portanto, que eu seja "tolerante" com uma lei que autorize o aborto em certos casos e em determinadas fases do desenvolvimento do feto.

Responda-me então: seria eu tolerante se não expressasse minha opinião? A *tolerância*, nesse caso, ficaria reduzida a uma mera *transigência* de minha parte, destituída de vigor pessoal. Mas podemos tolerar semelhante empobrecimento do termo *tolerância*? É evidente que não, pois tal coisa decorre de uma atitude *reducionista* que termina por empobrecer a todos nós.

Talvez você contra-argumente, dizendo que devemos aceitar os outros, não apresentar nossa opinião como se fosse a única opinião válida, respeitar o pluralismo de ideias e posicionamentos, ficar satisfeitos com o cumprimento de alguns "mínimos éticos" que tornem possível a convivência sem grandes traumas. Aceito em boa medida sua proposta, porém, se a estudarmos mais profundamente, descobriremos que é muito mais exigente do que se costuma pensar. Alguns "mínimos éticos" são insuficientes para garantir uma verdadeira tolerância. Vejamos essa questão com mais detalhes.

Diferentes formas de tolerância

Para levar a efeito essa reflexão com rigor, devemos distinguir diferentes formas de tolerância e definir com precisão o sentido e a qualidade de cada uma delas.

1. No *plano fisiológico*, emprega-se o verbo *tolerar* para indicar que se *suporta* uma dor ou incomodidade. Tolerar reduz-se aqui a *aguentar*.

2. No *plano do relacionamento pessoal*, cabe falar em várias formas de tolerância. Pensemos na relação entre um pai e o filho que passa as noites fora e só chega em casa na manhã seguinte. O pai *tolera* essa situação, aceita. Poderia opor-se, se o filho fosse menor de idade, mas prefere não fazê-lo. Há diferentes motivos possíveis para essa atitude tolerante, e avaliar essas diferenças permite-nos compreender a *qualidade* de tal atitude.

– Talvez o pai tolere esse comportamento habitual do filho para evitar males maiores, pensando em propor uma situação intermediária e, assim, chegar a um acordo com ele. Mas suponhamos que o filho não esteja disposto a fazer nenhuma concessão. Nesse caso, o intolerante é o filho. Se alguém desaprovar sua conduta, mostrando-lhe que seus pais passam a noite acordados de tanta preocupação, talvez ele responda que "isso é problema deles". O filho não procura entrar num acordo com os pais, *ajustando-se* a uma conduta *justificável*, ou seja, que se *ajuste* à comunidade da família e até mesmo ao seu próprio biorritmo. Negar-se a procurar o que é *justo*, algo que corresponda às suas próprias condições e às condições dos outros, é um traço de intolerância.

– É possível que o pai tolere a conduta do filho porque confie nele, em sua capacidade de evitar situações de grande perigo. Ser tolerante significa aqui adotar uma atitude flexível para acomodar-se a um modo de agir que, embora inadequado, não leva a grandes problemas e por isso torna-se tolerável.

– Pode ser que o pai aceite essa conduta do filho porque deseja que ele "aproveite ao máximo" essa fase da vida. A tolerância adquire então um sentido de *colaboração ativa*, mas que não é muito fácil justificar.

– Podemos pensar também que o pai se sinta inibido diante da conduta do seu filho, por mais que não concorde com essa conduta. No entanto, por mais estranha que lhe pareça, acaba por aceitá-la porque quer ter uma atitude "progressista", no sentido de não seguir a ordem estabelecida ou dar atenção aos limites e às normas de cunho ético. Agir de forma tolerante implica, nesse caso, nadar a favor de certas correntes atuais, sem se preocupar em saber ao certo se elas correspondem às exigências mais profundas do ser humano.

Cada uma dessas formas de tolerância tem uma qualificação bem diferente, o que mereceria da nossa parte uma análise mais detida, que por ora não poderemos realizar.

3. No *plano das ideias e opiniões*, é possível dizer com seriedade que, para sermos tolerantes, devemos aceitar todas as opiniões que apareçam num debate? Hoje em dia, costuma-se considerar como algo óbvio e incontestável que "toda opinião é digna de respeito", e será chamado de intolerante quem afirmar que nem sempre determinadas opiniões merecem nosso respeito. É justo chamar de intolerante quem afirme isso?

Uma opinião é *respeitável*, honrada, digna de consideração quando corresponde ao papel que uma pessoa deve desempenhar na comunidade a que pertence. *A pessoa se desenvolve ao criar vida de comunidade.* Ao falar, agir, escutar, escrever, ao realizar qualquer ação dirigida aos outros, cada um de nós deve cuidar para que nossa atividade colabore na construção da vida em comum. Vamos imaginar que eu dê uma opinião errônea, ao falar em público sobre um tema importante que não é da minha área de estudos. Essa opinião irá desorientar meus ouvintes. Tal desorientação os afastará da verdade e não lhes permitirá se ajustarem às exigências da realidade, condição indispensável para seu pleno desenvolvimento como pessoas. Ao falar sobre algo que não me dei ao trabalho de estudar com profundidade, estou prejudicando a minha comunidade. Essa minha opinião, portanto, não é *respeitável*. Ao contrário, é *digna de reprovação*, e eu deveria ser o primeiro a reprová-la. Não procedi corretamente ao me dar a liberdade de falar sobre aquele tema.

Age corretamente quem me concede "liberdade de ação" para eu emitir minhas opiniões num programa de rádio ou TV. Como tenho títulos acadêmicos que me credenciam a falar de temas do meu conhecimento, sou convidado a participar de um debate sobre uma questão de interesse geral. Ninguém restringe a minha liberdade. Sou eu que devo delimitar o âmbito de minha *liberdade de ação*. Não posso agir a meu bel-prazer, falando de qualquer modo sobre todo e qualquer assunto, sem a devida preparação. Devo comprar minha liberdade de falar a um alto preço: preparar-me com profundidade. Além do mais, em cada situação, devo adaptar meu discurso ao tema proposto, à realidade dos ouvintes e ao tempo que me for estabelecido para falar. Ajustar-me a essas condições não significa que sou intolerante comigo mesmo, mas que estou atento aos outros. Essa renúncia a uma parte de minha *liberdade de ação* (liberdade de agir como eu bem entendo) traz consigo um benefício: torno-me livre interiormente, *livre para ser criativo*, para *criar* uma relação fecunda com as outras pessoas. *Crio* uma relação de benevolência com os outros, evitando prejudicá-los com minhas opiniões desorientadoras. É curioso e instrutivo: *limitando minha liberdade dessa forma, é nesse momento que eu atuo com autêntica liberdade, com desenvoltura e senhorio.*

Ir contra a tendência a falar o que me vem à cabeça não indica que eu seja intolerante, no sentido pejorativo de "rígido", "cabeça-dura", aferrado aos próprios critérios e interesses. Ao contrário, pressupõe uma atitude de solidariedade, de *adesão* ao bem da comunidade, e não somente aos meus próprios desejos.

Olhando agora essa mesma questão do ponto de vista do ouvinte, faz sentido tolerar que ideias defendidas por pessoas não versadas em determinado assunto invadam a opinião pública? Quando alguém sem competência começa a opinar sobre um tema, a pessoa bem formada percebe facilmente que o outro não está familiarizado com o assunto, que não tem rigor algum para abordá-lo e que ignora os mil e um detalhes relacionados. Ora, estará essa pessoa obrigada, em virtude da necessária tolerância, a acatar aquela opinião superficial e considerá-la "digna de respeito"? Se por "respeito" entendemos que uma pessoa não deva ser insultada, nem criticada publicamente por sua ignorância, nem expulsa do local da reunião, é óbvio que devemos respeitar suas opiniões. Mas ninguém poderá negar que essas mesmas opiniões estão longe de ser "respeitáveis", no sentido de merecerem ser levadas a sério ou analisadas a fundo.

Precisamos levar em consideração as circunstâncias nas quais expressamos nossas opiniões. Manifestar uma opinião arrojada perante um público bem preparado não oferece risco algum, a não ser o de ter que ouvir uma boa contestação no momento do debate, caso a ousadia da ideia não tenha sido antes solidamente fundamentada. Essa mesma ideia, porém, transmitida a um público muito grande e heterogêneo pode causar graves mal-entendidos e contribuir para aumentar a confusão espiritual das pessoas. Muito possivelmente não será prudente e, portanto, respeitável, difundir tal ideia nessa situação.

Pensar no bem das pessoas, sobretudo as que pertencem a grupos culturalmente mais vulneráveis, acarreta a obrigação de limitar nossa *liberdade de ação* e ajustar nossas declarações às características dos nossos destinatários. Esse ajuste não nega a liberdade de expressão. Ao contrário, torna-a fecunda e ao mesmo tempo a justifica. Proclamar que "a liberdade de expressão é absoluta" sem realizar as necessárias adaptações não é um exemplo de rigor mental.

Quando um ponto de vista é válido?

1. Nesse momento vem ao nosso encontro o espinhoso tema do *perspectivismo*. Com frequência ouvimos dizer que cada pessoa vê a realidade de uma perspectiva própria e sempre oferece o seu ponto de vista peculiar, tão válido quanto qualquer outro. Será verdade? Num determinado plano da realidade, sim, mas em outros, não.

Comecemos pelo plano *físico*. Se você e eu contemplamos uma cadeia de montanhas a partir de lugares diferentes, vemos aspectos diferentes da mesma cordilheira. Nenhuma das duas perspectivas é a única aceitável e válida. Se ambos temos uma visão boa, colhemos percepções da cordilheira igualmente legítimas e fecundas para um conhecimento completo dessa realidade. Quando se trata da contemplação de uma realidade física, basta dispor dos nossos sentidos. Contudo, subamos a um modo de contemplação mais complexo, no campo *estético* por exemplo. Neste, condições a cumprir requerem maior sutileza. Precisamos de uma preparação adequada para que nossa experiência estética seja autêntica.

Se temos uma visão saudável, podemos contemplar com agudeza *O Enterro do Conde de Orgaz*, genial pintura de El Greco. As diferentes perspectivas que possamos ter desse quadro, de acordo com nossa posição espacial, são todas legítimas. Quanto à visão *estética* da obra, porém, será preciso cultivar nossa sensibilidade. Por onde você deve começar a contemplar esse quadro? Que função artística tem o amarelo vivo do manto de São Pedro e o azul do manto de Maria? Por que motivo o artista acumulou vários cavalheiros castelhanos por cima da cabeça de Santo Agostinho? Essas questões pertencem à contemplação *estética* da obra. Quem não recebeu uma formação específica em estética não saberá responder a essas perguntas, nem mesmo talvez saiba formulá-las. Faz sentido, nesse caso, dizer que as formas de ver o quadro de pessoas que têm boa visão são *igualmente válidas*? É evidente que não. E ninguém nos chamará de intolerantes por afirmar essa verdade.

Napoleão Bonaparte foi um gênio da estratégia militar, mas no campo da arte musical parece ter sido uma pessoa bastante limitada. Quando ele afirmou, conforme se diz, que "a música é o menos intolerável dos barulhos", não emitiu uma opinião igualmente válida à de uma pessoa que conheça música e por ela seja apaixonada. Aquela opinião provoca apenas um sorriso indulgente, com o qual se indica que não merece maior atenção.

Mas talvez alguém me diga que sobre gostos estéticos nada foi escrito ou definido de modo universalmente válido. Certamente, mas o gosto precisa ser cultivado. Se uma pessoa que recebeu formação estética emite um parecer sobre uma obra de arte, sua opinião deve ser levada em consideração, mesmo que contrarie o nosso parecer pessoal. Quando alguém que carece de toda sensibilidade estética manifesta sua aversão a uma obra de qualidade, temos todo o direito de não lhe dar ouvidos. Respeitaremos a pessoa, mas evitando dedicar nosso tempo a uma declaração que não supõe um julgamento "respeitável", no sentido de bem fundamentado, fruto de uma mente e uma sensibilidade devidamente formadas.

Pouco a pouco vamos percebendo com clareza que *nem tudo tem o mesmo valor* e que, nessa frase, nada há de intolerância. Nos diferentes aspectos da vida humana é necessário cumprir certas exigências. Se não as cumprirmos, não atingiremos determinados objetivos com relação ao conhecer, sentir, amar e criar. Para dialogar com você, devo cumprir as exigências de todo *diálogo autêntico*, que é algo bem diferente de *dois monólogos alternados*. Se, ao falar comigo, você observa em mim um comportamento agressivo, impaciente, nada acolhedor, você tem o direito de dizer que é impossível travar um diálogo assim e recusar-se a prosseguir a conversa. Não poderei, por isso, acusá-lo de intolerante, a menos que eu não faça a menor ideia do que seja tolerância.

2. A partir dessas ponderações, depreende-se que o *perspectivismo* só é válido em relação às realidades físicas, mas não em referência às realidades de um nível superior. Algo semelhante ocorre com o *relativismo* e o *subjetivismo*. Hoje se costuma dizer: "Eu tenho a minha opinião, a minha verdade, e você tem a sua". Com frases desse tipo, parece certo pensar que a verdade é *relativa* a cada sujeito porque depende do próprio sujeito. Podemos aceitar essa ideia? O sujeito deve *participar* em todo ato de criatividade, vontade, sentimento e conhecimento. Nisso estamos de acordo. Mas podemos afirmar que somente o sujeito, somente o ser humano intervém nesses atos? De forma alguma.

No plano físico, quem manda é o sujeito. Pego um objeto e, usando a minha força, quebro-o em pedaços. Eu realizo uma ação e o objeto sofre o efeito dessa ação. O esquema que constitui esse fato é "ação-paixão".

No plano estético, o ser humano, por mais talentoso que seja, não pode ser criativo sem a colaboração de outras realidades. Um intérprete musical precisa de uma partitura – que lhe revela uma obra – e de um instrumento – que lhe oferece possibilidades de criar sons. Toda atividade criativa, seja qual for, é realizada pelo ser humano – ser finito e vulnerável – em relação com outros seres, capazes de oferecer-lhe *possibilidades de ação*. Não posso ser criativo sozinho, mesmo que eu seja a pessoa mais talentosa do universo. Devo contar com diferentes realidades e, em princípio, externas, estranhas e alheias. Ao entrar em relação colaborativa com elas, deixam de ser distantes, alheias e estranhas para se tornarem *íntimas*, sem deixar de ser diferentes. Instaura-se desse modo um *campo de jogo* entre nós, e surgem o *sentido* e a *beleza*.

Passo a conhecer quem você é, por exemplo, à medida que vamos nos encontrando de verdade, e a recíproca é verdadeira. A beleza do Partenon resplandece quando uma pessoa sensível aos valores artísticos entrelaça seu âmbito de vida com o dessa realidade marmórea que se ergue no centro da Acrópole ateniense. A beleza não está nem na obra nem no sujeito. Surge dinamicamente entre ambos numa doação mútua de possibilidades. A beleza deve ser considerada, portanto, como um fenômeno *relacional*, não *relativista*. O medo ao assustador *relativismo* impediu durante séculos a investigação do caráter *relacional* da vida humana em suas diferentes manifestações.

3. Quem não é capaz de viver a arte dessa forma *relacional* não entra no campo de jogo onde a beleza resplandece. E não se trata aqui de uma afirmação intolerante. É apenas a constatação de um fato que corresponde a uma lei do desenvolvimento humano: *a lei da dualidade*. Toda forma de criatividade humana é sempre relacional; requer duas ou mais realidades em colaboração.

Tenho várias *potências*: visão, audição, reflexos, imaginação, capacidade para manejar utensílios... Essas *potências*, no entanto, não são suficientes para que eu seja criativo. Preciso que o entorno me ofereça *possibilidades* adaptáveis às minhas potências. Se eu me sentar diante dos comandos de um avião e alguém me ordenar que comece a manejá--los, entrarei em pânico. Não receberei esse convite como algo positivo, mas extremamente perigoso, pois não sou capaz de assumir as imensas possibilidades dos botões e alavancas à minha frente. Não posso entrelaçar minhas potências com as possibilidades que o avião me oferece. Estas não se convertem, para mim, em *possibilidades reais* de pilotar. Se quiser colocá-las em jogo sem conhecer as regras de manejo dos instrumentos, irei convertê-las em possibilidades de destruição. Sinto-me desamparado, incapaz, e reconhecer essa situação não é ser intolerante comigo mesmo. É ser *realista*. A criatividade é sempre aberta, relacional, dialógica. Não esqueçamos isso, porque *essa lei da natureza nos oferece uma chave para entender com profundidade e lucidez o que é e o que implica a verdadeira tolerância.*

A verdadeira tolerância e as experiências bidirecionais

A verdadeira tolerância não é mera *condescendência*, ditada pelo desejo de garantir uma convivência mínima. Não implica indiferença pela verdade e pelos valores. Não pressupõe aceitar que cada qual, pelo fato de pertencer a essa ou àquela geração, tem sua verdade e sua forma própria de pensar. Não se reduz a afirmar que as opiniões alheias são respeitadas, sem lhes dar, por outro lado, a mínima atenção. Quem se autoproclama como alguém que respeita outra pessoa, mas não lhe dá a atenção necessária para descobrir a parte de verdade que essa pessoa porventura tenha, não é *tolerante*, é *indiferente*, uma atitude bem diversa.

Com frequência, em certas reuniões, cada assistente é convidado a tomar a palavra, mas depois se percebe, pela contagem dos votos, que tudo já estava decidido de antemão. Isso não é tolerância, é um ataque à razão. Constitui uma forma de violência, e não de entendimento mútuo. Por tolerância entende-se *respeitar* o outro não no sentido de *indiferença*, mas de *estima*. Eu tenho estima por você na medida em que o vejo como um ser capaz de tomar iniciativas, de trazer-me algo valioso e *procurar comigo a verdade*.

Chegamos assim à questão central. Para sermos tolerantes devemos partir de uma convicção decisiva: o ser humano, por ser finito, pode encontrar *toda a verdade*, mas não *a verdade toda*. É como poder encontrar na rua *todo José*, mas não o *José todo*, com toda a diversidade de vertentes que isso implica. Quando José vem ao meu encontro, não são apenas suas mãos ou seus olhos que me cumprimentam. É *toda a sua pessoa*, mas não ele *em sua inteira tessitura de implicações*. Por essa razão é necessário mais de um encontro para que eu vá conhecendo os diversos aspectos de sua personalidade. De modo similar, não chegamos à verdade de uma hora para outra nem isolados de tudo. Precisamos entrar em contato diversas vezes com cada realidade, em diferentes momentos e lugares.

Podemos realizar esses contatos pessoalmente ou por meio da experiência de outras pessoas. A inteligência humana é prodigiosa, é impressionante, mas tem os seus limites. E é por isso que nós, seres humanos, precisamos suprir nossos esforços e nossas perspectivas. Essa necessidade de complementação é tanto maior quanto maiores são a riqueza e a complexidade da realidade que desejamos conhecer.

Se eu estiver convencido a respeito do que acima se diz, serei realmente tolerante. Não se trata apenas de *aguentar* ou *suportar* quem defende uma posição diferente da minha, mas de ficar *agradecido* pela possibilidade de uma conversa a dois, na qual porei todo o empenho em descobrir o que o outro possa me oferecer de valioso. Assim, a *discussão* nunca se tornará uma *altercação*, uma *briga*. Discutir, para os antigos romanos, era separar o trigo da palha utilizando uma peneira. *Brigar* não é buscar a verdade, mas lutar pelo próprio enaltecimento. Não é tentar *convencer*, mas *vencer* o outro.

Na autêntica discussão, é concedido ao interlocutor um *espaço de liberdade* no qual possa movimentar-se com tranquilidade e mostrar as razões que fundamentam sua opinião. Na briga, ninguém presta atenção ao que possa haver de válido na opinião do outro. Cada um defende sua própria posição como uma questão de honra, com uma ferocidade que não é *tenacidade*, mas *teimosia*. Tal atitude degenera rapidamente em *fanatismo*. Se quero ser fiel a uma doutrina ou conduta, defendendo-a com um ardor que mereça a valiosa qualificação de *entusiasmo*, devo estar disposto a assumir o que nos outros posicionamentos exista de relevante para a vida de todos. Essa atitude de abertura só é possível se eu evito cair na *vertigem da ambição de dominar*.

Para sermos tolerantes, é decisivo compreender que o domínio e a posse só pertencem de fato ao plano dos *objetos* e dos *processos de manufatura*, mas não ao plano das realidades *superobjetivas*, que costumo denominar *ambitais*: obras de arte, pessoas, instituições, valores... Nesse plano, as experiências não são "lineares", são "bidirecionais". *Toda experiência bidirecional é em si mesma tolerante*. O intérprete configura a obra musical ao mesmo tempo em que se deixa configurar por ela. Não *domina* a obra nem é por ela *dominado*. Ele a *configura* e é *configurado* por ela simultaneamente.

O verdadeiro interlocutor não tenta *dominar* o outro. Quer aperfeiçoar sua própria mente e sua atitude diante da vida, dando e recebendo, expondo seus pontos de vista e acolhendo atentamente perspectivas diferentes da sua. Nas experiências bidirecionais, ninguém quer dominar o outro, pois a ação de dominar é muito pobre em relação à criatividade. No plano da criatividade, desejamos configurar e ser configurados, e nisso consiste a atitude tolerante por excelência. Daí também a busca da autoridade[1] e não do mero ato de *mandar* e *controlar*.

A questão decisiva será, portanto, descobrir como podemos converter nossa existência numa *tessitura de experiências bidirecionais*. Para atingir essa meta, é necessário percorrer todo um processo formativo composto de cinco fases, que apresentarei brevemente a seguir.[2]

Articulação interna do processo de formação

1. Segundo a atual filosofia, o homem é um "ser-no--mundo". Para ser criativo e desenvolver-se, necessita das possibilidades oferecidas pelo seu entorno. Aquele que aceita a realidade como um grande "campo de possibilidades", no qual venha a crescer como pessoa, esforça-se por reconhecer em cada realidade todas as suas propriedades. Distingue, por isso, com todo cuidado, os "objetos" e os "âmbitos". *Objeto*

---

[1] Lembremos que a palavra "autoridade" provém do latim *augere* ("promover", "expandir"), do qual derivam essas outras duas palavras latinas: *auctor* e *auctoritas*.

[2] Há uma exposição mais ampla dessas fases no meu livro *Inteligência Criativa: Descoberta Pessoal de Valores*. Trad. José Afonso Beraldin da Silva. São Paulo, Paulinas, 2004. Uma visão sinóptica dessas mesmas fases encontra-se em *Cómo Lograr una Formación Integral*. Madrid, San Pablo, 1997; e *Manual de Formación Ética del Voluntario*. Madrid, Rialp, 1998.

é uma realidade mensurável, situável, delimitável, tangível... Um *âmbito* é uma realidade que abarca certo campo em diversos aspectos, pois é capaz de oferecer possibilidades e receber outras. Uma pessoa não se reduz às coisas que o seu corpo abarca. É como um centro de iniciativas. Tem desejos, ideias, sentimentos, projetos. Cria vínculos de todo tipo e assume o seu destino. Apresenta uma vertente objetiva, por ser corpórea, mas supera toda a delimitação. *Abarca certo campo* em diversos aspectos: o biológico, o estético, o ético, o profissional, o religioso... É todo um "âmbito de vida".

O mesmo caberia dizer, por exemplo, a respeito de um piano. Como móvel, é um *objeto*. Como instrumento musical, é um *âmbito*: oferece ao pianista diversas possibilidades de produzir sons, e recebe as possibilidades de criar formas musicais oferecidas pelo pianista. Um barco, uma caneta, uma casa, um campo esportivo, uma sala de aula... múltiplas realidades apresentam um caráter de *âmbito* para além de seu aspecto de *objeto*.

Essa distinção entre *objetos* e *âmbitos* é decisiva para a compreensão profunda da vida humana e para a educação na tolerância, pois os âmbitos possibilitam realizar experiências bidirecionais, dentre as quais se destacam as experiências de *encontro*.[3]

2. As experiências bidirecionais são de suma importância na vida humana, pois implicam sempre alguma dose de *criatividade*. O poeta elabora a linguagem, e a linguagem nutre o poeta. O intérprete configura a obra musical, e esta modela

---

[3] Apresento a ideia de "âmbito" mais amplamente no Apêndice a este capítulo, p. 48.

a atividade de intérprete... O homem amadurece como pessoa à medida que realiza mais *experiências bidirecionais* e menos *experiências lineares*. No caso destas, a ação parte do sujeito para o objeto, pressupondo-se uma imposição desse sujeito sobre a realidade circundante.

Ao estudarmos com profundidade as experiências bidirecionais, percebemos a possibilidade de converter o *diferente--distante* em *diferente-íntimo*, resolvendo assim o problema que supõe conjugar liberdade e normas, autonomia e heteronomia. Aprendo de memória uma canção, repito-a várias vezes, vou fraseando-a de diferentes modos e mudando o ritmo, até senti-la como uma voz interior. Nesse momento, embora a canção continue sendo *diferente* de mim, não é mais *distante*, nem *externa*, nem *estranha*. Na forma de impulso íntimo, constitui agora para mim uma norma de ação e rumo para a minha liberdade interpretativa.

Se nos convencemos intimamente da importância das experiências *bidirecionais* em nossa vida, descobrimos a inesgotável fecundidade da forma *relacional* de pensar. A beleza de uma canção ou de um poema não reside no próprio poema (o que seria uma interpretação "objetivista"), nem no sujeito que interpreta a canção ou lê o poema (interpretação "subjetivista" ou "relativista"), mas brota no ato de ser interpretado, é fruto, portanto, da interação fecundante de objeto e sujeito, vistos ambos como fontes de possibilidades.

O pensamento *relacional* não concentra sua atenção nem só no objeto ou apenas no sujeito. Mantém o olhar *em suspenso* para ver a ambos na relação que os une e enriquece.

Essa atenção compreensiva é capaz de considerar *perfeitamente lógicas* determinadas características de nossa vinculação aos outros que, em geral, são qualificadas como "paradoxais". Leiamos a seguir, atentamente, o texto de um eminente psicólogo. Depois de destacar três pares de conceitos (*força-fraqueza, identidade-diferenças, singularidade-universalidade*), escreve ele:

> Reconheço, aceito e respeito você como um "você pessoal" e por isso me sinto "forte" para tolerá-lo, mesmo com o risco de, ocasionalmente, parecer "fraco" diante de você e dos outros. Ao mesmo tempo, não posso renunciar a que você me reconheça, me aceite e me respeite como pessoa, e que igualmente me tolere-suporte. E se eu aceito você com suas diferenças e singularidades, é por me situar num espaço de identidade humana e de valores universais, que ao mesmo tempo assumem--transcendem tais diferenças e singularidades. E ainda que sua intolerância não reconhecesse nada disso, minha atitude tolerante é capaz de estar em permanente abertura nesse ponto de encontro humano, arquetipicamente "imanente" e que a ambos "nos transcende".[4]

3. O fruto das experiências bidirecionais é o encontro, acontecimento que está na base de todo processo humano de desenvolvimento. O encontro não se dá pela mera proximidade física. Pressupõe um entrelaçamento de duas realidades que não são meros objetos, mas âmbitos. Entrelaçar-se

---

[4] Antonio Vázquez Fernández, "Educación para la Paz, la Tolerancia y la Convivencia". In: *Tolerancia y Fe Católica en España*. Salamanca, Universidad Pontificia, 1996, p. 210-11.

significa que duas realidades oferecem, uma à outra, possibilidades de ação, enriquecendo-se mutuamente.

A realização de um autêntico encontro requer o cumprimento de diversas condições: adotar uma atitude de generosidade, respeito e estima; abrir-se ao outro com disponibilidade, vibrar com o outro, mostrar autêntica simpatia; ser veraz, sincero, fiel, paciente, perseverante...; compartilhar ideais elevados... Essas e outras condições do encontro são as *condições da criatividade*. Toda forma humana de criatividade se dá mediante algum tipo de encontro.

As condições da criatividade e do encontro denominam-se *virtudes*. As virtudes são modos de agir que tornam possível e fácil criar encontros, isto é, formas valiosas de unidade.

4. Há muitos séculos, esse processo que conduz ao encontro é denominado "êxtase", elevação ao que existe de melhor em nós.

O acontecimento do encontro é anulado quando no processo de "vertigem", processo de fascínio que nada exige de nós, tudo promete e, ao final, nos priva de tudo. A vertigem da ambição de poder e domínio parece garantir uma posição de supremacia e acaba asfixiando a quem se entrega ao seu feitiço.[5]

5. Seguindo o processo que leva ao encontro, descobrimos por nós mesmos a riqueza que as diferentes formas de unidade guardam para a nossa vida. Esse descobrimento nos faz ver com toda simplicidade, sem o *pathos* moralizador que

[5] Faço ampla exposição desse sugestivo tema no meu livro *Vértigo y Éxtasis. Bases para una Vida Creativa*. Madrid, Asociación para el Progreso de las Ciencias Humanas, 1987.

fustigava Freud, a fecundidade própria de uma conduta ética reta, ajustada às exigências da realidade.

Tal fecundidade decorre dos *valores*. Os valores são possibilidades de agir com pleno sentido. Os *valores autênticos não usam a força, mas a atraem*. Não se justifica, portanto, impor a alguém que viva os valores, menos ainda quando estão em jogo os valores mais elevados. Com razão Tertuliano afirmou que "não é próprio da religião forçar a religião".

A tolerância autêntica ocorre no encontro

Tendo compreendido por dentro o que é o encontro e o papel que os valores e a criatividade desempenham no processo de desenvolvimento da personalidade humana, torna-se patente o sentido da atitude tolerante. *A verdadeira tolerância implica uma forma de encontro*. Não significa somente *aguentar-se mutuamente* para garantir um *mínimo de convivência*. É algo que vai mais além. Trata-se de procurar captar os valores positivos da outra pessoa, a fim de que haja um mútuo enriquecimento.

Essa forma de entender a tolerância só será possível se cultivarmos a arte de *hierarquizar os valores devidamente*. No momento em que nos dermos conta de que o encontro apresenta um valor altíssimo, por permitir ao ser humano alcançar o ideal da unidade, estaremos em condições de dialogar com pessoas ou grupos que sustentam ideias e condutas diferentes ou mesmo estranhas às nossas.

O valor supremo, que, nesse caso, determinará nossa conduta, não vem dado pela confiança que temos com o que nos é próximo e afim, mas pela capacidade de criarmos autênticas formas de encontro e empreendermos a busca comum da verdade. Essa busca e esse encontro não exigem apenas *tolerar*, no sentido de *aguentar*, mas *respeitar*, ato que se entende positivamente como *estima*, como *apreço* pelo valor fundamental do outro como pessoa e pelos valores que possa trazer consigo. Essa estima se traduz em *colaboração*, oferta de possibilidades em vista de um maior desenvolvimento da personalidade.

Tal forma de *tolerância ativa* está distante anos-luz da *mera indiferença*. A tolerância inspirada no ceticismo com relação aos valores reduz-se a um simples *aguentar*. Não tem capacidade positiva de assumir as diferenças que precisamente expressam os valores de cada pessoa e implica uma *atitude interesseira*, pois corresponde ao desejo cômodo de tornar possível apenas um grau mínimo de convivência.

A pessoa autenticamente tolerante não é um espírito leniente que se encolhe diante de toda e qualquer ideia ou conduta sem se comprometer com nenhuma. É alguém *entusiasmado* com determinados princípios, orientações e ideais, e os defende com vigor. Sabe que a vida é um combate e que é necessário ter forças para enfrentá-la, aceitando de bom grado o adversário e lutando para vê-lo em toda a sua gama de implicações e matizes. *Essa forma ampla de ver cada realidade como uma tessitura de aspectos e relações está na base da autêntica tolerância.*

Em oposição a esse modo de ver compreensivo e respeitoso encontramos a tendência *reducionista*, que reduz as pessoas e os grupos a alguma de suas características pouco relevantes e até mesmo, por vezes, repulsiva. Tal rebaixamento é o pressuposto para o ataque. Diz-se que os pugilistas, antes da luta, não querem ouvir nada com relação à vida *pessoal* do seu oponente. É compreensível, uma vez que, para atacar o outro, é preciso reduzi-lo a *mero adversário*, a um obstáculo que se coloca no caminho da vitória. Se, no entanto, você considera uma pessoa como um entrelaçamento de relações e ao mesmo tempo como uma fonte de iniciativas, projetos e anseios, sentirá respeito pela riqueza que tudo isso traz consigo e não terá vontade de agredi-la.

Daí deduzimos que o cultivo do "pensamento fraco" – carente de profundidade e de devida fundamentação –, a aceitação do "relativismo cultural" – que evita os compromissos firmes por considerar que todos os pontos de vista são igualmente válidos –, o estímulo ao *ceticismo* – que nega a possibilidade de alcançar a verdade – e a exaltação do *subjetivismo* – que prende o homem à sua solidão – não podem constituir as bases de uma maior tolerância. Ao contrário, promovem a intolerância e o dogmatismo. Só quando eu reconhecer, conforme pensava Gabriel Marcel, que "o mais profundo em mim não procede de mim", e me esforçar por esclarecer a verdade de tudo aquilo que me cerca e a minha própria verdade, poderei superar a ânsia de dominar que inspira as diversas formas de opressão ditatorial.

É extremamente perigoso para toda sociedade não ter convicções sólidas, seja pela incapacidade de aprofundar na realidade, seja por não querer fazê-lo em razão de preconceitos antimetafísicos ou – conforme nos acostumamos a dizer hoje em dia – "pós-modernos". A única garantia da liberdade interior para homens e povos reside na decisão de ater-se à realidade que a todos sustenta. O estudo profundo de tal realidade e de nossas relações com ela denomina-se *Metafísica*.

Renunciando à Metafísica, afastamo-nos de nossas raízes e ficamos desprotegidos diante do poder do mais forte.

Basta que um governante qualquer conheça os recursos táticos da manipulação para dominar a sociedade sem que ela o perceba. Os castelos de areia construídos pelos partidários de uma vida intelectual "fraca", com o uso de belas palavras como "solidariedade" e "tolerância", serão demolidos com um simples golpe de astúcia dos ilusionistas de conceitos. Uma estável atitude de tolerância e solidariedade exige o conhecimento das exigências de nossa realidade pessoal e a decisão de cumpri-las. Nessa linha se move o dirigente político e pensador Václav Havel, ao escrever que "não deveria existir um abismo entre a política e a ética" e que "a tolerância começa a ser uma fraqueza quando o ser humano começa a tolerar o mal".

De tudo o que até agora vimos, depreende-se que não se pode considerar tolerante uma sociedade que descuide da educação de seus membros para a criatividade e os valores. Esse tipo de formação exige o cultivo prévio das três qualidades fundamentais da inteligência: *longo alcance, amplitude* e *profundidade*. A atitude de tolerância, devidamente compreendida, requer maturidade espiritual, e esta, por sua vez, não se conquista quando só se exige um "mínimo de convivência".

O contrário da tolerância é a manipulação

A *manipulação* é o oposto do conceito de *tolerância*, entendida como vontade de empreender a busca comum da verdade. Manipular é bloquear nas pessoas a capacidade de pensar por conta própria. A tolerância é *construtiva*, porque promove o poder de iniciativa dos outros com relação ao pensar e ao decidir. A manipulação é *destrutiva*, pois trapaceia com os conceitos e as palavras, deturpa tudo, semeia a confusão e priva as pessoas da liberdade interior.

Se quisermos fomentar a atitude de tolerância, teremos que encarar o fenômeno da manipulação e, para isso, será necessário saber com precisão o que é manipular, quem são os manipuladores, com que objetivo manipulam e como o fazem. Esclarecidos esses pontos, será preciso perguntar a seguir se existe um antídoto contra a manipulação, pois somente no caso de uma resposta positiva teremos possibilidades de ser verdadeiramente livres. Como veremos mais amplamente, o antídoto consiste em tomar três medidas, que culminam numa *mudança de atitude diante da vida* e, portanto, numa *mudança de ideal*. O ideal do *domínio e da posse* deverá ser substituído pelo ideal do *serviço*.

Num contexto não filosófico, Charlie Chaplin, com poderosa intuição, enfatizou a necessidade de superarmos a prática ambiciosa da manipulação, adotando uma atitude de real tolerância. Depois de encarnar os papéis antagônicos de um judeu perseguido e do "grande ditador", o genial cineasta termina por transformar este segundo personagem, graças ao espírito do primeiro, no porta-voz de uma mensagem – extremamente judaica, no fundo – de esperança. Suas palavras não estão imbuídas do rancor produzido pelos trágicos acontecimentos dos "doze anos", mas expressam, a partir daquele secreto lugar onde habita o melhor que há no ser humano, a capacidade de perdoar, a preocupação em abrir para todos os povos caminhos de dignidade e felicidade: "Não pretendo governar ou conquistar a quem quer que seja", proclamou. "Gostaria de ajudar – se possível fosse – judeus e gentios, negros e brancos." Não quer vingança contra os culpados dos horrores cometidos nos campos de extermínio. Pede *unidade*, união na luta por "um mundo melhor, no qual os homens estarão acima da cobiça, do ódio e da brutalidade". Devemos, portanto, elevar o espírito, posicionar-nos num nível superior de pensamento e conduta. E por isso, no final desse discurso, pede ele à jovem Hannah que *olhe para cima, para o céu...*

Apêndice: o caráter relacional do conceito de "âmbito"

Foi introduzido neste capítulo um novo conceito, o de "âmbito" ou "superespaço". Era necessário fazê-lo, pois inúmeras realidades que não são *objetos* nem *pessoas* exercem um papel decisivo na vida humana, e devemos designá-las com um termo adequado a seu modo de ser. Um piano, como *móvel*, é um objeto porque pode ser medido, pesado, carregado e levado de um lugar para outro. Mas, como *instrumento*, a que modo de realidade corresponde? É mais do que um simples objeto, pois oferece possibilidade de produzir sons a quem saiba tocá-lo e pode receber também a possibilidade de criar formas musicais que o pianista lhe ofereça. Não está, portanto, fechado em si mesmo, mas aberto a outras realidades. Nisso ele se parece com um "sujeito" ou uma pessoa, mas não chega a alcançar esse nível. Acha-se, diríamos, a meio caminho entre os objetos e os sujeitos, mas não faria sentido caracterizá-lo como um "quase-objeto" ou um "quase-sujeito", a exemplo do que já se fez algumas vezes. É necessário dar-lhe um nome apropriado, procurando determinar exatamente o seu modo de ser.

O conceito de "âmbito" não é delimitável como são os objetos, o que o torna inevitavelmente *ambíguo*, difuso, escorregadio, dificilmente apreensível. Isso não significa, no entanto, que seja incognoscível. Podemos conhecê-lo, caso tenhamos a flexibilidade mental necessária para pensar de modo *relacional*, ou seja, se considerarmos ao mesmo tempo duas ou mais realidades – ou aspectos de uma mesma realidade –, captando a importância da relação que as medeia.

Esse caráter *relacional* se evidencia nos quatro tipos de "âmbito" que apresento a seguir:

1. Uma realidade que tem condição de *objeto* – por ser delimitável, tangível, pesável, localizável no espaço... –, mas não está fechada em si mesma e nos oferece diversas possibilidades. Ao assumirmos essas possibilidades, entramos numa relação especial com tal realidade. Retomemos o exemplo do piano. Por si mesmo, o piano é um móvel, um *objeto*, mas está configurado de tal maneira que pode produzir determinados sons. Quando essas possibilidades sonoras são assumidas por um pianista, o piano se converte em *instrumento*. Enquanto *fonte de possibilidades*, constitui um "âmbito". Por isso, o intérprete pode relacionar-se com ele de forma muito intensa e íntima, algo impossível com um objeto.

2. Uma realidade que, por ser corpórea, é "objetiva" – no sentido indicado –, mas, sendo também espiritual, *abarca determinado campo*: pode tomar iniciativas, assumir o passado e projetar o futuro, abrir-se para outras realidades e

criar com elas diversos tipos de relação. Exemplo disso é a pessoa humana.

3. As realidades que surgem como fruto do entrelaçamento ou da inter-relação de dois ou mais âmbitos. A união, por exemplo, de duas ou mais pessoas pode dar lugar a um encontro: um diálogo, um canto coral, uma vida em comunidade... Essas formas de encontro devem ser consideradas como *âmbitos de envergadura superior*, realidades que "envolvem" de modo fecundo as realidades que as constituem. Assim, o *lar* é um âmbito constituído por duas pessoas – vistas como âmbitos – que ao mesmo tempo as acolhe e ampara espiritualmente. Um *templo*, visto como *lugar sagrado* e não como mero *edifício*, não só implica um *âmbito arquitetônico*, mas também a vinculação entre uma comunidade orante e o Deus ali adorado.[6] Visto dessa forma relacional, o templo exerce a função de *lar espiritual* para os que nele vão expressar sua fé.

4. As realidades que existem graças à confluência de diferentes realidades – ambitais e objetivas. Um pedaço de pão apresenta as características de um objeto – é delimitável, tangível, pesável... –, mas não se reduz a *objeto*, pois entram em sua elaboração *frutos* provenientes do campo – trigo, milho, centeio... – e estes são *frutos* da confluência do agricultor, da terra, do oceano, das nuvens, da água, do sol... O pão aparece, assim, como um "feixe de relações", um *âmbito*, e não um simples objeto.

[6] No capítulo VII do livro *Inteligência Criativa: Descoberta Pessoal de Valores*, descrevo diferentes formas de entrelaçamento de âmbitos, que dão lugar a âmbitos novos de maior amplitude.

A princípio, parece difícil captar o conceito de *âmbito*, em virtude de sua condição aberta e relacional. Até aqui, já tomamos conhecimento de vários tipos de âmbito, e ao longo deste livro descobriremos muitos outros, observando de perto suas qualidades e sua imprevisível fecundidade. Se os âmbitos são realidades *abertas* — por serem fonte de possibilidades para nós —, conhecê-los com apuro será decisivo para compreendermos em que consiste a realidade humana, que se distingue por seu caráter *dinâmico e criativo*.

2

A manipulação e seus recursos (Visão sinóptica)

Em nossos dias, o ser humano mostra-se especialmente sensível a tudo aquilo que se refere à liberdade. Ele a reivindica com insistência e energia, pois deseja ter iniciativa para configurar sua vida, orientá-la como bem entender e decidir sobre o seu destino. Atuando desse modo, age corretamente, pois *a liberdade é um valor.*

"A corrupção da política começa na corrupção da linguagem."
(George Orwell)

"Na História, com frequência, as palavras são mais poderosas do que as coisas e os fatos."
(Martin Heidegger)

Para defender a liberdade, o ser humano de nosso tempo cultiva os meios de comunicação com especial cuidado, uma vez que estes lhe oferecem informação com rapidez e permitem que exerça constante vigilância sobre o poder público. As pessoas estão certas por verem esses meios como um baluarte da liberdade humana, pois eles modelam em boa medida a opinião pública e orientam os povos em suas decisões eleitorais.

O respeito pela liberdade humana e pelos meios de comunicação é, hoje em dia, algo tão inato e intenso que poucas pessoas conseguem perceber que *sua liberdade corre grande risco em razão do modo estratégico como esses meios são usados*. Os que cobiçam o poder recorrem a eles para manipular pessoas e povos com imensa facilidade, sem que a maioria perceba e possa tomar alguma providência.

Se quisermos conservar alguma parcela de liberdade, teremos de analisar cuidadosamente o que significa manipular e como essa manipulação se realiza. Tal análise nos ajudará a descobrir um antídoto contra a manipulação e a salvaguardar em certa medida nossa dignidade e nossa liberdade.

Que significa manipular

Manipular equivale a *manusear*. Somente os *objetos* por si mesmos são susceptíveis de manuseio. Posso usar uma caneta para uma determinada finalidade, cuidar dela ou jogá-la fora. Estou no meu direito, pois se trata de um objeto. Se fizer algo semelhante com uma pessoa, reduzindo-a a um meio para os meus fins, passo a tratá-la como objeto, o que supõe degradá-la e aviltá-la. Esse tipo de aviltamento e depreciação é a manipulação. Manipular é exercer o domínio sobre pessoas ou povos reduzidos a *meros objetos*, a *meios para um fim determinado*.[1]

---

[1] "Há vários anos, Erich Fromm afirmou", escreve Th. McMahon, "que a sociedade contemporânea se centralizava no mercado, onde o conhecimento e a manipulação dos fregueses eram importantes para fazer aumentar

Essa redução ilegítima de uma pessoa a mero objeto é a meta do *sadismo*. Ser sádico não equivale a ser cruel, como se costuma pensar. Significa tentar reduzir uma pessoa a mero objeto mediante a crueldade ou mediante certo tipo de ternura. Quando, nos deploráveis tempos da última guerra mundial, colocavam-se cem prisioneiros dentro de um vagão de trem como se fossem embrulhos amontoados, fazendo-os depois percorrer intermináveis trajetos, a intenção principal não era fazê-los sofrer apenas, mas reduzi-los a uma situação de aviltamento. Tratadas como meros objetos, aquelas pessoas também acabavam se tratando entre si como seres desprezíveis, e nesse quadro não tinham condições de se unir para formar estruturas sólidas que gerassem uma atitude de resistência. *Reduzir uma pessoa à condição de objeto para dominá-la é uma prática manipuladora sádica.*

Por outro lado, a *carícia erótica* implica também uma forma de *reducionismo*, na medida em que reduz a pessoa acariciada a mero objeto de satisfação. A carícia pode ser de dois

a absorção de bens de consumo. Fromm observou, corretamente, que a manipulação das coisas e a manipulação do homem produzem efeitos completamente diferentes. As coisas podem ser manipuladas sem prejudicar sua natureza. O homem, porém, não pode ser manipulado sem sofrer dano; a manipulação 'coisifica' o homem, sendo consequentemente autodestruidora. O objetivo imediato do homem é a autorrealização, na qual é livre para escolher entre alternativas, mesmo nas suas decisões sobre bens de consumo. Para alcançar esse objetivo, o homem necessita estar livre de controle e manipulação (liberdade psicológica) como também estar livre para optar (liberdade filosófica) frente àqueles bens de consumo que o ajudarão na sua autorrealização. Inverter o processo – subordinar o homem aos bens de consumo – seria manipular e degradar a participação do homem no domínio de Deus. Se Fromm está certo, o mercado é manipulador." Cf. "Manipulação e Bens de Consumo". In: *Concilium* 65, 1971, p. 627.

tipos: *erótica* e *pessoal*. Para compreender o que é o erotismo[2] devemos recordar que o amor humano conjugal está integrado por quatro elementos diferentes: 1) a *sexualidade*, com tudo o que isso implica de atração instintiva pelo outro ser, de prazer sensorial, de paixão; 2) a *amizade*, forma de unidade elevada que exige uma atitude de generosidade e um impulso criador. Dar rédeas soltas a um instinto não exige que ponhamos em jogo nenhum poder criador. Já a instauração de uma relação de autêntica amizade traz consigo uma vontade criativa; 3) a *projeção comunitária do amor*. O amor exclusivo entre duas pessoas adquire expansão comunitária ao ser acolhido, no dia do casamento, pela comunidade em que o casal se encontra instalado e na qual formará um lar; 4) a *fecundidade do amor*, que irá fortalecer a unidade dos esposos e dar vida a novos seres. Essa extrema proximidade do amor com o fenômeno misterioso e elevado da aparição de novos seres humanos confere-lhe um caráter *enigmático* e *profundo*.

Esses quatro elementos integrantes do amor conjugal devem vincular-se entre si e formar uma *estrutura*. Entendemos por estrutura uma constelação de notas que tecem uma realidade sólida, dinâmica e flexível. Tal flexibilidade,

[2] O termo "erotismo" pode indicar de forma geral e difusa o cultivo dos sentimentos "amorosos". Mas a palavra "amor" permite indicar modos muito diferentes de relação humana. Para chegarmos a um mínimo de precisão, devo frisar que entendo por "erotismo" uma relação sexual – genital ou não – que tem por único intuito a satisfação sensível e psicológica, e por "amor" a união com uma pessoa considerada de modo integral: com sua capacidade de unir-se corporeamente, mas também de ter um projeto de vida comum e de criar uma família. O *amor* não anula o *erotismo* no que este possui de capacidade de unir, assumindo-o num projeto de vida mais amplo e rico de sentido.

dinamismo e solidez desaparecerão caso se quebre a unidade entre os elementos integrantes da estrutura. Essa quebra ocorre, por exemplo, quando a sexualidade é separada do amor humano em seu todo, com a intenção de tomá-la como atividade autônoma, independente, e assumi-la como um meio único de obtenção do prazer. Tal separação destrói a unidade desse complexo fenômeno que é o amor conjugal.

Toda destruição de uma estrutura valiosa constitui um ato de *violência*. O desmoronamento violento da estrutura do amor humano conjugal recebe o nome de *erotismo*.

Platão, na aurora da cultura ocidental, entendeu por "eros" a força misteriosa que eleva o ser humano a regiões cada vez mais altas de beleza, bondade e perfeição. Atualmente, séculos depois de banalização dos fenômenos humanos, entende-se por "erotismo" o manuseio das forças sexuais com grande desembaraço, sem outro critério ou norma além da imediata autossatisfação.

Quando uma pessoa acaricia outra, põe seu corpo em primeiro plano, concedendo-lhe especial destaque. Sempre que uma pessoa entra em relação com outra, o corpo de ambas desempenha um papel inescapável, na medida em que lhes permite falar, ouvir, ver... Se não se trata de uma comunicação *afetiva*, o corpo exerce apenas a função de trampolim para entrarmos no mundo das significações que queremos transmitir. Ficamos duas horas falando sobre vários temas e, no final da conversa, sabemos com exatidão o que dissemos, a atitude que adotamos durante esse tempo, as finalidades que queríamos atingir, mas é bem possível que não tenhamos reparado na cor dos olhos do nosso interlocutor. Enquanto conversávamos, nós *nos vimos*, mas não atentamos para a vertente corpórea um do outro. Já nos momentos de intimidade amorosa, o corpo da pessoa amada passa a ter uma densidade particular e absorve a atenção dos que estão manifestando seu amor. O amante aplica sua atenção ao corpo da amada. Se ele vê nesse corpo a expressão sensível daquela a quem ama e apreende sua expressão amorosa como um ato pelo qual cresce seu amor pela *pessoa* que ela é, e não apenas por suas qualidades físicas, então seu modo de acariciar terá igualmente um caráter *pessoal*. Nesse caso, o corpo acariciado adquire protagonismo, mas não desaloja a pessoa, tornando-a presente de modo tangível e valioso. Ao contrário, se a atenção se detém sobre o corpo acariciado tão somente em virtude da atração sensorial que esse gesto implica, o corpo acaba por invadir todo o campo que pertence à pessoa. Não se ama a pessoa, neste caso, mas o prazer que sua vertente corpórea produz. Essa vertente evidencia as condições de um "objeto": pode ser tocado, delimitado, dominado. Acertadamente se emprega às vezes a expressão "mulher-objeto" com relação a certas figuras femininas que são exibidas em alguns espetáculos como objeto-de-contemplação ou vistas, no cotidiano, como objeto-de-posse.

O amor erótico dos sedutores de tipo donjuanesco é *possessivo*, e a ele estão associados o *engano* e a *violência*. Dom Juan, o "burlador de Sevilha", comprazia-se em enganar suas vítimas e em solucionar os problemas criados com o uso habilidoso da espada.[3] Essa violência inata do amor erótico,

---

[3] Há uma ampla explicação da peça teatral do poeta espanhol Tirso de Molina em meu livro *Cómo Formarse en Ética a través de la Literatura*. Madrid, Rialp, 1997, p. 93-148.

muitas vezes encoberta, explica como se pode sair subitamente de uma situação de intensa ternura para outra, de extrema violência. Na realidade, não havia ternura, mas redução de uma pessoa a objeto. Não há como atenuar a violência de tal redução afirmando-se que o objeto é *adorável, fascinante, encantador, maravilhoso*. Esses adjetivos não redimem o que no substantivo "objeto", dentro desse contexto, há de *injusto* e *aviltante*, de *não ajustado* à realidade.

Degradar uma pessoa que se mostra receptiva é uma forma de *manipulação agressiva* que produz os diferentes modos de violência registrados na sociedade de hoje. O principal objetivo dos manipuladores é ocultar a violência sob o véu sedutor do aparente estímulo às liberdades. Desmascarar essa fraude é a meta das próximas páginas, que resumem uma investigação mais ampla.[4]

Temos, assim, bem enlaçada, a primeira das várias ideias que pretendíamos apresentar e que, interconectadas, nos darão luz para prosseguir. Passemos agora à segunda dessas ideias.

Quem são os manipuladores

Aquele que manipula pessoas e grupos sociais deseja *vencê-los* sem *convencê-los*. Para tanto, procura modelar as mentes, as vontades e os sentimentos, tendo em vista diversos objetivos interesseiros.

---

[4] Cf. *Estrategia del Lenguaje y Manipulación del Hombre*. Madrid, Narcea, 1988; *Los Jóvenes frente a una Sociedad Manipuladora (Formación, Creatividad y Valores)*. Madrid, Ediciones San Pio X, 1984; *La Manipulación del Hombre en la Defensa del Divorcio*. Madrid, 1985; *La Revolución Oculta: Manipulación del Lenguaje y Subversión de Valores*. Madrid, PPC, 1998.

1. O comerciante ambicioso nos manipula com a única finalidade de nos reduzir a meros *clientes*. Não se preocupa com o desenvolvimento adequado da nossa personalidade. Basta-lhe que aceitemos sua mercadoria: que compremos um produto ou um ingresso para algum tipo de espetáculo, ou que nos associemos a um clube...

2. O "ideólogo" que não tem muito respeito pelas pessoas age demagogicamente para impor um sistema de ideias que, a princípio, foi configurado para dar conta do que é a realidade, mas com o tempo afastou-se dela e fechou-se em si mesmo. No sentido pejorativo que habitualmente recebe hoje, "ideologia" é um sistema de ideias esclerosado, rígido, que não suscita adesões, pois carece de força persuasiva, e acaba sendo imposto pelo uso de meios violentos ou dos sedutores recursos da manipulação. Quando um sistema de pensamento é adotado como programa inalterável de um partido político e mantido a ferro e fogo, adquire forte dose de emotividade, mas perde em eficácia.[5]

As formas de manipulação praticadas pelos ideólogos são em geral notavelmente refinadas, pois foram concebidas por profissionais da estratégia, provenientes de escolas especializadas.

Objetivos da manipulação

Manipulam-se seres humanos e povos para diminuir sua capacidade criativa e, desse modo, adquirir domínio sobre eles.

[5] Um estudo das "ideologias" encontra-se em meu trabalho "Conocer, Sentir y Querer". In: *Hacia un Estilo Integral de Pensar I*. Madrid, Editora Nacional, 1967, p. 39-96.

As pessoas, quando têm ideais valiosos, convicções éticas sólidas, vontade de desenvolver todas as possibilidades do seu ser, tendem a se unir entre si solidariamente e a estruturar-se em comunidades. Graças à sua coesão interna, uma estrutura comunitária torna-se inexpugnável. Pode eventualmente ser destruída por um ato de violência externa, mas não dominada interiormente pela via do assédio espiritual. Se as pessoas que integram uma comunidade perdem a capacidade criativa e não se unem entre si com vínculos firmes e fecundos, deixam de integrar-se como autêntica comunidade e tornam-se um *amontoado amorfo de meros indivíduos*. Em outras palavras, tornam-se *massa*.

O conceito de massa é qualitativo e não quantitativo. Um milhão de pessoas que fazem uma manifestação em praça pública *com um sentido definido a partir de prévia reflexão* não constituem uma massa, mas uma comunidade, um povo. Duas pessoas, um homem e uma mulher, que convivem numa casa, mas *não se encontram devidamente unidas*, formam uma massa. A massa se compõe de seres que agem entre si como se fossem objetos, em situação de justaposição ou de choque. A comunidade é formada por pessoas que entrelaçam seus âmbitos de vida para criar novos âmbitos e enriquecer-se mutuamente.

Sem coesão interna, a massa é *facilmente dominável e manipulável* por aqueles que só querem acumular poder, e isso explica o fato de todo tirano – nas ditaduras ou nas democracias, pois em ambos os sistemas políticos existem pessoas que anseiam vencer sem a necessidade de convencer – se preocupar prioritariamente em privar as pessoas de toda e qualquer capacidade criativa. Tal espoliação é realizada mediante o emprego de táticas de persuasão dolosa a que chamamos *manipulação*.

A criatividade humana origina-se da capacidade de estabelecer modos relevantes de união com as realidades do entorno: as pessoas, as instituições, as obras de arte, a literatura e o pensamento, as diferentes tradições, os usos e costumes, os valores de todo gênero, a paisagem, a linguagem, o lar, o povo, a nação, o Ser Supremo... Da união com esse conjunto de realidades deriva o impulso para desenvolver na vida uma ação fecunda em diversos aspectos. Sozinho, o ser humano é incapaz de realizar ações valiosas, por menores que sejam. Vinculado às realidades circundantes – as do tempo presente e as que são oferecidas pela história passada –, o ser humano dispõe de possibilidades inesgotáveis.

Para ser criativo na vida, é decisivo ter consciência clara da condição *dialógica* do próprio ser. Todos nós necessitamos dialogar com tudo o que nos rodeia para nos constituirmos e nos desenvolvermos como seres humanos. Toda realidade nos oferece alguma possibilidade e apresenta para nós, por conseguinte, um *valor*. Para assumir os valores, devemos cumprir determinadas exigências. Só consigo perceber o valor de uma pessoa, por exemplo, na medida em que a respeito e com ela entro num jogo criativo. Se eu tentar reduzi-la a objeto, a um meio para os meus fins, condeno-me a jamais conhecer essa pessoa como pessoa. Se uma pessoa ou um povo aprendem a pensar de uma forma tal que não percebam as possibilidades de unir-se de modo fecundo às realidades do entorno, destrói-se inteiramente a sua criatividade. E como as pessoas são levadas a pensar dessa forma? Mediante o abuso da linguagem, que é o veículo vivente da criatividade.[6]

---

[6] Para aprofundar essa importante questão, ver meu livro *Inteligência Criativa: Descoberta Pessoal de Valores*.

A linguagem é *meio para* comunicar algo que já se sabe, mas antes disso é *meio no* qual os seres humanos criam unidade entre si. Habitualmente falamos com as pessoas sem ter muito a dizer-lhes, porque, mais do que comunicar algo, temos a intenção de estreitar laços de amizade. O genial precursor da atual filosofia da linguagem, Ferdinand Ebner, percebeu com clareza que a linguagem autêntica é a linguagem *dita com amor*.[7] A linguagem dita com ódio destrói-se a si mesma, autodissolve-se. Não há nada tão grande na vida humana quanto a linguagem, mas, ao mesmo tempo, nada mais assustador, devido à sua condição bifronte: a linguagem pode construir ou destruir uma vida, pode ser afetuosa ou cruel, proclamar verdades ou difundir mentiras, pode ser profunda ou banal, nobre ou grosseira. A linguagem tanto oferece possibilidades para descobrir em comum a verdade como proporciona recursos para deturpar as coisas e semear a confusão. Basta conhecer tais recursos e saber usá-los com habilidade para que uma pessoa pouco preparada, mas astuciosa, consiga dominar facilmente pessoas e povos inteiros, se estes não estiverem de sobreaviso. O uso estratégico da linguagem atua de modo automático sobre a mente, a vontade e o sentimento das pessoas antes que possam exercer sua capacidade de refletir criticamente.

Formas de manipular

O demagogo, o tirano, aquele que deseja conquistar o poder pelo rápido caminho da manipulação atua com

---

[7] Apresento uma ampla exposição de seu pensamento no meu livro *El Poder del Diálogo y del Encuentro*. Madrid, BAC, 1996, p. 3-91.

extrema agilidade para que os outros não tenham tempo de pensar ou refletir sobre os diferentes temas que estão em jogo. É por isso que o manipulador não contextualiza os conceitos nem apresenta os fundamentos de suas afirmações. Sempre dá a entender que já existe um consenso em torno do que ele diz, utilizando sempre termos ambíguos, carentes de precisão. Isso lhe permite enfatizar a cada momento a vertente dos conceitos que for mais interessante para as suas finalidades. Quando destaca algum aspecto de um conceito, ele o faz como se todo o alcance desse conceito se limitasse a essa vertente. Desse modo, evita que as pessoas às quais se dirige tenham elementos de juízo suficientes para, por si mesmas, esclarecerem as questões e elaborarem uma ideia serena e ponderada em torno dos temas tratados. Não tendo condições de aprofundar-se numa questão, o ser humano fica à deriva. É como uma árvore sem raízes que o vento derruba para qualquer lado, sobretudo *se esse vento sopra a favor das próprias tendências básicas da árvore*. Para facilitar sua tarefa de destruição e sedução, o manipulador primeiro enaltece as tendências inatas das pessoas, bloqueando ao máximo seu senso crítico.

O manipulador é um ilusionista

Toda forma de manipulação é uma espécie de *malabarismo intelectual*. Um ilusionista realiza truques surpreendentes, que parecem "mágicos" porque ele executa movimentos tão rápidos que o público mal se dá conta do que está acontecendo. O demagogo age com uma calculada pressa, a fim de que as multidões não percebam seus truques intelectuais e aceitem como possíveis as mais inverossímeis desfigurações conceituais. Um manipulador proclama diante das multidões, por exemplo, que *lhes devolveu a liberdade*, mas não se dá ao trabalho de explicar a que tipo de liberdade está se referindo: se é a *liberdade de ação*, capaz de levar a experiências de fascínio, que fazem o ser humano cair num estado de asfixia, ou a *liberdade para ser criativo e realizar experiências de encontro*, que conduzem a personalidade ao seu pleno desenvolvimento. Basta pedir a um demagogo que contextualize e explique melhor um conceito para que diminua sua capacidade de nos hipnotizar.

O manipulador utiliza com astúcia a tática do elogio fácil

Quando o demagogo reduz o significado de uma palavra a um dos seus aspectos, recorre à atração que esse aspecto exerce na maioria das pessoas. De fato, existe em nós uma tendência a supervalorizar aquilo que nos agrada. Chegamos até mesmo a aceitar situações de rebaixamento, contanto que nossos desejos elementares sejam satisfeitos. "O cliente tem sempre razão" é uma afirmação que já ouvimos muitas vezes, e, tão logo é repetida, nós nos sentimos importantes. Tal sentimento de vaidade nos bloqueia a compreensão de que, com a palavra *clientes*, a maioria daqueles que assim nos chamam não está se referindo a *pessoas íntegras e criteriosas*, mas a *uma das suas funções*: a de simples compradores. Os recursos da propaganda tendem a *induzir*, e não a *convencer*.

Mostram a um homem um automóvel luxuoso, realçado pela presença de uma bela moça que de modo sugestivo abre a porta da frente do carro. A presença daquela moça significa tão somente uma ação lisonjeira, cuja finalidade é entorpecer a vontade do possível comprador mediante o truque da sobreposição de duas imagens eloquentes: a da mercadoria oferecida e a de uma realidade que agrade a visão. Em nenhum momento são apresentadas razões de peso para a aquisição do veículo, tampouco se faz a falsa promessa de uma relação de amizade com a atraente jovem que está ao lado do carro.

Não se trata, portanto, de uma *enganação*, mas de *manipulação*, que consiste em atuar de modo ardiloso, aproveitando-se de alguma fragilidade da pessoa – que, no caso, é o desejo erótico. O homem desse exemplo percebe, no fundo, que está sendo tratado como mero cliente, ao qual é preciso vencer, seja como for. No entanto, ele não reage nem se opõe. Mesmo notando que tal gênero de propaganda o reduz a um *ser de instintos* que possui meios para adquirir um produto caro, ele se deixa envolver pelo agrado que um e outro aspecto produzem nele.

"*Soberano* é coisa de homens", ouvimos inúmeras vezes.[8] E esse anúncio publicitário, garantindo que você será considerado um *verdadeiro homem* ao erguer o copo com o precioso líquido, enche-lhe de satisfação e docilidade. Nós, seres humanos, somos muito orgulhosos, mas ao mesmo tempo admitimos ser aviltados em troca de algum agrado ou elogio, ainda que falsos e ilusórios. Isso explica o fato de aceitarmos pacificamente a simplificação abusiva dos conceitos e que alguns deles sejam prestigiados em detrimento de outros.

[8] "*Soberano es cosa de hombres*" é um *slogan* que surgiu na Espanha, a partir da década de 1960, em anúncios de uma conhecida bebida de alto teor alcoólico, o conhaque *Soberano*. (N.T.)

O manipulador inibe a capacidade crítica das pessoas mediante o uso de palavras "talismã"

Em cada época costumam surgir um ou vários termos de uso comum que adquirem extraordinário prestígio e exercem especial influxo sobre as pessoas. Nessas palavras parece concentrar-se a quinta-essência da vida espiritual de uma época, o que há de mais notável em sua cultura, a causa de todos os seus êxitos. Podemos denominá-las, portanto, "palavras talismã".

Lembremos a influência que os seguintes termos exerceram em diferentes períodos: "ordem", nos séculos XVI e XVII; "razão", no século XVIII; "revolução", no século XIX; "liberdade" – e seus concomitantes "autonomia", "independência", "progresso", "democracia", "cogestão"... –, no século XX. Esses termos "talismã" constituem a base do pensar e, consequentemente, do sentir e do querer. Considerados como fonte de autenticidade, tornam-se também, por derivação, medida para atitudes e convicções. Passam a ser um ponto de partida inquestionável.

Essas palavras parecem inacessíveis a toda e qualquer crítica. São intocáveis. Ninguém mais se atreve a questioná--las, pois estão cobertas de prestígio. Daí que todo vocábulo que a essas palavras se associe fique, de algum modo, valorizado e, por outro lado, todo termo que a elas se oponha seja automaticamente menosprezado.

O manipulador costuma agir do seguinte modo. Começa por exaltar de diversas maneiras a palavra talismã por excelência da nossa época, *liberdade*, tomando todo cuidado para não contextualizá-la. Amparado pela confusão gerada por uma exposição ambígua acerca do tema, sugere que a *liberdade humana* equivale à *liberdade de fazer a cada momento aquilo que se deseja em virtude de critérios puramente interiores, individuais, sem referência a critérios externos*. O manipulador põe essa "liberdade de ação" – liberdade para mover-se com facilidade, sem nenhum tipo de obstáculo – ao lado da "autonomia" e da "autenticidade". Você é autônomo – ele nos diz – quando se orienta por critérios internos que você mesmo criou para si. Se você ajustar sua conduta e ação a leis, determinações e critérios externos, ficará preso a uma autoridade alheia, modelando sua personalidade conforme realidades estranhas... alienando-se, deixando de ser autêntico e perdendo a identidade pessoal. Assim, o conceito de *liberdade desvinculada de toda norma* ganha imenso prestígio e se torna padrão inquestionável de conduta.

O maior responsável pela lei descriminalizadora do aborto em determinado país procurou basear sua posição nessas duas teses:

1. "Em todo país civilizado garante-se à mulher a plenitude de seus direitos básicos".[9]
2. "Um dos direitos básicos da mulher é o de decidir com liberdade sobre tudo o que diga respeito ao seu corpo".

A simples presença da palavra "liberdade" produz em muitas mentes um efeito encantatório que bloqueia a compreensão de que existe uma posição filosófica latente em tais afirmações que já foi reduzida a pó pelos melhores pensadores,

---

[9] Percebamos que, inicialmente, os demagogos costumam fazer uma afirmação justa para suscitar adesões massivas.

há mais de um século. Já Liev Tolstói, em seu conto *Kholstomér, a história de um cavalo*, explicava, pela voz do protagonista, que não fazia sentido aplicar o mesmo verbo *ter* a realidades tão diferentes como, por um lado, uma casa, alguns hectares de terra, um objeto e, por outro lado, filhos, esposa.[10] A ampla e profunda produção filosófica de Karl Jaspers, Martin Heidegger, Gabriel Marcel, dos pensadores dialógicos ou personalistas e dos fenomenólogos esclareceu de modo definitivo que o ser humano não *tem corpo, é corpo*. O corpo não é um objeto, mas uma vertente da realidade *pessoal* humana e, como tal, não é uma realidade disponível, manuseável. Afirmar que a mulher tem um corpo e que com ele pode fazer o que bem entender, pensando-se com essa afirmação dignificá-la em nome da absoluta liberdade de ação, é de um grande sarcasmo só explicável pelo desconhecimento dos processos que constituem a base do desenvolvimento da personalidade humana.

O demagogo manipulador não se aprofunda no sentido das palavras e dos conceitos

Esse recurso tem uma intenção de longo alcance. Quando determinamos com precisão o significado de um termo e o sentido que adquire em determinado contexto, torna-se possível descobrir uma relação fecunda entre palavras que, a uma visada superficial, pareceriam insuperavelmente opostas.

---

[10] "As palavras 'meu cavalo', referidas a mim, um cavalo vivo, pareciam-me tão estranhas quanto as palavras 'minha terra', 'meu ar', 'minha água'." (In: *O Diabo e Outras Histórias*. Trad. Beatriz Morabito, Beatriz Ricci, Maira Pinto, André Pinto Pacheco. São Paulo, Cosac Naify, 2003, p. 75.)

Entre *liberdade* — encarada apressadamente como simples liberdade de ação — e *censura* — entendida precipitadamente como mera proibição para a realização de certos atos — não existiria nenhum ponto de ligação. O esquema "liberdade--censura" apresenta-se como um *dilema* que nos obriga a optar entre os dois termos: ou escolhemos a liberdade ou nos inclinamos pela censura. Essa interpretação, aparentemente inofensiva, é, no entanto, nociva para a vida das pessoas e sociedades. Quando os esquemas que orientam a nossa atividade intelectual são percebidos como dilemas, *perdemos nossa conexão com a realidade e nos fechamos a todo tipo de diálogo e encontro*. Tal fechamento termina por excluir o ser humano do jogo da criatividade, submergindo-o na asfixia espiritual.

O manipulador mobiliza diferentes procedimentos estratégicos para dominar as pessoas sem expor-se ao perigo da confrontação aberta

A título de exemplo, registremos apenas um desses procedimentos: *o recurso à insistência*. Uma forma enviesada, tendenciosa, dissimulada de vencer as pessoas, sem convencê-las, é repetir várias vezes, pelos meios de comunicação, ideias ou imagens carregadas de intenção "ideológica". Não se discutem as questões, não se demonstra nada, não se vai ao fundo de problema algum. Simplesmente são transmitidos anúncios, são feitas afirmações contundentes, propagam-se frases de efeito como se estivessem carregadas de sabedoria.

Esse bombardeio diário configura a opinião pública, porque as pessoas acabam tomando *aquilo que se afirma* como *aquilo que todos pensam e de que todos falam*, como *aquilo que está aí*, como algo *atual* e *normal*, como *aquilo que se torna critério geral para todos*. Atualmente, a força do número é determinante, pois a contagem de votos tudo decide. O número é algo quantitativo, não qualitativo. Daí a tendência de hoje em igualar todos os cidadãos, descartando tudo o que signifique qualificação e excelência, para que não haja uma liderança de tipo espiritual e a opinião pública possa ser modelada impunemente por aqueles que dominam os meios de comunicação de grande alcance. Uma das metas do demagogo, aliás, é anular a qualquer preço todos aqueles que possam descobrir como funcionam suas armadilhas, seus truques de ilusionismo.

A *redundância desinformativa* tem um poder surpreendente para forjar a opinião, criar uma atmosfera, um clima propício a todo tipo de equívoco. Basta estabelecer um clima de superficialidade no tratamento dos temas básicos da vida para viabilizar a difusão de todo tipo de falsidade. Segundo Anatole France, "uma tolice repetida por muitas bocas não deixa de ser uma tolice". De fato, mil mentiras não fazem uma só verdade. Mas uma mentira ou meia verdade repetida por um meio poderoso de comunicação converte-se numa verdade *de fato*, incontestável. Torna-se uma "crença", no sentido orteguiano de algo intocável, como um terreno sólido no qual se firma a vida intelectual do ser humano e que ninguém pode pôr em xeque sob pena de expor-se ao perigo de ser desqualificado. A propaganda manipuladora tende a formar esse tipo de "crença" com a intenção de manter um controle encoberto sobre a mente, a vontade e os sentimentos da maioria.

O grande teórico da comunicação McLuhan cunhou a expressão *"o meio é a mensagem"*: não se diz algo porque seja verdade, mas se assume como verdade porque se diz. A televisão, o rádio, a imprensa, os espetáculos mais variados usufruem de imenso prestígio para aqueles que os veem como realidade proveniente de um lugar inacessível. Quem está ciente do que acontece nos bastidores consegue em certa medida libertar-se de tal feitiço. O grande público, porém, à margem dos centros que irradiam mensagens, acaba se deixando seduzir pelo poder daqueles que chegam aos recantos mais afastados do mapa, penetram nas casas e, sem levantar a voz, falam de modo sugestivo ao ouvido das multidões.

Os demagogos atuam guiados por cálculos frios e precisos

Os demagogos que, através dos meios de comunicação, lançam todos os dias flechas envenenadas contra os sentimentos de bom número de ouvintes, com o intuito de modificar as atitudes morais ou religiosas do povo, sabem que mais cedo ou mais tarde surgirão alguns protestos, mas eles os analisam e concluem: 1) que a influência desses protestos chegará a um número de cidadãos muito inferior ao daqueles que são influenciados pela mídia; 2) que tais protestos duram pouco, pois quem repete uma crítica torna-se incômodo e acaba se automarginalizando. A imprensa, por sua vez, rapidamente rotula os críticos de antiquados e intransigentes, acusando-os de agir com espírito inquisitorial e de querer impor suas opiniões e crenças aos outros. É assim que trabalha o pensamento calculista dos donos do poder, em sua contínua ambição de modelar cotidianamente a opinião pública. Alguém já disse que *se pode enganar algumas pessoas durante muito tempo e todas durante algum tempo, mas não todas as pessoas durante o tempo todo.*

Essa observação deve ser contextualizada nos tempos atuais, em que a minoria crítica corre o risco de ser amordaçada por diversas razões: não contar com os meios suficientes para se fazer ouvir; estar submetida também ao poder desgastante da propaganda; sentir-se ameaçada por todo tipo de chantagem.

Consequências da manipulação

A prática do ilusionismo mental mediante a linguagem – e mediante o uso das imagens, que são altamente *eloquentes* – desorienta espiritualmente as pessoas, impedindo-as de pensar por conta própria e de modo rigoroso, e diminuindo sua sensibilidade para os valores; restringe bastante sua capacidade de agir segundo critérios internos bem ponderados e em nome de nobres sentimentos, o que as deixa vulneráveis perante a vida e sujeitas a um estado de gregarismo e infantilismo.

O manipulador exerce uma função de *paternalismo tirânico* com o objetivo de viabilizar uma forma "democrática" de totalitarismo. Isso se torna possível porque um povo subjugado espiritualmente é uma coletividade gregária, que, por falta de criatividade e poder de iniciativa, acaba pedindo, mais cedo ou mais tarde, um guia carismático. Um povo reduzido a rebanho sente-se necessitado de um pastor.

As três fases da manipulação

A modelação estratégica da mente, da vontade e do sentimento das pessoas constitui a *primeira fase* da manipulação. A fase seguinte é a *doutrinação*. Todo tirano que exerce controle sobre aqueles que venceu sem ter convencido deseja *revestir seu domínio com a roupagem de uma doutrina sistemática*, dando uma aparência de nobreza e racionalidade ao puro exercício do poder que já detém mediante a persuasão dolosa. As duas primeiras fases têm como meta deflagrar uma *terceira*: o recrutamento de ativistas, porta-vozes e intermediários de um sistema de domínio apresentado como um meio de salvação social.

É fundamental percebermos que *a fase decisiva é a primeira*: a da modelagem das mentes, das vontades e dos sentimentos. A segunda fase é acessória, tem apenas função decorativa, e geralmente serve como isca. Já aconteceu com certa frequência de demagogos convidarem seus adversários para um *diálogo*, cuja finalidade seria esclarecer os pontos doutrinais divergentes. O diálogo, porém, serviu apenas como pretexto para se praticarem as artes sedutoras da primeira fase. No momento seguinte, alguns dos tais adversários acabaram se convertendo em ativistas da ideologia defendida pelos demagogos, sem alterarem uma vírgula sequer de suas próprias convicções doutrinais. Ou seja, houve uma passagem da *primeira fase* para a *terceira* em meio à *segunda fase*. Essa circunstância nos leva a enfatizar que não é o conteúdo doutrinal o que deve, hoje, atrair nossa atenção prioritariamente, mas as *técnicas de sedução espiritual* que atuam sob a capa das discussões doutrinais.

Antídoto contra a manipulação

A prática da manipulação altera a saúde espiritual de pessoas e grupos. Possuímos as defesas naturais contra esse vírus invasor? Podemos falar num *antídoto* contra a manipulação demagógica?

Atualmente, não há espaço para a ideia de reduzir o alcance dos meios de comunicação ou submetê-los a um controle eficaz de qualidade. Não há outra defesa a não ser uma boa preparação por parte de cada cidadão. Tal preparação abarca três pontos básicos: 1) estar atentos, conhecer em detalhes as artimanhas da manipulação; 2) aprender a pensar com rigor e saber exigir esse tipo de pensamento dos outros; 3) exercitar a criatividade em todas as circunstâncias. A pessoa criativa tem recursos para evitar que a reduzam a um ser que simplesmente repete o que diz o seu senhor. Quem se habitua a pensar com rigor não aceita tão facilmente o uso estratégico das palavras, a apresentação astuciosa das questões, a mobilização de procedimentos de fácil domínio.

Um antídoto contra o antídoto

Em nossos dias, assistimos ao surgimento de um recurso muito sutil para neutralizar a eficácia do antídoto que vimos há pouco. Trata-se da confusão intencional entre as experiências de *vertigem* ou fascínio e as de *criatividade* ou encontro.

As experiências de encontro – que os antigos gregos denominaram "êxtase", elevação ao que há de melhor em cada um de nós – aumentam o poder criativo e amplificam a sensibilidade para os valores, a capacidade de compreender o sentido profundo das realidades e dos acontecimentos que tecem a vida humana. Já as experiências de vertigem impedem a visão dos valores, refreiam o impulso criativo, impossibilitam a abertura para o sentido profundo da existência, deixando os seres humanos e povos à mercê dos que ambicionam o poder. Esse é o motivo pelo qual é dada tanta liberdade para que se pratiquem todas as formas possíveis de experiências de vertigem. Esse é o modo mais fácil de privar as pessoas da única forma autêntica de liberdade: a *liberdade para a criatividade*, própria das experiências de êxtase. Toda cultura humana nasce desse gênero de experiências. Confundir os dois tipos de experiência significa projetar o tradicional prestígio das experiências de êxtase sobre as experiências de vertigem, dando aparente justificativa a certas práticas que conduzem o ser humano a formas de exaltação aniquiladora.[11]

Nós, hoje, temos à nossa frente uma espécie de *encruzilhada decisiva*, dois caminhos que se opõem totalmente. Por um lado, a via da criatividade e a construção cabal da personalidade, e, por outro, a via do fascínio e o desmoronamento da vida pessoal. Quando se fala em manipulação, refere-se a uma *forma de abuso dos meios de comunicação social que tende a conduzir as pessoas pelo caminho da destruição*. Há espaço, no entanto, para outra forma de uso, que permita assumir todas as possibilidades de tais meios com o objetivo de persuadir as pessoas e os povos a se guiar pela via da criatividade e do encontro. Somente aqueles que se orientam por esse segundo caminho terão *garantida a sua liberdade* dentro dos regimes democráticos, pois esses regimes, tenhamos isso presente, não geram *automaticamente* a liberdade interior.

---

[11] Sobre esse assunto, recomendo meus livros *Vértigo y Éxtasis. Bases para una Vida Creativa*. Madrid, PPC, 1992, p. 127-55; e *Inteligência Criativa: Descoberta Pessoal de Valores*, p. 287-354.

3

Manipular é rebaixar de nível

Em muitas propagandas comerciais aparece em destaque uma mulher jovem, cuja aparência é realçada por suas roupas, pela atitude sedutora e pela expressão facial confiante. Contudo, cabe perguntar: ela está desempenhando, *como pessoa*, um papel digno que reafirme sua personalidade? Ao contrário. De modo sorrateiro, está sendo reduzida de *pessoa* a *estímulo erótico*. Tal ardilosa redução é realizada por um especialista em truques estratégicos que fazem vencer sem convencer. *Esse ilusionista de conceitos é um manipulador.*

Comparação entre atitude criativa e atitude manipuladora

O demagogo manipulador procura destruir com astúcia, de modo firme e rápido, todo o trabalho que os educadores realizam no sentido de que as pessoas exercitem a capacidade de pensar com rigor e vivam de modo criativo.

Vejamos, nas duas colunas a seguir, a tarefa educativa para cultivarmos a inteligência criativa e a ação do manipulador.

INTELIGÊNCIA CRIATIVA

1. Descobrimos que a linguagem é o *meio no* qual se fundam âmbitos de convivência, e não mero *meio para* comunicar-se.

2. Percebemos que nossa vida não pode se desenvolver plenamente se não pensarmos com rigor, ou seja, se não distinguirmos modos diversos de realidade e os integrarmos e hierarquizarmos segundo o seu valor.

3. O estudo cuidadoso da linguagem nos ajuda a discernir com precisão entre *contrastes* e *dilemas*. "Liberdade-norma" é um *dilema* no nível 1 e um *contraste* nos níveis 2, 3 e 4, ao passo que "vertigem-êxtase" é um *dilema*. Essa distinção possibilita fundamentar solidamente a teoria da criatividade.

OBJETIVO DO MANIPULADOR

1. O manipulador usa a linguagem como *meio para* guiar o ser humano a fim de que este seja facilmente dominado.

2. O manipulador não procede de forma cuidadosa. Age com rapidez e faz malabarismos para confundir os diferentes modos de realidade, reduzindo-os ao mais elementar: o modo de ser dos objetos.

3. O manipulador empenha-se para que os *contrastes* sejam vistos como *dilemas* e os *dilemas* como *contrastes*, anulando a capacidade das pessoas e submetendo-as à servidão. Se entendemos sempre a relação entre liberdade e norma como um dilema, elimina-se de vez a possibilidade da verdadeira liberdade, que é a *liberdade para a criatividade*. Se pensamos que vertigem e êxtase são modalidades de um mesmo tipo de experiência, bloqueia-se totalmente o processo criativo.

4. Ao longo dessas análises, torna-se patente que a energia criativa do ser humano procede da integração de todas as suas forças na tarefa de alcançar o elevado ideal da unidade.

5. O encontro interpessoal revela-se como a chave do desenvolvimento humano. O diálogo respeitoso é o veículo desse desenvolvimento.

4. O manipulador esforça-se ao máximo para fazer o ser humano concentrar suas atenções nos ganhos imediatos e, dessa forma, não hierarquizar os diferentes valores que o chamam e atraem. O manipulador anula ardilosamente tudo aquilo que oferece energia e plenitude pessoal à vida humana, impedindo, assim, que as pessoas se deem conta do golpe mortal que lhes está infligindo.

5. O manipulador trata as pessoas e as outras realidades "ambitais" como meros objetos. Essa atitude *reducionista* permite dominar, mas destrói a base do encontro, que é o respeito ao que são as realidades do entorno e ao que estão chamadas a ser.

O demagogo finge que *dialoga*, mas na verdade apenas *monologa*. Parece que fomenta a personalidade dos outros, quando, de fato, os oprime.

Temos agora diante dos olhos os dois campos com os quais precisamos nos ocupar: o primeiro – o do *encontro* –, para nele nos movermos corajosamente; o segundo – o da *manipulação empobrecedora* –, para evitarmos que nos prenda em suas armadilhas. O obstáculo maior para realizar os encontros de todo tipo a que estamos chamados é a manipulação, que se interpõe em nosso caminho e perturba nosso avanço em direção ao amadurecimento pessoal.

Nada mais importante para salvaguardar nosso desenvolvimento pessoal do que saber com precisão como o manipulador atua e de que modo podemos enfrentá-lo.

Atualmente, vários estudos denunciam a existência da manipulação nas diversas vertentes da vida: comunicação, ciência, medicina, política, propaganda comercial e ideológica... Sente-se falta, porém, de uma análise mais profunda em torno dos recursos utilizados para moldar nossa mente e alterar nossos ideais de vida, que é, em suma, a maneira mais radical de controlar nossa existência.

Tal análise é imprescindível, na medida em que manifesta *o núcleo* de toda a atividade manipuladora. Essa é a tarefa que vamos realizar aqui, levando a cabo o sistema de educação "verdadeiramente revolucionário" postulado por Thomas Garret, que lecionava ética na Universidade de Scranton, nos Estados Unidos:

> A única esperança verdadeira para se reduzir a danosa manipulação exercida pelos meios *mass media*, como também pelas autoridades e pelo sistema educacional, reside no treinamento da massa de ouvintes para uma descoberta e rejeição da manipulação. Os instrumentos para tal treinamento são eficazes, mas não têm sido amplamente divulgados nas escolas elementares. A razão desse insucesso é óbvia. Os instrumentos usados

para habilitar os ouvintes a detectar a manipulação exercida pelos *mass media* podem também ser usados contra o livro de texto oficial, contra o político, o pregador e o pretenso *expert* de grande parte dos assuntos. [...] Tal educação seria verdadeiramente revolucionária. Por este motivo, ela encontrará a oposição dos que temem a realidade, a mudança e o poder da inteligência. Sem tal educação, contudo, não poderemos enfrentar o problema moral da manipulação, exercida não somente pelos *mass media*, mas também pela vida moderna como um todo.[1]

O programa de ação proposto por esse autor, que era professor de estética, filosofia e teologia, coincide com a primeira medida a tomar contra a manipulação: *estar atento*. Essa medida deve ser complementada por outras duas: *pensar com rigor* e *viver de forma criativa*. Neste livro não nos limitaremos a propor essas medidas como algo a se realizar. Procuraremos levá-las às últimas consequências de modo preciso e detalhado. Comecemos por definir o sentido do termo "manipulação".

O significado da manipulação

A análise da manipulação deve ser feita de modo concreto, referindo-se a exemplos tomados da realidade. Não se trata de elaborar uma teoria sobre a manipulação, mas de meditar em voz alta a respeito das possibilidades destrutivas que estão presentes em cada um de nós e nos grupos com os quais de algum modo nos relacionamos.

---

[1] Cf. "Manipulação e Bens de Consumo". In: *Concilium* 65, 1971, p. 606.

Todos nós, em princípio, podemos manipular e ser manipulados. Se, no decorrer desse estudo, menciono alguns exemplos especialmente conhecidos no momento atual, não o faço para jogar a responsabilidade das práticas manipuladoras sobre determinadas pessoas e grupos, mas com a intenção de oferecer material concreto para análise do tipo de estratégia que estamos comentando a cada passo.

De início, recordemos alguma experiência pessoal relacionada à manipulação. Com frequência, lendo jornais e revistas, ouvindo programas de rádio ou TV, assistindo a aulas ou palestras, temos a vaga sensação de que algo está errado no uso de determinadas palavras, na apresentação dos problemas e no modo de raciocinar, mas não sabemos dizer com certeza se estamos sendo ou não manipulados. Essa nossa incapacidade para descobrir com rapidez os truques do manipulador dá a este uma total liberdade de movimentos. Precisamos adquirir com urgência uma chave que nos ajude a perceber quando estamos diante de uma atividade manipuladora e como tal atividade se realiza.

Manipular pessoas ou grupos humanos pressupõe *manuseá-las* como se fossem *meros objetos*. Entre um objeto e uma realidade pessoal há uma distância astronômica, no que tange ao seu modo de ser e, portanto, às suas possibilidades de ação. Quando nos damos conta da dignidade humana pelo fato de as pessoas poderem pensar e tomar iniciativas, terem consciência de ser livres, sentirem-se responsáveis pelas próprias ações e pelo seu próprio desenvolvimento... causa-nos espanto ver alguém reduzindo-as a simples objetos mediante a manipulação.

Um objeto é um ser delimitável, tangível, pesável, manuseável. Carece de iniciativa própria, de liberdade, de consciência. Não pode, portanto, sentir-se rebaixado em sua condição, ao ser usado por alguém como *meio para* determinadas finalidades. Na realidade, o objeto transformado em utensílio chega à plenitude de suas possibilidades na medida em que é incorporado a um projeto humano. Desempenhando certo papel num processo criativo, o objeto sobe de nível: adquire caráter de "âmbito", pois se converte em fonte de possibilidades para quem o utiliza.[2]

Dotada de inteligência, vontade, sentimento e capacidade criativa em diversos aspectos, uma pessoa se sente chamada a elaborar projetos e a realizá-los com impulso criativo. Se, no entanto, é tomada como mero objeto ou como instrumento a serviço de projetos elaborados por outras pessoas, sente-se rebaixada de condição e aviltada. *Esse rebaixamento injusto é uma forma de manipulação.* Em determinados casos, pode acontecer de pessoas serem reduzidas a *objetos maravilhosos, adoráveis*, vestindo roupas luxuosas, sob a luz deslumbrante de holofotes. Toda essa aparência enganosa não impede o aviltamento da pessoa que tenha sido afetada por tamanha injustiça.

Um grupo de atrizes famosas em determinado país queixou-se, num programa de televisão, de que empresários do cinema e do teatro geralmente as expõem como *belas figuras*, oferecendo-as como pastagem à voracidade erótica dos espectadores. Em vez de considerá-las "atrizes" – pessoas capazes de representar um personagem –, veem nelas apenas "corpos esbeltos" e "símbolos sexuais". Esse reducionismo manipulador provoca por vezes autênticos dramas que

---

[2] Elevar os objetos à condição de âmbitos é uma tarefa básica da conduta ética. Pode-se ler a esse respeito no livro *Inteligência Criativa: Descoberta Pessoal de Valores*, p. 128-29.

marcam uma vida para sempre, como aconteceu com Maria Schneider, a jovem atriz que interpretou a protagonista feminina do filme *O Último Tango em Paris*.

Algo parecido ocorre na utilização da figura da mulher em anúncios comerciais. As jovens que neles são utilizadas não atuam como pessoas, não falam, não realizam praticamente nenhuma ação. Simplesmente posam da forma e na situação indicadas para que se atinjam as finalidades da propaganda comercial. Seu papel é o de simples "objeto erótico" que irradia uma atração automática, irrefletida e irracional sobre o produto, a fim de que este se torne fascinante.

As diferentes formas de manipulação

Na vida democrática, há muitas formas de violentar a liberdade das pessoas e rebaixá-las à condição de "meios para alcançar determinados fins". Se o dono de uma sala de espetáculos não levar em consideração o bem das pessoas, mas somente quanto lucro terá com seu negócio, não hesitará em reduzir os espectadores a *meros clientes*.

Sabe-se que, já muitas vezes, espectadores que estavam dentro do cinema foram filmados para posterior análise conjunta dos dois filmes – do filme a que os espectadores assistiam e daquele que se produziu durante a projeção –, com a finalidade de captar as reações do público diante de cada cena. Esse estudo do comportamento do cliente visa a aumentar o domínio sobre seus centros de decisão, dosando engenhosamente os estímulos excitantes que vão satisfazer sua avidez por fortes sensações. Tirar vantagem da fragilidade espiritual das pessoas com a intenção de subjugá-las é, obviamente, uma das formas perniciosas de manipulação. Mas ainda há outras, não menos perversas.

Se alguém que sofre de uma doença é utilizado como meio para a realização de experimentos ou se converte em mera fonte de renda em algum tipo de esquema, está sendo manipulado. Um professor que, sem apresentar razões válidas, faz seus alunos aderirem à sua linha ideológica, vencendo-os sem convencer, está submetendo esses jovens a outro tipo de manipulação.

A linguagem denuncia claramente a tendência humana a manipular, a enxergar as pessoas como *meras ferramentas*. Os membros da Guarda Civil na Espanha são denominados simplesmente "números". Diz-se, por exemplo: "Enviaram dois números da Guarda Civil". Os soldados mortos em combate são qualificados anonimamente como "baixas". Um homem extremamente sensível com relação à dignidade humana, o filósofo francês Gabriel Marcel, confessa em seus livros que, no início da Primeira Guerra Mundial, um soldado morto reduzia-se para ele a um traço em vermelho que se fazia ao lado de um nome escrito numa ficha. No entanto, ao longo do conflito, seu relacionamento com os parentes dos mortos ou desaparecidos mostrou-lhe a riqueza inesgotável de relações e sentido humano que estava oculta em cada vítima da guerra. Essa descoberta propiciou sua "conversão" à filosofia existencial, que se esforça por ajustar o pensamento às exigências do ser humano concreto.[3] Poucos pensadores se opuseram com tanta energia e insistência,

---

[3] Há uma análise dessa conversão no meu livro *Cinco Grandes Tareas de la Filosofía Actual*. Madrid, Gredos, 1977, p. 168-81.

como Marcel, contra a tendência do homem contemporâneo a solapar as bases de sua própria vida. Lembremos o título de sua obra mais sofrida: *Os Homens contra o Humano*.[4] Essa hostilidade do ser humano contra si mesmo provém da *tendência redutora* e dela se alimenta. Reforcemos a ideia de que a primeira condição para atacar alguém é reduzi-lo a mero obstáculo. Esse é o motivo pelo qual, antes de iniciar uma guerra contra um povo, o agressor reduz tudo o que esse povo é – as riquezas que se encontram em suas famílias, grupos, instituições, tradição, cultura... – a uma única e detestável expressão: "o inimigo". Tal redução é brutal e injusta, mas sem ela seria impossível lançar-se ao ataque. Se os jovens combatentes de um país tivessem diante dos olhos a contextura de vidas humanas, anseios, sentimentos, alegrias e dores, esperanças e frustrações que constituem a vida de um povo, conseguiriam mobilizar suas melhores energias para se lançar valentemente, atacando e destruindo todo esse tesouro? É evidente que não. Por isso, quando se promove uma guerra, descartam-se os aspectos positivos do país adversário e se enfatiza unilateralmente o insulto recebido. Reduzindo o outro a um "inimigo a combater", preparam-se os ânimos para o enfrentamento aberto e impiedoso.

A redução é um ato de violência que desencadeia mais violência. Sempre que um intelectual reduz o valor da vida humana em algum aspecto está dando base a um enfrentamento. E o contrário também é verdade: aquele que respeita o ser humano naquilo que é e está chamado a ser colabora para criar um clima de concórdia e paz.

[4] Cf. *Les Hommes contre l'Humain*. Paris, La Colombe, 1951.

Pensemos em um ser humano como pessoa, como realidade peculiar que abarca um considerável campo e estabelece uma rede complexa de inter-relações de todo tipo. Seríamos capazes de agredir esse ser humano? Muito difícil. Provoca um frio na espinha saber, como já comentamos antes, que os pugilistas evitam conversar com os oponentes ou tomar conhecimento de informações sobre sua vida familiar e trajetória existencial, suas dificuldades e anseios, seus projetos de futuro e suas expectativas. Seria terrível lutar contra tudo isso. Em contrapartida, limitando-se a pensar que no confronto terão diante de si somente *um obstáculo a eliminar*, os lutadores se sentirão livres para usar toda a sua força combativa.

Quem tem o privilégio de consagrar a vida ao estudo e à pesquisa deve sempre ter em mente a seguinte consideração: *a violência costuma ser gestada nos escritórios das cabeças pensantes, e se faz sentir nas ruas invadidas por pessoas que foram reduzidas a "massas"*. A responsabilidade daqueles que configuram sistemas de ideias e possuem meios para difundi-las é, na atualidade, imensa, pois sua eficácia se evidencia rapidamente e entre numerosas multidões.

O reducionismo e a violência

Quem afirma que o amor humano, inclusive nos casos em que tudo dá certo, é apenas um "intercâmbio de duas solidões" (Ortega y Gasset) reduz a capacidade criadora do ser humano.

Quem entende a atividade artística como mero esforço *artesanal* confunde o *processo criador* com o simples *domínio da matéria*. Amesquinha o poder criativo do ser humano.

Quem considera a vida ética como um assunto *privado*, restrito à vida de cada pessoa, e a vida política como uma questão *pública* causa uma divisão empobrecedora da vida humana.

Quem declara o ser humano como *árbitro do valor*, dono absoluto dos critérios que determinam o que é bom e belo, parece, à primeira vista, enaltecer o ser humano, mas na realidade torna impossível o seu autêntico desenvolvimento pessoal.

Todos os que cometem essas injustificadas reduções do nível em que se encontra o ser humano podem, com lisura, declarar-se pacifistas, mas estão equivocados. Cada uma das reduções que realizam na solidão de suas casas ou no sereno espaço de uma sala de aula é, na verdade, uma ventania intelectual que provocará depois terríveis tempestades. Não sentirão eles, possivelmente, as trágicas consequências da turbulência social. Quando seres inocentes pagarem o alto preço pelos erros alheios, os culpados repetirão aquela já conhecida frase: "Não era isso o que eu pretendia". Sem dúvida, somente um infeliz poderia desejar o mal aos outros, mas um intelectual é aquele que tem a obrigação profissional de prever as consequências decorrentes das premissas que defende.

Aos quinze anos de idade, o grande escritor judeu Elie Wiesel foi levado para o campo de concentração de Auschwitz. Na mesma noite em que lá entrou, foi brutalmente separado de sua mãe e das irmãs. Cada um deveria sofrer sozinho o seu calvário. Desolado, pôs-se a contemplar uma chama gigantesca proveniente de uma fossa. Em pouco tempo se deu conta de que ali estavam sendo jogados cadáveres de crianças: "Nunca me esquecerei daquela noite – escreveu

Elie Wiesel –, a primeira noite no campo, que transformou minha vida numa longa noite, sete vezes aferrolhada. Nunca me esquecerei daquela fumaça. [...] Nunca me esquecerei daquele silêncio noturno que me privou por toda a eternidade do desejo de viver... Nunca".[5]

Junto com o escritor, nós nos perguntamos, atônitos, como é possível que a violência chegue a esses graus de paroxismo desumano. Só existe uma explicação: aquelas crianças, muitas delas recém-nascidas, aqueles meninos e meninas, com suas esperanças, sua ternura, seus primeiros desejos de conhecer a vida, tudo isso fora reduzido à condição de *judeus*. Essa redução cruel instalou Auschwitz, cavou aquela fossa e acendeu a sinistra fogueira. Meditemos nisso com profundidade, porque há dois séculos temos praticado o *reducionismo*, e a nossa sociedade, hoje, parece sentir-se feliz ao glorificar os porta-vozes dessa tendência empobrecedora.

Diante das pavorosas consequências do reducionismo, devemos nos interrogar. Por que alguém reduz de forma sistemática o valor da vida humana e tudo o que ela implica? E, o que é ainda mais estranho, por que as pessoas não se erguem contra essa agressão à sua dignidade e o irresponsável estímulo à violência? Não conseguem reagir porque o manipulador, com muita habilidade, bloqueia rapidamente sua capacidade de discernimento com uma série de recursos que torna deslumbrante aquilo mesmo que as destrói.

Talvez algum dos leitores me diga que atualmente tais formas de reducionismo e extermínio são inconcebíveis.

---

[5] Apud A. Mary Testemalle, ¿*Silencio o Ausencia de Dios?* Madrid, Studium, 1975, p. 40.

Serão realmente inconcebíveis? Esses extremismos não são coisa do passado. Em vários lugares do planeta o risco subsiste. Mesmo em nossos países, que parecem garantir o respeito aos direitos humanos, o ser humano não é reduzido, diariamente, a um *ser de instintos, mero emissor e receptor de sensações prazerosas*? Tal redução pode, inicialmente, parecer muito interessante para aqueles que adotaram como ideal de vida acumular fáceis gratificações. Contudo, trata-se de um agrado enganador. O manipulador age no começo como quem vai a favor da corrente, distribuindo agrados para seduzir, mas logo depois percebemos que sua intenção é aviltar e, finalmente, dominar. Veremos isso de modo preciso ao analisarmos *como o manipulador atua*.

Orientar para os valores e entusiasmar com eles não é manipular

Vimos que manipular consiste em rebaixar de nível e aviltar as pessoas. Esse tipo de manipulação traz consigo uma forma de *domínio* sobre a pessoa manipulada. Não podemos, porém, concluir que onde se verifica algum tipo de domínio haja sempre manipulação. Quem exerce um tipo de *autoridade* por ser capaz de *promover outras pessoas a posições muito elevadas em qualquer aspecto* não está manipulando. *Autoridade* vem do verbo latino *augere*, "promover". Quem domina alguém sem promovê-lo a níveis superiores de vida é porque o coage. Já aquele que realiza tal promoção aumenta a liberdade interior dos subordinados.

Guiar outras pessoas em direção ao valioso não é *seduzir*, nem *forçar* ou *fascinar*. Quem orienta para os valores dirige-se à liberdade e à inteligência dos outros, convidando-os a participar de algo que poderá enriquecê-los. Não é um manipulador, mas um mestre. Não faz o menor sentido, portanto, negar-se a falar às crianças e aos jovens sobre a existência dos valores e a educá-los no cultivo desses valores, pois essa atividade formativa é o que leva a criança e o jovem a adquirir poder de discernimento para distinguir o valioso do banal e ter liberdade de opção. Deixá-los sozinhos, afastados do que enriquece a nossa existência sob a alegação de que, adultos, poderão escolher livremente o caminho que queiram seguir na vida constitui uma falácia muito perigosa. Se não conviverem desde cedo com as realidades valiosas jamais se tornarão adultos no aspecto espiritual, ou seja, *no tocante à vida criativa.*

4

Quem manipula

Vejamos como os cidadãos são *reduzidos* a meros *súditos* neste conhecido diálogo da obra de Antoine de Saint-Exupéry, *O pequeno príncipe*:

Vestido de púrpura e arminho, o rei estava sentado num trono muito simples porém majestoso.

– Ah, eis aí um súdito! – exclamou o rei ao ver o pequeno príncipe. E este pensou: "Como poderá me reconhecer, se nunca me viu antes?". Não sabia o pequeno príncipe que, para os reis, o mundo é muito simples. Todos os seres humanos são seus súditos.

– Aproxime-se para que eu o veja melhor – disse o rei, todo orgulhoso de, finalmente, poder ser o rei de alguém.

O pequeno príncipe procurou com os olhos um lugar para se sentar, mas o planeta estava todo coberto pelo magnífico manto de arminho. Por isso continuou de pé e, como estava muito cansado, bocejou.

— É contra a etiqueta bocejar na presença de um rei — disse o monarca. — Eu o proíbo de bocejar!

— Não posso evitar o bocejo — respondeu o pequeno príncipe, muito constrangido. — Fiz uma longa viagem e não consegui dormir...

— Então — disse o rei — eu ordeno que você boceje. [...] Isso é uma ordem! [...]

— Posso me sentar? — perguntou o pequeno príncipe, timidamente.

— Ordeno que você se sente! — respondeu o rei, puxando majestosamente a borda do seu manto de arminho. [...]

— Majestade... — disse o pequeno príncipe — perdoe-me por perguntar...

— Eu ordeno que você pergunte — o rei se apressou a dizer.

— Majestade... sobre o que o senhor reina?

— Sobre tudo — respondeu o rei com grande simplicidade.

— Sobre tudo?

Com um gesto contido, o rei indicou o seu planeta, os outros planetas e as estrelas.

— Sobre tudo isso? — perguntou o pequeno príncipe.

— Sobre tudo isso — respondeu o rei. [...]

"Os adultos são muito estranhos", pensava o pequeno príncipe durante sua viagem.[1]

---

[1] Cf. *O Pequeno Príncipe*. Trad. Gabriel Perissé. Belo Horizonte, Autêntica, 2015, p. 35-40.

A essa mesma conclusão chegou o pequeno príncipe após conversar com o *vaidoso* – que reduzia as pessoas a admiradores –, com o *bêbado* – que limitava o horizonte da vida a meios para saciar o desejo de esquecer –, e com o *empresário*, voltado o tempo inteiro a possuir cada vez mais estrelas... Ao final da viagem, porém, encontrou-se com um acendedor de lampiões, que consagrava sua vida a uma bela tarefa, a de acender e apagar o lampião no devido momento. E disse o pequeno príncipe a si mesmo: "Esse homem [...] é o único adulto que não me parece ridículo, talvez porque se dedica a fazer uma coisa sem se preocupar apenas com seus próprios interesses. [...] Este é o único adulto que poderia ser meu amigo."[2]

Atentemos para a conexão existente entre o individualismo egoísta, a atitude manipuladora e a impossibilidade de fundar amizade. O egoísmo leva à vertigem da ambição, e a vertigem suscita a vontade de manipular.[3] A amizade, por seu lado, é uma relação que deve ser criada, e toda criatividade pede generosidade, o oposto da ambição de poder.

Existem diversas formas de manipulação, mas todas têm um traço em comum: destroem a criatividade humana, sua capacidade de pensar, sentir e querer por conta própria, com perfeita liberdade interior. E operam essa destruição de forma astuciosa e dissimulada. É por isso que devemos insistir em nosso empenho em conhecer com profundidade os recursos manipuladores que distorcem tudo de maneira velada.

[2] Ibidem, p. 50.
[3] Apresento amplas análises sobre os processos de vertigem e êxtase em meus livros *Vértigo y Éxtasis. Bases para una Vida Creativa*. Madrid, Asociación para el Progreso de las Ciencias Humanas, 1987; e *Inteligência Criativa: Descoberta Pessoal de Valores*. Trad. José Afonso Beraldin da Silva. São Paulo, Paulinas, 2004.

A democracia não garante a liberdade interior

Hoje em dia é opinião geral de que basta vivermos num regime democrático para termos nossa liberdade preservada. Tal ingenuidade nos deixa desprotegidos diante do fenômeno da manipulação. Numa ditadura, não desfrutamos de determinadas liberdades, mas essa limitação é clara e evidente, e uma pessoa poderá procurar formas de conservar e desenvolver a liberdade interior. É admirável, nesse sentido, a resistência de certas pessoas ao defenderem sua liberdade criativa. Nas democracias, a *liberdade* é apresentada como objetivo máximo, liberdade num grau jamais alcançado antes. De fato, recebemos uma ampla *liberdade de movimentos*, mas a *liberdade interior* deve ser conquistada, e com muito esforço.

Na democracia, usa-se a coação de colarinho branco. Aparentemente, tudo leva a pensar que se respeita a liberdade, *palavra talismã* por excelência em nossos dias, que por isso tornou-se intocável. "Sois livres de não pensar como eu", assim a opinião pública se dirige aos cidadãos independentes, segundo Tocqueville; "vossa vida, vossos bens, tudo vos fica; mas, desde hoje, sois um estranho entre nós."[4] Quem não se submeter aos ditames da opinião pública será excluído do jogo, não receberá possibilidades do seu entorno, nem votos nas eleições, nem mesmo a estima do povo. Será muito difícil ter liberdade interior para agir com critérios próprios.

---

[4] Cf. *A Democracia na América*. Trad. Neil Ribeiro da Silva. Belo Horizonte/São Paulo, Itatiaia/Edusp, 1977, p. 197.

A opinião pública é uma *realidade envolvente* que atua com a impunidade do anonimato e exerce grande pressão sem, no entanto, ostentar um rosto preciso. *Sua força está na proporção direta do seu caráter descolorido e ambíguo.* Não há nada de estranho no fato de o manipulador tirar partido da força da opinião pública, pois também ele nunca atua de maneira clara. Seu desejo é modelar a mente, a vontade e o sentimento de pessoas e povos de uma forma *desonesta* e *despercebida*. O manipulador move-se impulsionado por interesses inconfessáveis, ocultando-os habilidosamente, ao mesmo tempo em que apresenta uma face bondosa e magnânima.

Daí que a primeira condição para conservar a liberdade interior diante das agressões dos manipuladores seja trazer à luz os recursos oportunistas que eles mobilizam. Com essa finalidade, indicaremos a seguir, brevemente, os principais grupos de manipuladores e seus artifícios peculiares.

Diversos tipos de manipulação

1. A manipulação dos comerciantes

Todo aquele que oferece um produto ao mercado – seja um carro, uma viagem turística, um espetáculo, um livro... – deseja promover sua venda. Poderá realizar suas vendas mostrando as qualidades do produto oferecido. Em tal caso, não é *manipulador* mas sim um *orientador*. Quem manipula, ao contrário, lança mão de truques espetaculosos para *seduzir* as pessoas com seus produtos.

Podemos distinguir quatro tipos de comerciantes manipuladores:

a. *Os comerciantes do poder.* Manipulam as pessoas visando a posições de mando. Fazem promessas em troca de votos. Reduzem as pessoas a *votantes*. Para descobrir a manipulação política, basta relembrar os programas apresentados e os discursos dos comícios, comparando as promessas feitas durante as últimas campanhas eleitorais com as realizações concretas do partido vencedor.

b. *Os comerciantes do dinheiro.* Para aumentar as receitas, procuram deslumbrar os cidadãos, reduzindo-os a *clientes*. As estratégias da propaganda comercial não procuram aperfeiçoar a mercadoria, mas tornar favorável a opinião que as pessoas possam ter sobre o produto. A vontade de ampliar a clientela leva publicações consideradas sérias a imitar o que é corriqueiro nas chamadas "revistas sentimentais", introduzindo em suas páginas relatos intermináveis sobre escândalos sociais e fotos "sugestivas". Tudo isso sob o pretexto de que o público deve estar informado sobre tudo a todo momento.

c. *Os comerciantes do sucesso.* Fazem de tudo para conquistar *admiradores*. Reduzem os seres humanos a *espectadores* e *leitores*. A vontade de ganhar prestígio e uma insuficiente afeição à verdade fazem os intelectuais se deixarem levar pelo vaivém das correntes ideológicas em voga.

A ânsia de obter sucesso e popularidade rouba a liberdade de numerosos profissionais da educação, da comunicação e da política, que deveriam denunciar os perigos de certas tendências "progressistas", estudando e defendendo a verdade com absoluta independência de espírito.

A propósito, é interessante pesquisar nas referências bibliográficas de certos livros quais autores são citados e quais são omitidos, inclusive quando seria obrigatório mencionar algum trabalho destes últimos. Triste exemplo de dependência aos próprios interesses foi o de um conhecido escritor que, na segunda edição de uma obra, omitiu a dedicatória feita a um notável pensador que, naquele meio-tempo, caíra em desgraça aos olhos dos grupos dominantes.[5]

A manipulação realizada pelos comerciantes comporta graves riscos para o povo, pois induz a adquirir bens questionáveis, praticar atividades fúteis, conferir mandatos políticos a pessoas que se destacam mais pela ambição e astúcia do que pela competência. Maior perigo ainda, porém, reside na manipulação levada a cabo por aqueles que desejam mudar nossa mentalidade para favorecer seus interesses.

d. *Os comerciantes das ideias e atitudes.* O manipulador comercial aguça sua habilidade em transplantar seu sistema de valores para a mente de outras pessoas, determinando-lhes o comportamento. Se considero a música de Mozart portadora de muito valor, uma versão nova de uma das suas obras surge para mim como algo valioso. A paixão pela música me abre um grande campo de bens e, portanto, de produtos desejáveis e atraentes. Tudo o que satisfaça meu desejo de boa música constitui para mim um valor, e para alcançar esse valor

---

[5] Trata-se da famosa edição de 1941 do livro *Ser e Tempo*, de Martin Heidegger. Na primeira edição, Heidegger fizera uma dedicatória ao seu mentor, o filósofo Edmund Husserl, de ascendência judaica. O autor retirou a dedicatória durante a ascensão do nazismo na Alemanha, por temer que sua obra fosse censurada, e voltou a incluí-la nas edições posteriores a 1945. (N. T.)

posso até mesmo fazer um sacrifício. Mas suponhamos que eu leve uma vida praticamente reclusa, totalmente entregue aos estudos. É bem possível que um automóvel – mesmo o mais luxuoso – não me despertasse interesse algum; aliás, seria um estorvo, pelo tempo que se gasta e pelas preocupações que causaria, afastando-me da tarefa essencial de estudar. As propagandas de automóvel, por mais sedutoras que sejam, deixam-me indiferente. Não lhes dou a menor atenção, já que se encontram fora do meu raio de atividades. Um especialista na área da propaganda perceberá que, para vender--me discos ou partituras, não é preciso alterar meus gostos e minhas coordenadas mentais e sentimentais, ou seja, a minha *escala de valores*. Bastará sugerir que está à venda um produto excelente, e eu de imediato sentirei vontade de conhecê-lo e apreciá-lo. A situação é bem outra se aquele especialista quiser que eu compre um automóvel. A única solução será alterar meu modo atual de encarar a vida. Poderá, por exemplo, provocar minha ânsia de prestígio, dizendo que ir à universidade num ônibus não é digno de um professor, e que se é verdade que "as roupas fazem as pessoas", como dizem os suíços, também "automóveis criam imagem".

É difícil provocar a mudança de mentalidade e de hábitos em cada pessoa individualmente. Hoje, tal mudança se realiza de modo conjunto mediante a criação de um clima social consumista, mais preocupado com o *parecer* do que com o *ser*.[6] Esse ambiente de frivolidade foi configurando a opi-

[6] "Os consumidores", escreve Th. McMahon, "podem ser manipulados na sua hierarquia de valores de tal modo que a questão de como e de até que ponto os bens de consumo dimensionam as verdadeiras necessidades

nião de que fumar um cigarro contribui para estabelecer boas relações entre as pessoas, de que a bebida é acompanhante obrigatória de toda conversa cordial, de que a potência do automóvel indica o nível social de uma pessoa, de que não ser proprietário de uma segunda casa é sinal de estagnação na vida... Pouco importa que psicólogos como Abraham Maslow tenham mostrado com lucidez que o ser humano *deve chegar a ser* o que *pode ser*, sem precisar superar suas possibilidades. A propaganda continua bombardeando nossos centros de decisão com *slogans* incitantes, tais como: "Todo mundo usa", "Viva sem fronteiras", "Perfeito para a sua vida", "Pode entrar que o mundo é seu". E somos convidados a ser livres vestindo determinada roupa, a vencer na vida bebendo tal cerveja, a ter êxitos amorosos porque nos perfumamos com as essências mais caras...

Esse martelar propagandístico, unido à preocupação atual pela imagem, altera pouco a pouco nosso sistema de valorações. Talvez, pessoalmente, um casal não sinta a menor necessidade de trocar o modesto apartamento em que mora por outro, mais espaçoso, mais caro e localizado num bairro de maior poder aquisitivo. Contudo, ele e ela terminam por considerar indispensável que a família vá para aquele novo imóvel. Mudam-se. E em pouco tempo começam a enfrentar dificuldades para honrar os gastos decorrentes daquela mudança. As dívidas se acumulam, e o casal passa a fazer sacrifícios unicamente para manter o alto padrão de vida. Não foram *enganados*, e sim *manipulados*. Uma ardilosa propaganda

e desejos do homem é respondida pela teoria 'motivacional' empregada pelo mercado." Cf. "Manipulação e Bens de Consumo". In: *Concilium* 65, 1971, p. 628.

associou de modo confuso, na imaginação daquele casal, apartamento novo e felicidade. É um apartamento fantástico, sem dúvida, mas lhes tirou aquele mínimo repouso espiritual necessário para serem felizes.

A propaganda estimula nossa vontade de *possuir* para *usufruir*. Tornando-nos donos daquilo que antes nos fascinava, deveríamos então nos sentir satisfeitos e autorrealizados. Mas não é o que acontece. Sentimos a comichão de aumentar ainda mais as nossas posses, e ficamos sem tempo e sossego suficientes para pensar e concluir que não alcançaremos a felicidade ao *desfrutar* do domínio, que é "vertigem", mas ao *nos deleitarmos* em colaborar, que é "êxtase". Essa decepção inicialmente provoca ansiedade e depois, apatia.

O manipulador comercial não se preocupa com a situação de abatimento interior que ele provoca, já que ele se ocupa com *clientes* e não com *pessoas*.

2. A manipulação dos ideólogos

Entende-se com o termo *ideologia*, no sentido pejorativo, uma concepção de vida humana simplificada, elementar e utópica. Os ideólogos não se aprofundam nos temas que abordam, não fundamentam suas afirmações, não se submetem a verificação alguma. Apoiam-se unicamente na firmeza com que fazem promessas para o futuro. Apresentam-se com impulso visionário de profetas laicos, para vencer as pessoas sem necessidade de convencê-las.[7]

---

[7] Sobre a decadência das "ideologias", cf. G. Fernández de la Mora, *El Crepúsculo de las Ideologías*. Madrid, Espasa-Calpe, 1986.

Por não se ajustarem à realidade, as ideologias, conforme vimos, não têm poder de convicção e persuasão. Só podem ser inoculadas nas pessoas de duas formas: pela violência, em geral por meio de uma ditadura, ou pela astúcia, e entramos aqui no terreno da manipulação ideológica. Essa forma desonesta de invasão espiritual é especialmente grave e preocupante, na medida em que prejudica vertentes muito importantes da vida humana.

Podemos com facilidade dimensionar quanto é perturbadora para a nossa vida uma *ideologia ética*, ou seja, uma forma de conceber a vida e a conduta humana não ajustada ao verdadeiro ser do homem, mas postulada por uma orientação política. Os ideólogos de orientação partidarista empregam inúmeras artimanhas para inculcar na mente das pessoas critérios de vida, normas de conduta e formas de interpretar as ações humanas que não correspondem às exigências da realidade do ser humano. Se, no entanto, conseguem fazê-lo, prestam um relevante serviço ao seu partido político, mas deixam o povo exposto a perigos descomunais.

Assusta-nos a habilidade sedutora de certos ideólogos em utilizar argumentos enganosos, falsas abordagens e sofismas. Não é tão fácil avaliar, no calor da hora, se estamos sendo ou não manipulados e em que preciso momento utilizou-se este ou aquele truque manipulador. Os manipuladores costumam ser verdadeiros especialistas na arte de persuadir ardilosamente.

Esse malabarismo mental também é praticado pelos técnicos da publicidade, conforme vimos antes. Utilizam a linguagem com duplo sentido, projetam imagens umas sobre as outras, aproveitam-se dos pontos fracos das pessoas.

Esses truques mais ou menos sofisticados da manipulação comercial podem ser identificados com relativa facilidade. Mais complexos e ambíguos, por outro lado, são os artifícios empregados pelos ideólogos: transmutação de ideias, encobrimento de conceitos e extrapolação de planos de realidade. É necessário um treino especial para descobri-los prontamente e refutá-los com firmeza.

Essa firmeza é imprescindível, porque as ideologias se apresentam como algo inalterável, sólido, compacto, sem fissuras nem hesitações. Tal modo de apresentar-se é um recurso tático terrível, pois as pessoas costumam ficar impressionadas por aquilo que parece estável e seguro como uma rocha. Os autênticos pensadores – que não estão a serviço de interesses de grupos ou partidos – dialogam constantemente com a realidade, ajustam-se a ela, corrigem-se neste ou naquele aspecto. Essa vontade de adaptação e correção é interpretada com frequência como insegurança, imaturidade e fraqueza, condições que se opõem a um programa de ação brilhante e persuasivo. É por essa razão que as ideologias precisam definir constantemente seus limites e endurecer suas posições.

Por estarem associadas a uma orientação política, as ideologias logo recebem *adesões sentimentais*, com incalculável poder de arrasto. Os partidários de uma corrente política tendem a defender a ideologia que assumiram como se defendessem uma bandeira, um símbolo de honra pessoal, e o fazem de modo enérgico, unilateral, implacável. Quando um partido político identificado com alguma ideologia inclui em seu ideário determinado objetivo, torna-se inútil discutir se esse objetivo está ou não ajustado à realidade e, portanto, se seria justo e legítimo tentar alcançá-lo.

Vejamos o exemplo daqueles que, por princípio, defendem o divórcio e o aborto. Parece-lhes perda de tempo analisar essas práticas e descobrir se fazem ou não justiça à realidade da união matrimonial e da vida do nascituro. Pouquíssimos membros de tal partido estarão dispostos a refletir sobre as razões que alguém possa apresentar contra a sua posição. A maioria se limitará a expor argumentos enganosos e a mobilizar todos os recursos da demagogia, tencionando mostrar que sua postura é *racional* e tem sólidas motivações. Contudo, eles sabem muito bem que sua atitude obedece a uma tomada de posição *predeterminada por uma estratégia de conjunto*. Em certas ideologias, a defesa do divórcio, do aborto, da eutanásia e do amor livre não decorre de uma análise da realidade que ofereça uma justificativa suficiente para tal apologia. A motivação real dos ideólogos ao fazerem essa defesa é obter diante do povo uma imagem de *abertura, liberalidade e progresso*.

Não se trata de uma opção *racional*, baseada no estudo das exigências da realidade. Na verdade, estamos diante de uma decisão imposta pela vontade de poder e inspirada nos critérios astuciosos próprios de toda estratégia. Compreende-se que o diálogo com tais ideólogos mostre-se como o *fracasso da razão*, a *humilhação da capacidade humana de raciocinar*, de pensar com profundidade e apoiar suas decisões nas exigências da realidade.

Estamos participando de uma reunião. Surge uma questão importante e tem início um longo e intenso debate. No final, percebemos que toda aquela discussão foi inútil. Desde o princípio já estava previsto que a única força decisória seria o poder frio e irracional do voto emitido por fidelidade a um credo ideológico. Quando observamos num Parlamento que elevado número de deputados vota sempre unanimemente sobre determinado tema, sem a menor fissura, mesmo depois de terem sido apresentados argumentos contrários de muita consistência, é para desconfiar que não se está interessado ali em seguir a realidade, mas em apoiar os esquemas ideológicos que formam a estrutura intelectual do partido.

Essa adesão parcial e rígida a um bloco petrificado de ideias divide os povos em grupos antagônicos irreconciliáveis.

Antes das eleições gerais realizadas recentemente num determinado país, um jornalista perguntou a uma conhecida escritora se ela mudaria seu voto, caso tivesse que admitir o fracasso de seus correligionários na gestão pública. Ela respondeu, indignada, com a contundência própria de quem acredita estar lembrando o óbvio: "Nunca! Jamais darei um voto aos meus inimigos!". Eis aqui uma clara atitude "ideológica". Embora seja uma refinada escritora, ela ainda não descobriu, a julgar por sua resposta, que os diversos sistemas de pensamento são caminhos em busca da verdade e não posições irremediavelmente antagônicas. Nisso se transformam, porém, quando se prendem a meros interesses tribais.

Ao iniciarmos o estudo da realidade, percebemos que cada pessoa tem visões, interesses e sentimentos diferentes. Tudo parece levar à divergência. Contudo, se nos encaminharmos para um objetivo comum – ser fiéis à realidade, que é única e a mesma para todos, sabendo que dela nos nutrimos para o desenvolvimento da nossa personalidade –, nossos trajetos de vida irão convergir, ao menos em certa medida. Dar como definitivo que nunca haverá um encontro pela via da participação numa verdade comum é transformar a própria posição num castelo inexpugnável, cujas pontes foram alçadas e ao redor do qual se cavaram os fossos mais profundos, impossibilitando qualquer comunicação. No entanto, a comunicação é essencial para o desenvolvimento genuíno do ser humano. Torná-la inviável é bloquear-se e permanecer num estágio primitivo.

Do ponto de vista econômico, atualmente, os partidos políticos não podem entrincheirar-se em seus princípios ideológicos. Devem atuar com flexibilidade de acordo com as condições de cada situação. É notável como essa adaptação aproxima, entre si, as posições dos diferentes partidos. Para manter sua identidade, alguns deles não hesitam em fazer finca-pé nas divergências morais e religiosas. Nesse campo, parece que tudo é opcional e não há exigências precisas por parte da realidade. Quem paga por esse erro gravíssimo é o povo, na forma de depreciação dos costumes. E essa deterioração repercute inclusive no campo da economia.

Quando as consequências se tornam palpáveis, os responsáveis por essa situação apressam-se a declarar que são *sinais dos tempos*, como se os fenômenos surgissem por geração espontânea, sem a ação de causas bem determinadas. Quem assim pensa com boa-fé ignora, no entanto, o que é a vida humana e as leis que regem seu normal desenvolvimento. Tal ignorância provoca erros terríveis, verdadeiros atentados contra a realidade. E a realidade sempre se vinga. Os desastres ecológicos, por exemplo, são uma vingança da realidade pela sofreguidão ambiciosa do ser humano em dominar a natureza. O envelhecimento da população é uma vingança pela atitude hedonista diante da vida.

A IDEOLOGIZAÇÃO DA VIDA PROFISSIONAL

A altivez no cultivo da sua própria especialidade leva certos intelectuais a defender seus pontos de vista como algo inquestionável e a desprezar qualquer outra perspectiva. Esse pensamento absolutizado fecha-se sobre si mesmo e se esclerosa. Falta-lhe visão *relacional*, que integra perspectivas diversas.

Nos programas transmitidos pela TVE faz algum tempo, sob o título *Falemos de Sexo*,[8] uma equipe de médicos, psicólogos e sociólogos deu todo tipo de opinião sobre diversas atividades sexuais, sem levar em conta os ditames da Ética e as exigências do método próprio dessa disciplina. Segundo esses profissionais, por exemplo, a homossexualidade não é uma doença nem uma aberração cromossômica, e constantemente sentenciavam: "A prática homossexual constitui uma opção entre outras. Depende do gosto de cada um escolher esta ou aquela prática". Certamente partiam eles da premissa de que a ciência se desenvolve à margem dos valores éticos e não está submetida a julgamentos valorativos; que é autárquica e pode, por si mesma, explicar os fenômenos humanos e determinar o que se deve fazer para atingir o bem-estar desejado. Esse encapsulamento num método de conhecimento determinado evidencia uma parcialidade empobrecedora do saber humano. O pensamento empobrecido constitui uma *ideologia*, e não um sistema de pensamento vivo e fecundo.

Uma concepção de vida que esteja viva e não fechada em si mesma encontra-se disposta a colaborar com outras, a

---

[8] Primeiro programa de televisão a tratar desse tema na Espanha, *Hablemos de Sexo* teve 42 episódios ao longo de 1990, e foi transmitido pela televisão pública espanhola, a TVE. (N.T.)

limar suas arestas, aperfeiçoar seus pontos de vista. O resultado de tal colaboração humilde é o enriquecimento do saber. Pelo contrário, a consequência direta do isolamento ideológico é a desfiguração da realidade. No programa televisivo de que falávamos, nunca houve uma referência à vida sexual *humana*. Discorria-se sobre uma sexualidade *reduzida à busca de sensações prazerosas*, afastada de qualquer finalidade procriadora e mesmo de todo processo de intensificação do amor pessoal. Essa sexualidade postiça – que não é *animal*, uma vez que não se rege pelos instintos, e tampouco *humana*, pois não está orientada a um ideal valioso, correlativo à vocação mais profunda do ser humano – será necessariamente fonte de extremismos e desatinos, dos quais decorre uma grande inquietação e nenhuma felicidade.

Um caso de manipulação ideológica

Analisemos como exemplo de abordagem ideológica a atitude de alguns políticos em relação ao controle de natalidade. Durante muitos anos propuseram como comportamento *progressista* e *avançado* a prática do amor livre, o uso indiscriminado de contraceptivos, a adoção de formas de vida comum não familiares, o planejamento familiar arbitrário, sempre com base em critérios de comodismo. Pouco tempo depois, perceberam que essa conduta "livre", em alguns países, provocou a diminuição brusca da taxa de natalidade, e esta suscitou um desequilíbrio na proporção entre jovens e idosos.

Para solucionar os inúmeros e graves problemas decorrentes do envelhecimento da população, apressaram-se agora a realizar campanhas a favor do aumento da natalidade. No entanto, *continuam inspirados no mesmo espírito que impulsionou a campanha antinatalidade: o espírito egoísta de procurar ganhos fáceis e imediatos*. Foram feitas às mães promessas com todo tipo de vantagem: retribuições econômicas, períodos mais amplos de férias, concessões diversas. Essa iniciativa trará bons resultados? Não é essa a forma mais adequada de encarar o problema, pois no plano do egoísmo impera o calculismo e, ao fazer uma comparação entre as vantagens e os inconvenientes da maternidade – se tais circunstâncias forem avaliadas pela óptica egoísta e individualista –, as mulheres continuarão preferindo a atitude atual de não solidariedade e desinteresse. Dar vida a um filho não significa oferecer à sociedade um *produto necessário*. É, na verdade, uma tarefa *criativa*, que ultrapassa os critérios de rentabilidade.

Quando se analisam esses fenômenos sociais, é comum ouvir a conhecida ideia de que estamos diante de processos *normais em países desenvolvidos*, que devem render esse tributo ao seu alto grau de bem-estar. Ninguém dedica tempo e esforço para estudar a relação entre a queda da natalidade e a tendência a refugiar-se nas *ideologias*, convertidas em baluartes da luta sociopolítica. Se tal estudo fosse realizado, descobriríamos que, para solucionar problemas dessa natureza, é necessário *mudar totalmente nossa mentalidade e subir de nível*: sair do plano *egoísta* para o *solidário*, do plano *manipulador* para o *criativo*, do plano *hedonista* para o *desinteressado*.

Algumas formas de manipulação ideológica

Para fazer o povo adotar como própria uma ideologia, é preciso preparar o terreno com astúcia, a fim de que essa forma de pensar seduza até mesmo aqueles que não aceitam suas posições no plano da reflexão. Essa configuração artificial de um clima intelectual e afetivo propício à difusão de certas ideologias realiza-se com a utilização de meios muito diferentes:

- a educação (planos de ensino, livros didáticos, seleção de leituras obrigatórias...);
- as obras culturais e os espetáculos artísticos;
- os meios de comunicação;
- a divulgação de estatísticas – reais ou fictícias – que favorecem a ideia de que certas atitudes são gerais, *normais*, e que devem ser consideradas *normativas*;
- a aprovação de determinadas leis que regulamentam a conduta dos cidadãos e geram opinião, dado que, vistos como legais, alguns comportamentos passam também a ser considerados por muitas pessoas, de maneira precipitada, como moralmente legítimos. Chama a atenção o interesse preferencial de alguns partidos políticos em ditar leis não tão urgentes quanto outras que vão sendo reiteradamente adiadas. Essa discriminação corresponde, obviamente, não à vontade de regulamentar certos aspectos da vida cidadã, mas ao intento de criar um caldo de cultura da ideologia que está por trás de sua atividade como partido.

3. A manipulação dos intelectuais

A abordagem tendenciosa dos temas permite a certos intelectuais apresentar como plausíveis algumas interpretações de acontecimentos, atitudes e orientações, cuja falsidade, porém, pode ser demonstrada graças a um exame mais rigoroso. Considera-se em certos ambientes, por exemplo, que não existe outro método de estudo da realidade a não ser o científico, concluindo-se que o conhecimento no campo da ética e da religião é "irracional", já que dependeria mais do sentimento do que da razão.

Esse posicionamento é inaceitável. Um cientista tem todo o direito de se sentir entusiasmado pelo método que lhe permite avançar no conhecimento daquela parcela de realidade que a ciência demarcou como seu campo específico de ação. Mas isso não o autoriza a exceder-se, afirmando que somente esse método constitui uma via legítima para conhecer a realidade.

Devemos distinguir em nosso entorno modos diferentes de realidade e determinar com precisão qual deles é estudado pela ciência e quais outros cabem a outras disciplinas. Durante séculos, os cientistas tenderam a considerar seu método de conhecimento como o único eficaz e autêntico. É hora de admitir, para o bem de todos, que cada disciplina demarca uma vertente da realidade como objeto peculiar de conhecimento, e, cumprindo as exigências que tal objeto propõe, poderá atingir seus objetivos e enriquecer o conhecimento humano.

Prevalecer-se do prestígio da ciência para pleitear o monopólio da verdade e da capacidade de pesquisa significa uma redução das possibilidades do ser humano. Esse empobrecimento concede à ciência uma autonomia total quanto a métodos e metas, parecendo poder prescindir de toda exigência e norma ética, de todo ideal valioso...

Essa autarquia permite aos cientistas levarem adiante suas pesquisas sem o menor entrave, guiados unicamente pela lógica interna do método próprio à sua especialidade. Tal liberdade se traduz num crescimento rápido do saber teórico e do poder técnico, mas esse mesmo poder, desconectado de toda *Ética do poder*, constitui, em médio prazo, um grave risco para a humanidade.[9] Quando só se leva em conta o desenvolvimento do saber científico e técnico, cada nova conquista é uma grande vitória. Para o químico alemão Otto Hahn, descobrir a fissão nuclear constituiu o grande êxito de sua vida, mas a comemoração por essa descoberta durou pouco tempo. Alguns meses depois, esse avanço científico tornou possível alcançar o apogeu técnico da construção da bomba atômica, que em alguns instantes pulverizou duas belas cidades japonesas. Ao tomar conhecimento de que seu achado científico tornara-se um *instrumento de devastação*, o genial pesquisador, vendo sua existência desprovida de sentido, sentiu a tentação do suicídio.

Seu companheiro de cativeiro, o grande humanista e cientista Werner Heisenberg, contou emocionado esse episódio da vida de Otto Hahn, numa conferência proferida em Munique, dias após ter enviado ao chanceler Konrad Adenauer a *Declaração antinuclear*, na qual célebres cientistas manifestavam sua decisão de só investigar os segredos da matéria para fins pacíficos. Em suas *Memórias*, publicadas em espanhol com o título *Diálogos sobre la Física Atómica*, Heisenberg relata

---

[9] Romano Guardini denunciou com energia o perigo inerente ao desequilíbrio atual entre o poder técnico do ser humano e o escasso poder que temos sobre aquele poder. Cf. *Die Macht*. Würzburg, Werkbund, 1951; *El Poder*. Madrid, Cristiandad, 1982.

suas divergências com Hitler quanto à finalidade que se deveria perseguir na pesquisa atômica.[10] Os cientistas mais avisados conscientizam-se cada vez mais e com maior clareza de que a ciência não deve procurar, sozinha, a sua própria glória. É um engodo pensar que os avanços do saber teórico e técnico se traduzem automaticamente num grau maior de felicidade humana. Os biólogos, e mais concretamente os geneticistas, sabem perfeitamente que a pesquisa atual anda beirando perigosos abismos e deveria ter muita precaução em seus próximos passos, caso pretenda trazer benefícios ao ser humano, e não apenas progredir a qualquer preço no conhecimento da realidade e na capacidade de transformá-la. Não cabe à ciência resolver sozinha a difícil questão acerca do bem integral do ser humano e dos meios para buscá-lo, em razão do seu próprio método de análise. A ciência necessita da colaboração de outras disciplinas, como explica Robert Jungk em seu livro *O Futuro Já Começou*:

> Os naturalistas e os técnicos que constroem baseados nos conhecimentos daqueles acreditavam em geral poder viver sem observar os padrões de religião e da moral. Agora, porém, em consequência da onipotência técnica que lhes coube, eles se viram na obrigação de se ocupar das questões de filosofia, teologia e sociologia, até aqui julgadas supérfluas.[11]

---

[10] Em português, esse livro intitula-se *A Parte e o Todo*. Rio de Janeiro, Contraponto, 2011. (N.T.)
[11] *O Futuro Já Começou*. Trad. Elena Cidade Moura. São Paulo, Melhoramentos, 1962, p. 219. (N.T.)

Toda disciplina, em virtude da força propulsora do seu próprio método, tende a expandir indefinidamente a sua área de conhecimento e de aplicação prática. Essa tensão em busca de mais espaço é justa e tem sua razão de ser, mas torna-se, em dado momento, *injusta* – isto é, *não ajustada* ao ser do homem –, se não se une à preocupação pelo bem global da Humanidade, ao qual toda atividade humana deve servir.

Apartar a atividade científica ou técnica do conjunto da vida humana significa uma alteração do seu sentido, uma redução do seu valor. Esse rebaixamento de nível expõe a ciência ao perigo de ser tomada como meio para fins alheios à autêntica vocação do ser humano. Esse desajuste é provocado pelos manipuladores com o intuito de utilizarem o imenso poder da ciência e da técnica para controlar as pessoas.

Mais uma vez descobrimos a "parcialidade" ou "unidimensionalidade" como uma característica básica da atividade manipuladora. Nesse sentido, o trabalho crítico realizado pela Escola de Frankfurt pode nos ajudar a libertar-nos do jugo da manipulação e resgatar a linguagem sequestrada.

Sem valores, isto é, sem uma razão que tome uma posição – escreve Franz Böckle –, não se pode efetuar nenhuma ordem social. Nenhuma racionalidade puramente empírica levaria a esse resultado. O modelo específico das ciências naturais não pode simplesmente ser aplicado à sociedade. O pressuposto experimental da verificabilidade conduz necessariamente a uma *concepção unidimensional* do homem. Por isso, com razão a "teoria crítica" se opõe a um "modelo operacional" deste tipo e exige, para uma visualização mais humana da existência, uma *mudança qualitativa* no comportamento humano.[12]

O desinteresse de muitos cientistas pela vertente "humanista" da existência foi denunciado justamente por um cientista de prestígio como J. M. Rodríguez Delgado:

> O estudo no campo da filosofia e da introspecção é considerado, em geral, como uma distração sem relação direta com a preparação dos futuros membros da sociedade industrial. A conclusão de que o ser humano atingirá mais êxito neste mundo se não perder muito tempo em estudar suas relações com ele acentua ainda mais a divergência entre o mundo técnico e o mundo das ideias.[13]

O grande cientista contemporâneo Theodosius Dobzhansky chama a atenção para o risco de darmos como líquido e certo que somente o método científico de conhecimento é rigoroso, constituindo a única base sólida com que o ser humano poderia contar para orientar sua vida. "Dewey", escreve ele, "considerou corretamente como um 'escândalo intelectual' a separação entre a ciência e a ética e os valores."[14]

De fato, não se justifica que um cientista desconheça os limites de seu método e queira determinar, a partir de sua perspectiva própria, questões que, por princípio, não lhe são acessíveis. Num ato homicida, existem inúmeros ingredientes

---

[12] Cf. Franz Böckle, em *Concilium* 65, 1971, p. 558.
[13] Cf. "Physical Control of the Mind", p. 18, citado por B. Haering. *Ética de la Manipulación*. Barcelona, Herder, 1978, p. 67.
[14] Cf. *Genetic Diversity and Human Equality*. New York, Basic Books, 1973, p. X, citado por B. Haering, op. cit., p. 33.

físicos e químicos que são objeto de investigação científica, como a energia liberada quando o braço agressor se move. O *sentido* de tal ação, porém, é da competência da Ética, e não da ciência física ou biológica.

4. A manipulação dos políticos

A política deveria ser a arte de configurar a vida social do modo mais adequado possível à vida humana. Atualmente, no entanto, está se tornando a arte de enganar e seduzir, de melhorar a própria imagem e desfigurar a dos outros, mantendo as aparências para conquistar as vontades. Não se joga limpo. Trapaceia-se o tempo todo. Convém, por isso, deixar bem claro que *as trapaças destroem o jogo*. O trapaceiro vive à custa daquele que respeita as normas.

Para enganar sem ser descoberto, o político demagogo tende a reduzir a "voltagem moral" das pessoas, a fim de truncar sua capacidade de exigir uma qualidade maior na abordagem dos problemas e na busca de soluções. O objetivo desses políticos não é aperfeiçoar a vida das pessoas, mas, ao contrário, é fazer com que adotemos como ideal de vida a obtenção do próprio bem-estar mediante a posse e o consumo. Se isso acontece, passamos a julgar o poder político apenas do ponto de vista da eficácia que garanta prosperidade financeira.

Essa tendência de certos grupos políticos explica por que, em nossos dias, não se ataca um tipo de moral e se defenda outro, *deixando-se de lado a dimensão da moralidade e do sentido da vida*. Procura-se mostrar de várias formas, pela conduta dos heróis do cinema e das celebridades sociais, que é possível levar uma vida normal, plenamente racional, e até mesmo espetacular, sem a menor preocupação por conferir às próprias ações um sentido pleno, eticamente valioso.

5. A manipulação dos líderes

Na vida política, familiar, acadêmica, religiosa... podem ocorrer abusos de poder. Se aquele que detém algum tipo de autoridade vê os "subordinados" como meios para fins particulares, alheios ao bem comum, ultrapassou os seus direitos e se tornou um manipulador.

Um professor que vê a sala de aula como lugar de recrutamento sorrateiro de futuros adeptos da sua ideologia política está realizando uma atividade manipuladora. Não é esse o caso daquele que apresenta os valores e expõe as razões pelas quais se trata de realidades importantes para o ser humano. Esse professor não é um manipulador, mas um orientador, um mestre, na medida em que se dirige à inteligência e à liberdade dos alunos.

Um político que direciona fundos públicos para certas finalidades, com o mero propósito de obter votos para seu grupo, está manipulando os contribuintes e não administra com o devido respeito aquilo que não lhe pertence.

O superior religioso que, de modo reducionista, considera obediente apenas aquele que se deixa moldar como o barro nas mãos do oleiro, e que trata os que estão sob a sua direção como simples peças de recheio para preencher lugares vazios, atua como manipulador. A forma saudável e justa de exercer a autoridade é a que, ao mesmo tempo que *manda, promove*. Lembremos que a palavra *autoridade* procede da palavra latina *auctoritas*, e esta do verbo *augere*, "promover", da qual deriva o termo *auctor*. O *autor* é aquele que promove e realiza alguma coisa: um livro, um projeto... Ser capaz disso significa um poder, uma *virtus*, uma virtude.

Mandar é ordenar. *Ordenar* significa "dar ordens", mas também orientar de modo eficaz a conduta de alguém, oferecendo-lhe pautas eficazes para realizar uma atividade plena de sentido. Uma ação tem sentido pleno quando contém o valor que lhe compete. *Mandar com autoridade implica saber orientar seus subordinadores de modo que descubram os valores*. Mas um valor só pode ser descoberto por aquele que o *assume ativamente*, de modo *lúcido* e *fundamentado*. Eis aqui a razão profunda pela qual a *verdadeira liderança, a forma promovedora de mandar, é acompanhada por um diálogo que seja fonte de persuasão*. Um mandato emitido a distância é facilmente entendido como coação. Parece destinado a promover aquele que manda em detrimento de quem obedece. Se a ordem, no entanto, é emitida à luz que nasce de um diálogo esclarecedor, adquire um nítido caráter valorizador e impulsionador.

O chefe, superior ou governante que busca o bem comum em diálogo com seus subordinados não renuncia ao seu dever de *ordenar com autoridade*, pois a ele cabe a tarefa de dirigir a sociedade, e toda direção exige que alguém tenha a última palavra. Ele renuncia, contudo, à possibilidade de *manipular*, ou seja, fazer dos subordinados simples meios para determinados fins.

O contrário da manipulação do poder é o *diálogo*. Dispor-se a dialogar não é um ato de complacente benevolência do superior para com o subordinado, mas o reconhecimento sensato de que a autoridade deve ser exercitada *à luz da verdade*, e não se chega à verdade sozinho mas sim *em comunidade*. Uma ordem emitida após um diálogo autêntico e em virtude da luz ali conquistada jamais será *manipuladora*, mas *promovedora*.

Entendemos, então, por que o diálogo entre os que desempenham os papéis de direção e subordinação é indispensável para coordenar a solução dos problemas e a preservação da dignidade pessoal. Isso é óbvio quando se trata de pessoas adultas, que nunca devem ser vistas como meros "subordinados" ou seres "inferiores", numa oposição drástica com aqueles que exercem o papel de "superiores". As crianças pequenas são incapazes de dialogar sobre o que devem fazer ou evitar. Convém, por isso, que o educador se antecipe e lhes apresente as normas de comportamento, orientando-as e encaminhando-as. Mas não de modo brusco e tirânico, o que daria à criança a impressão de que tais normas emanam simplesmente da vontade arbitrária dos mais velhos. No trabalho formativo, devemos praticar a arte do diálogo da forma mais acessível e adequada aos destinatários de cada momento.

O manipulador finge que dialoga para conquistar as vontades, porque sua intenção é sempre dirigir o diálogo de modo que o desvirtue. Fazer uma enquete significa uma forma de diálogo. A impressão que temos é a de que o povo é consultado, pois a sua opinião é levada em conta. Quem governa parece exercer a autoridade de modo *dialógico* e *colaborativo*, promulgando leis e orientando a vida social de acordo com o conhecimento da opinião pública que lhe é fornecido pelas sondagens. Contudo, se esse governante tomou o cuidado de inocular no povo certas ideias e atitudes, antes de fazer a enquete, irá sempre obter do povo as opiniões e os sentires *que ele mesmo já havia suscitado de antemão*. Nesse caso não houve diálogo nem vontade promovedora do povo, mas tão somente o desejo de domínio absoluto. Esse domínio pode avançar com a promulgação de leis que façam o povo afastar-se dos grandes valores e debilitar suas defesas espirituais. É bem sabido que as leis não são importantes apenas pelo que mandam ou permitem, mas também pelo espírito que irradiam.

6. A manipulação dos educadores

Os tiranos procuram por todos os meios manter as pessoas num nível cultural baixo, para que seu poder de discernimento seja o menor possível, o que as torna facilmente manipuláveis. B. Haering atribui essa atitude aos ditadores: "Em sociedades e Estados autoritários todo o processo de educação é orientado para obter cidadãos dóceis e fáceis de manipular, evitando-se ou reprimindo tudo o que possa suscitar um espírito crítico".[15]

Também nos regimes democráticos aquele que deseja vencer sem convencer costuma conceber planos e métodos de ensino com os quais não se crie o poder de discernimento, a sensibilidade para os grandes valores, o entusiasmo criativo, o desejo de realizar tarefas relevantes. Sob o pretexto de "desdramatizar" os problemas, banaliza-se a vida humana. Sob a capa de *liberalismo* – mal-entendido –, levam-se as pessoas ao cultivo das experiências de vertigem que impedem a visão do valioso e diminuem a *liberdade para a criatividade*.

[15] Cf. op. cit., p. 29.

O manipulador cultural proclama seu interesse pela cultura, mas trata-se de uma cultura que tende a dominar, não a criar unidade. Daí o estímulo às ciências em detrimento das humanidades, e, pior ainda, o interesse por orientar a potência criadora do ser humano, sobretudo dos jovens, para modos infraculturais de atividade, *infraculturais* por não serem *criativos*. Esse tipo de manipulação *educativa* opera em vinculação encoberta com a manipulação *ideológica*. Como se sabe, o escritor italiano Antonio Gramsci elaborou toda uma tática para atingir o poder político mediante o domínio cultural, que, por sua vez, será alcançado mediante um processo no qual as ideias e os sentimentos dos intelectuais são assumidos pelo povo e convertem-se numa fonte de energia revolucionária. "Quando se consegue", escreve ele "introduzir uma nova moral adequada a uma nova concepção do mundo, termina-se por introduzir também essa concepção, isto é, determina-se uma reforma filosófica total."[16]

Torna-se patente que a difusão de certos critérios éticos ou, em sentido contrário, o incentivo a uma atitude de indiferença por toda posição ética não se reduz a uma questão "prática". Tem, na verdade, um alcance "teórico" que afeta o modo de uma pessoa orientar-se na existência. Em sentido inverso, também as ideias – segundo Gramsci – devem se converter em impulsos para um tipo determinado de ação. No próximo texto, fica evidente como esse estrategista da ação política enxergava com clareza a necessidade de dar às pessoas uma ampla formação intelectual que lhes

---

[16] Antonio Gramsci, *Maquiavel, a Política e o Estado Moderno*. Trad. Luiz Mário Gazzane. Rio de Janeiro, Civilização Brasileira, 1984, p. 345. (N.T.); cf. *Introducción a la Filosofía de la Praxis*. Barcelona, Península, 1976, p. 67.

permitisse assumir *de modo ativo* as metas sociopolíticas que lhes eram propostas:

> Criar uma nova cultura não significa apenas fazer individualmente descobertas "originais"; significa também, e sobretudo, difundir criticamente verdades já descobertas, "socializá-las" por assim dizer; transformá-las, portanto, em base de ações vitais, em elemento de coordenação e de ordem intelectual e moral. O fato de que uma multidão de homens seja conduzida a pensar coerentemente e de maneira unitária a realidade presente é um fato "filosófico" bem mais importante e "original" do que a descoberta, por parte de um "gênio filosófico", de uma verdade que permaneça como patrimônio de pequenos grupos intelectuais.[17]

Ensinar o povo a pensar com rigor é, efetivamente, elevada tarefa, que exige vivência profunda e que as questões básicas sejam apresentadas com força imaginativa, de modo que as pessoas igualmente se compenetrem dessas questões e as compreendam por dentro. Ora, esse trabalho não deve ser realizado com a finalidade de adquirir poder e domínio sobre o povo, mas de conferir-lhe verdadeira *liberdade interior.* Jamais a educação deve transformar-se, sob nenhum pretexto, por mais elevado que pareça, em recurso estratégico para conseguir um objetivo. Deve ser impulsão da personalidade de cada ser humano, que é um fim em si mesmo e não um meio.

---

[17] Antonio Gramsci, *Concepção Dialética da História*. Trad. Carlos Nelson Coutinho. Rio de Janeiro, Civilização Brasileira, 1966, p. 13-14. (N. T.) Cf. op. cit., p. 14.

Nunca antes foi tão válida a seguinte observação de Gabriel Marcel, um dos pensadores contemporâneos mais preocupados com o destino da humanidade: "O que hoje provavelmente mais falta faz ao mundo são educadores. Do meu ponto de vista, esse problema dos educadores é o mais importante, e é nisso que a reflexão filosófica deve dar sua contribuição".[18]

É urgente aplicar ao trabalho formativo os resultados de uma atenta investigação filosófica, para evitar que o processo educacional seja colocado a serviço dos demagogos, como costuma acontecer, segundo B. Haering: "A educação é o mercado público em que encontramos as mais diferentes ideologias, bem como aqueles que depositam suas maiores esperanças em manipular os outros".[19]

7. A manipulação dos engenheiros e urbanistas

Todo aquele que constrói edifícios e pontes, projeta bairros e ergue urbanizações turísticas deveria conhecer com profundidade o que é o *encontro humano autêntico*. Aquele que se entrega ao ideal do domínio tende a considerar o solo como um lugar a ser explorável do ponto de vista comercial – visão econômica –, como um meio para solucionar o problema de ampliar a cidade a fim de dar guarida a novos habitantes – visão administrativo-política –, como um lugar de lazer – visão turística...

---

[18] Gabriel Marcel, "La Violación de la Intimidad y la Destrucción de los Valores". In *Dos Discursos y Un Prólogo Autobiográfico*. Barcelona, Herder, 1967, p. 71-72.
[19] Op. cit., p. 29.

Se buscamos, porém, o ideal da unidade, vemos o espaço circundante *como uma possibilidade para criar âmbitos de vida humana*. Ao projetar um bairro, alguém que procure esse ideal lhe dará tudo o que for necessário para se tornar *habitável* por seres pessoais: espaços livres, parques, igrejas, escolas... Não perderá de vista a questão econômica, mas esta, como desejo de obter o maior lucro possível, não será uma obsessão. Outros aspectos serão levados em consideração: o bem-estar, o esporte, a saúde, a beleza, a vida cultural e religiosa. Essa forma global de abordar os problemas é própria do *pensamento em suspenso ou relacional*, que o ser humano cultiva quando descobre em seu entorno não somente *objetos* mas também *âmbitos*.

Quem se precipita na vertigem da ambição e oferece moradias às pessoas mas não um *âmbito de vida pessoal* comete uma arbitrariedade simultaneamente *ecológica* e *ética*. Ecológica, na medida em que afeta o entorno humano. Ética, pois não permite ao ser humano desenvolver sua tendência ao encontro e o deixa preso ao asfixiante de prédios que mais parecem pombais. Em muitas cidades, as ruas e praças deixaram de ser lugares de encontro e se tornaram lugares de trânsito febril. As crianças não encontram lugares adequados para brincar e se divertir. Os adultos, se querem conversar, precisam refugiar-se em lugares privados ou no ambiente barulhento dos restaurantes e lanchonetes. *A cidade não convida ao intercâmbio pessoal*. Quando as pessoas dispõem de algum tempo para se relacionar, fogem da cidade para as casas que possuem no campo.[20]

Essa fuga pode significar renúncia ao encontro e à criatividade. O ser humano não consegue ser criativo sozinho;

---

[20] Cf. Max Picard, *La Huida de Dios*. Madrid, Guadarrama, 1962. Versão original: *Die Flucht vor Gott*. Freiburg, Herder, 1958.

necessita de um entorno adequado. Ortega y Gasset cunhou a frase "eu sou eu e minha circunstância". É uma expressão certeira, contanto que não se entenda circunstância como um *conjunto de objetos e meros espaços*, mas como uma *contextura de âmbitos*. O entorno verdadeiro do ser humano constitui-se por uma *tessitura de âmbitos*, realidades que merecem respeito e não devem ser submetidas a nenhum tipo de manipulação aviltante.

A manipulação do espaço por parte de engenheiros e construtores dificulta enormemente a criação de âmbitos. Na mesma medida, destrói a verdadeira cultura e empobrece a vida do ser humano até a asfixia.

8. A manipulação dos médicos

Se um médico obriga seu paciente a submeter-se a uma série de exames desnecessários, pelos quais ele receberá remuneração e outros tipos de benefício, está manipulando essa pessoa e reduzindo-a a uma fonte de renda.

O diretor de um hospital que pressiona um profissional da medicina a participar, contra a sua vontade, de uma intervenção abortista comete violento ato de manipulação, dado que a obrigação moral dos profissionais da saúde é curar e aliviar, e não eliminar vidas. Tal gênero de manipulação reduz o médico a *meio para* alcançar determinados fins que ele próprio considera alheios à sua profissão.

9. A manipulação dos biólogos e geneticistas

A pesquisa científica em nossa época abre a possibilidade de intervir no futuro de cada ser humano e da própria espécie humana. Esse horizonte mostra-se repleto de grandes esperanças, mas também de riscos pavorosos. O pesquisador que, sem motivos razoáveis, arrisca-se a afirmar que tudo aquilo que é factível é, ao mesmo tempo, aceitável, e que o cientificamente possível deve necessariamente realizar-se é alguém que manipula a opinião pública e cria um clima propício para graves excessos.

A história recente nos mostra quanto é extremamente perigoso considerar os avanços científicos como sinônimo de progresso para a felicidade humana. Frequentemente, a decisão "ideológica" despreza os perigos decorrentes dessa premissa, pois seu interesse é favorecer tudo o que suponha novas possibilidades, independentemente de uma valoração ética.

Convém observar como a manipulação biológica se encaixa com a manipulação ideológica, numa conexão de ideias e convicções entre si. Pensa-se que o método científico é o caminho por excelência ou, ainda, que é ele a via autêntica para o conhecimento profundo da realidade, uma vez que a penetração nos segredos do universo permite dominar as forças naturais, elaborar artefatos de todo tipo, melhorar a qualidade de vida das pessoas e aumentar-lhes o grau de felicidade. Como fazer o bem à Humanidade traz consigo um alto valor ético, conclui-se que *todo experimento científico que fomente o saber está eticamente justificado*.

10. A manipulação da imprensa e dos espetáculos

Os meios de comunicação tendem, por princípio, a satisfazer a necessidade de informação do povo. Este, por outro lado, tem direito a estar informado, e daí o surgimento de grupos que se especializam na arte de informar. Essa atividade decorre de um direito e, por isso, supõe um dever.

Ao constituir-se nas sociedades, os meios de comunicação adquirem independência com relação ao povo do qual procedem e ao qual devem servir. Um grupo que se proponha atingir determinado objetivo fica sujeito às leis que regem o tipo de atividade correlata. Todo meio de comunicação configura-se em seções, e estas devem ser preenchidas diariamente com material adequado.

Por isso, a sociedade termina por ser reduzida à condição de mera fonte de "material noticiável". Sabemos, é claro, que "noticiável", para um jornalista, significa *chamativo*, inédito. Em razão da urgência em divulgar notícias chamativas, os meios de comunicação transformam-se geralmente em porta-vozes do incomum, do anormal, do excêntrico, do que é extravagante e insólito. Mas, sobretudo, do insólito com sinal *negativo*, porque o positivo atrai menos a nossa atenção. Houve um jornal americano que pretendia publicar quase exclusivamente *boas notícias*, e foi à falência. Intitulava-se precisamente *Good News*. Ora, o que é anormal não costuma ser construtivo, mas recebe um excelente espaço de exibição e enaltecimento. Basta apresentarmos algo e dar-lhe atenção para que seja exaltado. Se fizermos uma lista das temáticas dos filmes veremos como prevalecem as condutas que fogem ao padrão. Um casamento feliz não é noticiável, não desperta comoção, nem produz tensões ou interesse.

Para os meios de comunicação e para o mundo dos espetáculos, o *importante* reduz-se quase sempre ao que é *interessante*, ao excitante, na medida em que estimula os sentidos e acende a paixão. Uma rede de televisão de certo país baseou a campanha publicitária de seu lançamento com esta frase: "A chave da paixão", ao lado de cenas e imagens "apaixonantes".

A necessidade diária de conquistar e manter a clientela pressiona os meios de comunicação a priorizar o espetacular, descartando o profundo. Isso leva ao cultivo prevalente do banal em detrimento do valioso. Mas como a sensibilidade humana rapidamente se desgasta, por razões internas, passa a solicitar estímulos mais provocativos para tentar manter o mesmo grau de envolvimento e excitação. Os meios de comunicação precisam adotar um ritmo veloz que não dê trégua a quem os lê, ouve ou contempla. Esse fluxo de impressões superficiais de todo tipo inunda o espírito humano, mas não lhe dá fecundidade, pois convida à recepção *passiva*, que é uma forma de vertigem.

A tal agitação rítmica deve se unir uma *forma agressiva* de apresentar os conteúdos para produzir "impacto". Daí que, nos meios de comunicação, o "alto-falante" prevaleça sobre a mensagem que por ele é transmitida, tal como ocorre em certo tipo equivocado de música, cujo martelar rítmico e o volume excessivo do som ocultam totalmente o núcleo musical.

Esses e outros recursos semelhantes são mobilizados para converter as pessoas em *clientes* e assim assegurar o aspecto econômico da empresa. Mas toda empresa desempenha um papel na composição sociopolítica de cada momento. Toda a sua atividade é direcionada por um grupo de estrategistas que perseguem um objetivo. Ou esse objetivo consiste em difundir um sistema de ideias aberto, flexível, dialogante com as pessoas, ou, ao contrário, um sistema de ideias petrificado, fechado em si mesmo, monologante, uma *ideologia*. No primeiro caso, o meio de comunicação fará um jogo limpo, defenderá abertamente suas convicções, apresentará motivos razoáveis, dirigindo-se à inteligência de seus destinatários. No segundo caso, transformará *a informação* em *propaganda*, mobilizará todos os recursos manipuladores para seduzir o leitor com ideias e orientações que ele não sabe defender com galhardia. Os meios de comunicação que seguem esta linha têm uma oculta habilidade de persuasão, são "sedutores secretos". Vejamos um caso claro de manipulação jornalística. O editorial de um jornal de grande tiragem tinha por título: *A Histeria de Reagan*. Sabemos que o leitor de jornais atua com pressa, lê os títulos em maiúsculas e, caso sinta interesse por algum tema, anima-se a ler o primeiro parágrafo. Se este continua prendendo a sua atenção, ele prossegue a leitura. Poucas vezes lerá o artigo integralmente. É mais provável que vá direto ao último parágrafo, pensando obter uma ideia geral do texto. Esse ritmo de rapidez é levado em conta pelo manipulador, que irá dosando com cuidado os incentivos que servirem à sua finalidade. Assim, naquele editorial, o primeiro parágrafo indicava que o então presidente dos Estados Unidos havia sofrido um ataque de histeria e tomara uma série de medidas exageradas contra o uso do álcool e de drogas. Decidi não me deixar levar pela tendência comum de todo leitor de jornais e continuei lendo o texto. Qual não foi minha surpresa quando percebi que o segundo parágrafo tinha por objetivo informar os números assombrosos de alcoólatras e viciados em drogas existentes em vários países. Em seguida, aludia-se à escalada do consumo de drogas leves e pesadas que se verifica no mundo todo. No último parágrafo, enfim, reconhecia-se que o problema é assustador, mas, com a finalidade estratégica de retomar o título do artigo e do parágrafo inicial, concluía-se dizendo que é necessário fazer alguma coisa contra o alcoolismo e a difusão das drogas, mas de modo tranquilo e discreto, e não com "o desmedido histerismo" do presidente Reagan.

Observemos a astúcia com que foram usados os espaços mais importantes do texto – o título, o primeiro parágrafo e o último – para deslustrar uma figura relevante com o simples recurso de termos pejorativos – *histeria* e *exageradas*. O leitor que tivesse lido o título e o primeiro parágrafo e, para arredondar a informação, fosse diretamente para o último parágrafo, ficaria com a ideia de que esse importante jornal lançava um ataque demolidor contra o presidente Reagan. É incalculável o mal que se pode fazer a uma figura pública e – ainda pior – ao sistema de ideias que ela represente quando, dia após dia, sob pretexto de qualquer tema, a intenção seja agredi-la sem um motivo expresso que possa ser submetido a uma análise séria.

O subdiretor de um programa de rádio estatal manifestou numa entrevista escrita que a equipe diretiva daquele programa de forma alguma é anticlerical nem pretende zombar do fato religioso, limitando-se a "não tratá-lo com excessiva seriedade, mas sempre com ironia e bom humor". Esse profissional parece não saber que rebaixar de nível uma realidade constitui um ato de violência e aviltamento, um ato agressivo em se tratando de algo que milhões de pessoas consideram sagrado e vital, que lhes dá sentido e impulso de vida. Não sejamos ingênuos, porém. Ele está muito longe de ignorar o fato. Sabendo muito bem do que se trata, age com uma finalidade ideológica. Tem consciência de que a agressão explícita contra o tema religioso poderia provocar uma reação desfavorável entre o público que crê. Prefere, por isso, atacá-lo sob a capa protetora do "humorismo". É esse um procedimento covarde e eficaz típico da *falácia manipuladora*.

Os que dirigem e dominam a imprensa falada e escrita declaram enfaticamente que a liberdade de expressão *absoluta* é garantia das liberdades civis. Decerto, a liberdade de informar-se e de informar constitui um freio para os que detêm o poder. Mas, por sua vez, constitui igualmente uma forma de poder que pode ultrapassar os limites e tornar-se manipuladora. A capacidade de expressar-se em público é privilégio de pouquíssimas pessoas, quase sempre profissionais da política e do jornalismo. A maioria dos cidadãos – inclusive os que exercem profissões de muito prestígio – vê-se reduzida ao papel de leitor, ouvinte e telespectador. Mal tem possibilidade de expor suas opiniões oralmente e por escrito. Os jornais reservam um diminuto espaço para os leitores, na seção "Opinião dos leitores". Mas mesmo essa mínima possibilidade de se fazer ouvir depende da decisão do jornal ou da revista, e não do leitor que escreve.

Em casos polêmicos, o desequilíbrio entre o poder da imprensa e o da multidão de cidadãos que não dispõem de meios de comunicação próprios revela-se abissal e dramático. Os recursos de um jornal para fazer sentir sua prepotência sobre um indivíduo que se envolve numa discussão são tão grandes que falar em *liberdade de expressão* soa como um sarcasmo. Imaginemos que você tenha sido atacado numa matéria jornalística e peça direito de resposta. Você poderá responder, de fato, e eles farão alarde sobre como estão prontos a defender a liberdade. Sua resposta, no entanto, será publicada com atraso, nem sempre na íntegra, surgirá numa página com menor destaque, e ao lado ainda poderão publicar outro texto com teor desfavorável... Entre o caçador e a caça que lutam numa selva há menos desigualdade do que entre um cidadão que precisa enfrentar alguém ligado a um jornal.

A imprensa falada e escrita exerce atualmente um verdadeiro *colonialismo da opinião pública*. Orienta o povo conforme os ditames da sua própria forma de pensar. Para isso, seleciona colaboradores, filtra notícias, converte as *informações* em *interpretações* e *comentários*, destaca os dados que favoreçam seu próprio posicionamento ou prejudiquem a imagem do adversário ideológico. Basta comparar dois jornais para perceber de que modos tão diversos um mesmo acontecimento pode ser interpretado.

Essa parcialidade – por vezes, sectária – dos meios de comunicação mostra-se muito perigosa, porque bom número de cidadãos não tem outro contato com a realidade a não ser por esses meios. Lamentavelmente, aliás, nem mesmo de contato com a *realidade* podemos falar, porque o que se oferece aos leitores não é a *realidade* do acontecido, mas uma *interpretação*. A maioria das pessoas move-se espiritualmente num mundo configurado pelos meios de comunicação de inclinações partidaristas.

Se quisermos perfurar essa trama de interpretações e alcançar em certa medida a realidade em si mesma, teremos de recorrer a diversas fontes de informação e adotar diante delas uma postura crítica que permita entrever onde está a verdade de cada acontecimento. Para desenvolver nosso discernimento, precisamos conhecer melhor a técnica jornalística, porque isso nos ajudará a tomar distância e descobrir inúmeros truques. Às vezes uma matéria com chamada de capa e em espaço nobre no primeiro caderno – o que, por si só, já indica a alta valorização do que será noticiado – trata de questões insignificantes às quais aquele jornal, porém, quer dar grande destaque. Quem está atento a esse tipo de truque não cai na armadilha de ler apenas a manchete, mas lê a matéria inteira para julgar por sua própria conta a respeito do valor do que ali se comunica.

A pessoa dotada de poder crítico não deixa que os *meios* pensem e julguem por ela. Mantém a iniciativa o tempo todo, embora dependa do que é oferecido por eles. Os meios de comunicação condicionam em grande parte seus destinatários, mas não é menos verdadeiro que estes, se tiverem personalidade, saberão exercer significativa pressão sobre quem pretende subjugá-los. Em suma, o cliente é quem manda. Mas essa forma de mando exige um grau de formação não desprezível, que pode e deve ser adquirida por todo aquele que deseje conservar em alguma medida a liberdade interior que lhe é devida como pessoa. Quem é verdadeiramente livre toma as medidas necessárias para que os meios alimentem seu espírito e não lhe causem dano.

É utópico esperar que os meios colaborem com essa formação. Não moverão um dedo sequer nesse sentido, pois isso seria limitar sua *liberdade de ação*, coisa que é intolerável para quem não admite que a *liberdade de escolha* esteja subordinada a valores mais elevados. Para não ter que aperfeiçoar sua ideia de liberdade – o que levaria à renúncia de suas práticas manipuladoras –, os *meios* costumam agarrar-se com unhas e dentes a um estilo superficial de pensar e expressar-se.

Liame da manipulação ideológica com as outras formas de manipulação

Para efeito de clareza, distinguimos nas páginas anteriores diversas formas de manipulação, dentre as quais destacamos a *ideológica*. Era necessário fazê-lo, em razão do quanto ela é perigosa em si mesma e, além disso, porque os outros tipos de manipulação – a comercial, a intelectual, a política, a científica, a médica... – vão sempre acoplados com algum tipo de manipulação ideológica. A propaganda comercial não somente promove um produto, mas difunde uma mentalidade consumista, hedonista, que ambiciona o aparentar e o sobrepor-se. O governante impõe uma interpretação do poder que facilite o exercício tirânico desse mesmo poder. Frequentemente as leis são promulgadas para regular condutas já existentes, mas essas condutas, na realidade, foram provocadas mediante uma propaganda estratégica e são fomentadas agora pelo referendo da lei. Ao promulgá-las, costuma-se dizer que está sendo regulado, democraticamente, aquilo que já se encontrava nas ruas, mas, a rigor, está sendo aprovado oficialmente algo que, muito tempo antes, decidira-se que deveria acontecer.

Num capítulo mais à frente, veremos de perto como a atitude ideológica vincula-se à manipulação da linguagem com o intuito de tornar plausível perante a opinião pública a lei que descriminaliza o aborto em três situações hipotéticas. Por ora, vamos descobrir o nexo entre manipulação comercial e manipulação ideológica, analisando vários anúncios comerciais.

1. Sob o título "Não renuncia a nada", apresenta-se um automóvel fantástico, com seu alto preço em prestações nem tão suaves assim. Nessa exibição de luxo, subentende-se a ideia hedonista de que não devemos abrir mão de nada que seja desejável e gratificante.
2. Com o expressivo *slogan* "Deixe-se seduzir!", uma bela jovem oferece um automóvel a um rapaz, que se mostra indiferente. A moça está vestida com roupas da mesma cor do carro, e fala na primeira pessoa do plural, como se ela e o automóvel formassem uma dupla. Com atitude decidida, ela afirma que ambos irão *seduzir* o rapaz. Para isso, dirige-se até ele erguendo um pouco a saia, influenciada pelas ondas de entusiasmo que o carro provoca. Olhando-o com altivez, segura de si, promete que viverá ele uma experiência única com essa bela realidade, "impressionante por fora e repleta de afeto por dentro". O cruzamento contínuo – na fantasia de quem assiste à cena – entre o automóvel e a jovem confere a essas palavras um caráter picante e sedutor. Parece que está sendo oferecida ao destinatário uma aventura erótica, quando, na realidade, é apenas uma viagem dentro de um carro, um carro como outro qualquer. Mas o convite sedutor cria um clima de hedonismo e fascínio. "Aproveite, sinta esse prazer, deixe-se seduzir..." são palavras que insistem para que a pessoa se entregue às fáceis gratificações.
3. Uma propaganda comercial traz essa inspiradora frase: "Muitos seguem as modas, outros criam as marcas". Obviamente, exalta-se aqui o desejo de destacar-se da multidão, de ser alguém que vai à frente, deixando sua marca na vida social. Convida-se a pessoa a valorizar sua própria maneira de ser e sua capacidade de influenciar os outros, na medida em

que sabe usufruir o que há de bom na vida, satisfazer todos os seus desejos, além de ter caráter, elegância e estilo.

4. Com o *slogan* "Objeto de desejo", a concessionária lhe oferece um automóvel, acrescentando que "foi feito na medida dos seus desejos". A ideia de que alguém conhece suas necessidades por antecipação mexe com sua vaidade. Você se sente o protagonista dessa história. A técnica manipuladora está atenta aos seus gostos, anseios e tendências...

A manipulação ideológica vai até as raízes de nossa conduta, afeta a orientação que damos a nossa existência, interfere em nossa concepção de mundo e de vida, que é o que dá sentido ao nosso ser. A manipulação comercial determina *algumas de nossas escolhas*. Já a manipulação ideológica decide qual deve ser a *nossa opção fundamental*, o ideal que orienta e impulsiona nossa existência. E é desse modo que nossa vontade e nossa afetividade são totalmente dominadas. A manipulação ideológica se apropria de nosso espírito.

5

Com que intenção se manipula

O intuito de quem manipula pessoas e povos é adquirir domínio sobre eles, aumentando seu próprio poder: poder político, econômico, cultural... Atualmente, procura-se dominar pessoas e povos de modo massivo e fácil. Dominar as pessoas individualmente demanda muito tempo e – embora pareça estranho – é mais difícil do que subjugar espiritualmente uma multidão de uma só vez. Para atingir essa meta, basta reduzir os grupos sociais a "massas".

Redução das comunidades a massas mediante o assédio interior

Um grupo social é reduzido a mera massa com relativa facilidade, quando se emprega contra ele uma forma encoberta de *assédio interior*. Se um grupo humano for cercado e encurralado *de fora*, sua reação será fechar-se sobre si mesmo e aumentar a coesão dos membros entre si. Em tal situação, esses membros oferecem grande resistência e o grupo torna-se praticamente invencível. *Invencível*, porque as pessoas unidas formam uma *estrutura*, uma *unidade constelacional*, na qual todos os elementos se encontram entrelaçados, apoiam-se uns nos outros, instauram uma ordem viva, flexível e resistente. Por isso, uma realidade bem estruturada, embora de grandes proporções, sempre terá solidez, sem, no entanto, tornar-se pesada. Haverá nela graça e leveza, seja uma catedral, uma longa sinfonia ou uma obra literária de grande fôlego. Dotada dessa leveza, energia e solidez, a comunidade humana torna-se inexpugnável. As diversas formas de hostilidade exterior só vão potencializar suas virtualidades defensivas.

Todo tirano, toda pessoa ou grupo desejoso de poder a qualquer preço percebe com clareza que é mais eficaz, embora se perca em rapidez, *substituir o assédio exterior pelo interior*. Este último consiste em desvincular as pessoas de tudo aquilo que fomente seu poder criativo. Uma pessoa criativa funda modos elevados de unidade com outras pessoas, com instituições, com o povo e a paisagem, com obras culturais, com diversos valores... Esses modos relevantes de união tecem a trama da vida comunitária, dando-lhe a firmeza necessária para que se torne impermeável ao ataque que vem de fora. Essa eficácia criativa decorre do vínculo que se estabelece entre o ser humano e as realidades do entorno. E esse vínculo é projetado, mantido e incentivado graças à capacidade de descobrir os valores, entusiasmar-se com eles e assumi-los ativamente como impulso, sentido e objetivo de vida pessoal.

A anulação da criatividade causada pelas experiências de vertigem

Façamos agora uma pergunta decisiva: de onde procede essa sensibilidade do ser humano para abrir-se à revelação dos valores, escutar e corresponder ao seu chamado, vibrar com sua magnitude, encantar-se diante de sua grandeza? Procede de uma atitude inicial de *generosidade*, que nos dispõe a realizar experiências de *êxtase* ou de *encontro*.

Para tornar o ser humano insensível aos valores, enfraquecer suas convicções éticas, afogar seus ideais e reduzir ao máximo sua capacidade de fundar modos valiosos de vida comunitária, a "via régia" – sinistro caminho, mas de enorme eficácia – é estimular nas pessoas experiências de vertigem. Essas experiências inicialmente exaltam, prometem uma plenitude rápida e comovente, e por dentro vão esvaziando o ser humano. *A vertigem espiritual provoca em nós a sensação de sermos sugados pelo vazio, privados de tudo aquilo que nos leva à plenitude.*

O processo de vertigem deixa o ser humano sem defesas interiores perante as diversas formas de sedução empregadas pelo manipulador. Por isso, fomentar experiências de vertigem é a forma *radical* de manipulação, da qual todas as outras nascem e pela qual se tornam possíveis e efetivas.

Ninguém, numa democracia, deveria ignorar que o incentivo às experiências de vertigem ou de *fascínio* e a concessão de ampla liberdade para realizar tais experiências significam um aumento da *liberdade de ação em cada pessoa*, mas são, ao mesmo tempo, o meio mais rápido, lancinante e fácil de submeter o povo inteiro à servidão espiritual.

Vínculo entre criatividade e comunidade

Tenhamos bem clara esta ideia: *o ser humano criativo é um ser comunitário, e não gregário*. Ele funda modos de vida em comunidade, na qual cada um dos membros desenvolve sua personalidade e a dos demais.

Esse nexo entre criatividade e fundação de vida comunitária se evidencia claramente quando observamos algumas das condições da capacidade criadora. *O que significa ser criativo?* A criatividade inclui, entre muitas outras, as seguintes propriedades:

- saber pensar com liberdade interior, sem preconceitos e lugares-comuns sociais, mas de forma ajustada às exigências da realidade;

- ter sensibilidade para descobrir a importância dos valores, e força de vontade para assumi-los ativamente como uma voz interior;

- ser capaz de entender que o ser humano é um "ser de encontro" e alcança a plenitude quando sabe valorar adequadamente os modos superiores de unidade, concedendo-lhes primazia na escala das opções pessoais;

- ter lucidez e capacidade de decisão para hierarquizar os diferentes bens e valores que nos são oferecidos ao longo da vida.

Quem dispõe dessas capacidades está bem preparado para escolher o *autêntico ideal da vida*, orientar sua conduta pela via das normas éticas fecundas e exercitar as diferentes virtudes. De fato, aquele que sabe captar os diferentes valores e hierarquizá-los intui que, na vida humana, não há valor superior ao encontro, forma suprema de unidade. As *normas éticas* marcam a linha de conduta que instaura esse modo relevante de unidade. E as *virtudes* são as condições necessárias para realizar o entrelaçamento de âmbitos pessoais que denominamos *encontro*.

Convém examinar a relação que se estabelece entre a prática das virtudes e a fundação de vida comunitária sólida. Entre as virtudes, estão a *fidelidade* às normas éticas que uma pessoa aceita como caminho de vida, a *veracidade*, a *abertura de espírito*, a *paciência*... Em nossa infância, os adultos nos diziam que não devíamos mentir. Que vínculo tem a *veracidade* com a *meta da vida humana*, que é fundar modos relevantes de unidade, ou seja, modos de *encontro*?

Se não me apresento diante de você de modo veraz, isto é, tal como eu sou, é porque não tenho interesse em entrelaçar meu âmbito de vida com o seu. Esse desinteresse, por outro lado, não desperta sua confiança com relação a mim. Você, ao contrário, fecha-se em si mesmo, e essa falta de abertura impossibilita o encontro. A veracidade é uma *virtude*, na medida em que torna possível alcançar o grande ideal humano que é a criação de modos elevados de unidade.

Como a criatividade e a vida comunitária são destruídas

Se o ser humano se abre espontaneamente às realidades que o rodeiam, reconhece seu valor e ouve seus convites de colaboração, tende, por lei natural, a associar-se a outras pessoas, criando comunidades, sociedades. Na medida em que vive de forma comunitária, percebe que, entrando em jogo com outras realidades, descobre e incrementa o sentido dessas realidades e de si mesmo, e todos, conjuntamente, fazem surgir realidades novas de grande valor. Isso o leva a continuar aperfeiçoando a unidade criada e a instaurar formas novas de união. Desse modo, o ser humano vai se aperfeiçoando, ao mesmo tempo que coopera para o aperfeiçoamento daqueles com quem convive e se relaciona.

Quando seguimos esse caminho criador de unidade, adquirimos uma energia espiritual crescente que se origina do modo de viver comunitário. Se alguém quiser demolir essa nossa vida comunitária só terá um meio: alterar nossa orientação, impedir que nos direcionemos aos valores e à sua realização na própria vida, de modo que cada um de nós, fechando-se em si mesmo e em seus desejos individuais, se acostumará a fazer escolhas apenas em razão dos ganhos imediatos e não em virtude do *ideal da unidade*.

Essa alteração de orientação opera a passagem do êxtase para a vertigem, da construção para a destruição. O manipulador dispõe de astúcia suficiente para persuadir as pessoas de que a *satisfação* que a vertigem procura inicialmente equivale à *plenitude pessoal* que somente as experiências de encontro podem conceder. Para realizar essa deturpação destrutiva, o demagogo manipulador não apresenta argumentos razoáveis. A razão lhe é contrária. Por isso, prescinde da razão e atua, ardilosamente, para que ninguém pense com lucidez. Nesse sentido:

– fomenta um estilo de pensar e falar superficial, grosseiro mesmo, incoerente, não ajustado a cada um dos modos de realidade;

– qualifica como não progressista, como antiquado e retrógrado quem procura pensar e expressar-se com precisão;
– difunde, com artimanhas, uma atitude hedonista na vida, que segue a lei do menor esforço, induzindo a experiências de fascínio que nos embaçam a vista para os valores;
– ataca como irreal e fantasiosa a convicção de que a vida humana autêntica só se configura quando se persegue um grande ideal.

Essas ações e outras semelhantes têm apenas um objetivo: *provocar uma reviravolta em nossa vida e levar-nos à autodemolição espiritual*. Ponderemos esta última observação, pois é uma chave para entender mil e um fenômenos preocupantes da vida atual e um alerta para que tomemos medidas eficazes para conservar nossa *liberdade interior*, ou seja, nossa *capacidade de escolher em virtude de um ideal sumamente valioso*.

Se o demagogo consegue que as pessoas de uma comunidade – família, escola, faculdade... – tenham sua orientação de vida alterada, a própria vida comunitária perde coesão, dissolve-se e se torna um conjunto amorfo de indivíduos isolados: uma simples *massa*. A vida massificada opõe-se à vida comunitária.

Uma *comunidade* é uma *integração de pessoas que compartilham convicções éticas sólidas, ideais elevados, atividades criativas*. Quando uma pessoa colabora com outra para a realização de algo *valioso*, estabelece com ela um vínculo sólido, forte, íntimo. A participação no valioso traduz-se em *comunhão pessoal*. A comunhão é um modo de unidade muito profunda que supera grandemente, em qualidade, toda forma de justaposição tangencial, por mais intensa que esta possa parecer.

É muito importante que você pense detidamente se está criando em sua vida formas de unidade que mereçam o nome de *comunhão*. Analise os modos de unidade que você tem fundado diariamente com diferentes realidades e verifique o seu valor. Observe, por outro lado, como a ruptura da unidade está sempre provocada pela tendência egoísta ao *individualismo*, e como as formas de unidade que instauramos não têm, às vezes, uma qualidade maior devido à nossa falta de *generosidade*. Seria muito útil esclarecer essas questões com base em exemplos concretos, retirados de nossa própria experiência ou de obras literárias. Tinha a personagem Yerma uma *unidade de comunhão* com Juan, seu marido? E com suas cunhadas? De que modo se deu a ruptura trágica de sua vida matrimonial?[1] Que tipo de unidade fundou Fernão Capelo Gaivota quando retornou ao bando do qual tinha sido expulso e compartilhou com as gaivotas preguiçosas a arte de voar que ele aprendera sozinho e com muito esforço?[2]

É imensamente útil para nossa formação compreender bem em que consiste a unidade e seus diferentes modos. Já destacamos o elevadíssimo modo de unidade que é a *comunhão interpessoal*. Para alcançar essa forma de unidade, devemos *participar* de algo que tenha grande valor. Essa participação exige abertura de espírito para tudo que seja relevante e uma atitude de generosidade e humildade que evite a crispação do eu em si mesmo.

[1] Cf. Federico García Lorca, *Yerma*. Madrid, Cátedra, 1970. Uma ampla exposição dessa obra pode ser encontrada no meu livro *Cómo Formarse en Ética a través de la Literatura*. Madrid, Rialp, 1998, p. 169-96.
[2] Cf. Richard Bach, *Jonathan Livingston Seagull. A Story*. London, Pan Books, 1970; *Fernão Capelo Gaivota*. Trad. Ruy Jungmann, Márcia Alves. Rio de Janeiro, Record, 2015.

Diferentes pessoas se unem em razão do apreço comum que sentem por algo relevante, que as atrai, que lhes desperta a admiração desinteressada, algo de que têm vontade de participar ativamente, assumindo-o como impulso do seu agir. Essa orientação espiritual por algo que oferece possibilidades criativas amplia o amor autêntico. Muito bem escreveu Saint-Exupéry que "amar não é olhar um para o outro, mas olhar juntos na mesma direção",[3] uma direção *valiosa*.

O individualismo egoísta deixa o ser humano desamparado

Agora compreendemos perfeitamente por que o manipulador, de modo sorrateiro, procura fazer com que cada um de nós não se apaixone pelos valores, nos quais possamos participar em união com outras pessoas, e sim por nosso próprio reflexo nas águas em que, como acontece no *mito de Narciso*,[4] morreremos afogados, tentando agarrar e possuir a nós mesmos. O ser humano preocupado unicamente consigo destrói-se como pessoa, ao tentar possuir-se, uma vez que 1) o desejo de *possuir* opõe-se à vontade de *colaborar*, que está na base do encontro, e 2) as formas de encontro que nos desenvolvem como pessoas exigem nossa vinculação a realidades diferentes de nós. Ora, um conjunto de pessoas egoisticamente fechadas em si mesmas e incapazes de criar relações de encontro não constitui uma *comunidade*, mas uma *massa*.

[3] *Cf.* Terre des Hommes. Paris, Gallimard, 1953, p. 252.
[4] Escrevi sobre o profundo significado desse mito no livro *Vértigo y Éxtasis. Bases para una Vida Creativa*. Madrid, Asociación para el Progreso de las Ciencias Humanas, 1987, p. 131-34.

Todo grupo humano massificado, invertebrado, desprovido de estrutura, carece de força coesiva, de dinamismo e capacidade de resistência. *Está muito vulnerável a qualquer tentativa de dissolução.* É por isso que o tirano — pessoa ou grupo que deseja vencer o povo, e não convencê-lo — procura dissolver as diferentes comunidades e grupos que integram a sociedade. Com frequência, tenta legitimar esse trabalho massificador sob a alegação de que o "corporativismo" deve dar lugar ao "igualitarismo". Confunde estrategicamente *igualdade e desintegração,* a *perda de privilégios* e a *anulação das estruturas.*

Em geral, podemos afirmar que toda pessoa ou grupo que ambiciona o poder tenciona destruir na sociedade as formas de encontro e de unidade mais valiosas. Essa destruição é uma alavanca poderosa para a conquista avassaladora dos povos.

É fundamental, hoje, que tomemos consciência de que está se operando uma revolução sorrateira e radical, que consiste em derrubar por dentro as instituições e comunidades.[5] O meio para atingir esse propósito destruidor é lançar sobre comunidades e instituições uma onda de *individualismo não solidário.* Tal atitude desenraizada cria progressivamente um clima contrário a toda forma de *autêntica criatividade e unidade.* É um clima

- de *permissividade,* que reduz a união matrimonial a uma mera opção entre várias outras formas possíveis de coabitação;

- de *pluralismo ideológico,* que anula a unidade espiritual nos centros escolares;

[5] Cf. meu livro *La Revolución Oculta. Manipulación del Lenguaje y Subversión de Valores.* Madrid, PPC, 1998.

- de *igualitarismo revanchista*, que inspira atitudes de ressentimento para com aqueles que pertencem a uma instituição ou classe altamente qualificada;
- de *luta de classe*, que dissolve por dentro a unidade de grupos em princípio bem estruturados;
- de *desarmamento moral*, que fomenta as experiências de vertigem, que não fundam unidade na medida em que impossibilitam o encontro.

Esse clima de individualismo incentiva a *liberdade de ação*. O manipulador recusa-se a abrir os olhos para outro tipo de liberdade, considerando essa forma a única e modelar. Sua intenção, nesse sentido, é levar todas as pessoas a praticar o mesmo tipo de *reducionismo*. Caso atinja seu objetivo, reduz a cinzas a vontade das pessoas para a criação de modos valiosos de união e vinculação. E, assim, estabelece as bases necessárias para dominar os outros.

Mas como é possível que as pessoas aceitem semelhante deturpação? Sim, aceitam, porque atuam com ingenuidade e caem na armadilha de conceitos depreciados e atitudes egoístas, preparada sorrateiramente pelo demagogo manipulador.

A manipulação mais grave afeta a vida interior

Recordemos o drama pessoal de Samuel Beckett, ganhador do Prêmio Nobel de Literatura em 1969. Após lutar bravamente nas fileiras da Resistência Francesa contra a ocupação nazista, celebrou com entusiasmo o dia da libertação.

Pouco tempo depois, deu-se conta de que a Europa livre era objeto de uma *invasão interior*, aparentemente pacífica e benéfica, mas muito mais perigosa e difícil de vencer do que a invasão exterior que tivera de enfrentar. A imagem arruinada do ser humano, prestes a afogar-se num mar de frivolidade que o lança ao grau zero de criatividade em todos os planos, foi plasmada de modo certeiro em *Esperando Godot*.[6] Causa calafrios observar como nessa obra nada acontece. Mas é justamente nisso que reside o seu caráter *trágico*. Os protagonistas não são capazes de agir e falar com o menor sentido. Na atualidade, as mais assustadoras formas de violência não são as que chamam a atenção e mostram à luz do dia todo o seu horror, mas aquelas que vão destruindo paulatina e sub-repticiamente a capacidade criadora do ser humano, deixando-o à mercê dos poderosos.

Se quisermos ser livres em alguma medida, devemos saber com total precisão de que modo a manipulação ideológica se realiza. É o que veremos no capítulo seguinte.

---

[6] Cf. *En Attendant Godot*. Paris, Les Éditions du Minuit, 1952, 1973; *Esperando Godot*. Trad. Fábio de Souza Andrade. São Paulo, Cosac Naify, 2005. Um amplo comentário encontra-se em meu livro *Cómo Formarse en Ética a través de la Literatura*, p. 229-63. (N.T.)

6

Como se manipula

I. As atitudes do manipulador

A produção em série costuma ser apresentada como exemplo de atividade alienante. Impede o exercício da criatividade. É monótona, repetitiva, mortalmente aborrecedora. Converte o ser humano num autômato, mero realizador de gestos estereotipados. (Lembremo-nos da paródia feita por Charlie Chaplin em seu filme *Tempos Modernos*.) A especialização do trabalho se traduz em maior rentabilidade para a empresa, mas reduz o operário a um fator anônimo, quase uma peça de um imenso maquinário. O ser humano se vê, assim, rebaixado de valor, pois não tem possibilidade de exercitar suas melhores potências: sua capacidade inventiva, o sentido de conjunto, a sensibilidade estética... Seu trabalho fica perdido nas malhas de um processo que não leva a assinatura de ninguém. Ao tomar consciência de que se tornou apenas um meio para que se atinja um fim que o ultrapassa, o trabalhador percebe que está sendo *manipulado*. Esse tipo de manipulação é grave, sem dúvida. Mas pior ainda é a *manipulação ideológica*. O operário que age mecanicamente no interior da fábrica sai à rua e se vê imerso num clima espiritual turbulento, que não o encaminha para o fomento da criatividade, e sim para diferentes modos de fascínio, que lhe produzirão uma euforia passageira, prendendo-o mais tarde na solidão depressiva.

É difícil evitar, na atual situação da economia e da produção industrial, a diminuição da capacidade criativa causada às vezes pelas condições de trabalho. O colapso da criatividade provocado pelas diversas formas de manipulação ideológica tem, contudo, uma solução muito acessível: a *mudança de ideal*, a substituição do *ideal de domínio* pelo *ideal da solidariedade*. Convém, por isso, insistir mais um pouco nessa forma de manipulação, a ideológica, do que naquela outra.

Há diversas formas de manipular as pessoas com relação à sua maneira de pensar, querer e sentir. Todas coincidem, porém, numa série de características básicas que é muito importante conhecer. Tal conhecimento abrirá nossos olhos, deixando-nos em alerta e permitindo-nos identificar instantaneamente a atuação da vontade manipuladora. Analisemos algumas dessas características.

1. O manipulador age com falsidade

O homem que ambiciona o poder costuma estudar a *psicologia das massas*, com a finalidade de conhecer profundamente as tendências e paixões das pessoas e dar-lhes livre curso. Essa "liberalidade" tática impressiona fortemente as pessoas. Ao sentir-se acolhido com simpatia por elas, o manipulador as reduz, impunemente, em meio para seus próprios fins. Basta-lhe lançar as pessoas a diferentes modos de vertigem. Com isso, ele as *exalta* e, aproveitando a cortina de fumaça produzida pela *euforia*, submete-as aos seus planos. O ser humano suporta o rebaixamento, contanto que sua vaidade seja afagada e seu desejo de bem-estar, atendido. "O cliente tem sempre razão", dizem-nos, e nós sorrimos, satisfeitos, mesmo sabendo que, como *clientes*, estamos sendo reduzidos a uma mera função: a de *compradores*.[1] Nos dias de hoje, em que se glorifica o espontâneo, o "libertador", quem não reprime ninguém, quem promove as inclinações *instintivas* do povo conquista imediatamente a fama de pessoa atualizada, avançada e aberta ao progresso. Essa imagem lhe confere credibilidade e influência, dando-lhe condições de praticar o ilusionismo mental – ou manipulação –, sem levantar suspeitas ou ser acusado de enganador.

Com o ambiente devidamente preparado, o manipulador pode mentir à vontade, sem medo de que alguém o denuncie como mentiroso ou, ao menos, sem sofrer maiores restrições em sua vida profissional. O manipulador pode deixar de cumprir todas as suas promessas sem medo de ser acusado de fraudulento. Não esqueçamos: *o manipulador*

---

[1] Gabriel Marcel mostrou, em diversos contextos, que a redução do ser humano às *funções* que desempenha é um dos traços mais negativos da sociedade atual. Ver, por exemplo, na edição espanhola, *Aproximación al Mistério del Ser*. Madrid, Encuentro, 1987, p. 23 ss. Título original: *Position et Approches Concrètes du Mystère Ontologique*. Paris, J. Vrin, 1949, p. 46 ss.

avilta e rebaixa o povo, com o intuito de ter liberdade de ação e sem correr o risco de fracassar.

O manipulador não joga limpo, trapaceia o tempo todo, mas as pessoas se deixam enganar tranquilamente por aqueles que satisfazem seus desejos básicos. Suponhamos que um político esteja discursando para uma multidão de pessoas necessitadas, com a desenvoltura de quem diz o que bem entende. Busca apenas o aplauso dessas pobres pessoas que, no fundo, bem sabem que ninguém poderá resolver seus apuros financeiros. O manipulador só precisa satisfazer a uma ou outra de suas tendências básicas para controlar a multidão, e a multidão, por sua vez, sentindo-se de algum modo compreendida, na realidade continua ainda mais subjugada.

É curioso como, em muitas propagandas, fala-se ao cliente que ele deve sentir-se dono de sua própria vida, ser livre, senhor de seus atos, e ao mesmo tempo é impelido a deixar-se *fascinar* pelo produto à venda. *Fascinar é dominar.* Dominar e *deixar-se fascinar* parecem atitudes inconciliáveis, mas na realidade trata-se de duas manifestações diferentes de uma mesma atitude: o egoísmo, que leva a afastar-se para dominar e a fundir-se para usufruir. O anúncio de uma seguradora apresenta uma imagem idílica, repleta de paz e segurança: um homem pescando dentro de um barquinho. Surge sobre a superfície calma das águas uma exclamação que tem algo de conselho e de comando: "Seja livre!". Não é preciso fazer muito esforço para convencer os homens a ser livres, num tempo como o nosso, em que "liberdade" é a palavra talismã por excelência. Mas por que essa frase? Porque logo em seguida, à direita do anúncio, a ideia de *liberdade* vai ter um papel decisivo ao lado de *segurança*, outro termo talismã de nossa época, que se torna talismã por aderência ao termo *liberdade*. Estamos num tempo de insegurança, e é justamente *segurança* o que nos é oferecido.

Não devemos comprar segurança à custa da liberdade, como acontece nas ditaduras, mas, ao contrário, exercitando ao máximo a própria liberdade. Proclama-se que somos totalmente livres para escolher o tipo de seguro ao nosso gosto. Mas imediatamente dizem-nos também que *para ser livres de verdade é necessário escolher esta empresa de seguros*. "Você pode escolher, seja livre! Escolha a nossa Seguradora!". *Segurança* com letra maiúscula. Parece que os anunciantes pensaram em tudo. Esqueceram-se, no entanto, de um detalhe, de um aspecto decisivo: *para escolher livremente é necessário que haja diferentes possibilidades de escolha*. Ali só existe uma opção, aquela seguradora, e insistem que devemos escolher essa única possibilidade se quisermos ser livres.

Repare com atenção na tática utilizada, que se repete em todos os casos de manipulação. O demagogo aparenta colocar-se do nosso lado, convidando-nos a ser o que ele sabe que todos queremos ser. Hoje, mais do que nunca, queremos ser *livres*, sem restrições ou limites, como a figura do pescador solitário em seu barquinho, naquele anúncio. O manipulador diz ao nosso ouvido que somos totalmente livres para escolher o que quisermos. Isso nos agrada e nos une ao manipulador, que de repente começa a agir como um ilusionista, e executa o seu truque: "Se você quer ser livre de verdade, deve escolher o que estou lhe propondo". Inicialmente, ele nos descortina um horizonte infinito, de absoluta liberdade. Em seguida, sem apresentar nenhuma razão, reduz esse horizonte de ilimitadas opções a uma só. Não nos explica por que devemos escolher aquele tipo de seguro. Tudo fica sugestivamente ambíguo. A última observação do anúncio traz os seguintes dizeres, em realce: *Seguros personalizados*. Você então tende a pensar que o estão convidando para um encontro, para uma relação de amizade que vai garantir a segurança oferecida. Mas isso não é apresentado com clareza. Nada fica muito claro, a não ser a ação sedutora que estão realizando sobre nossos centros de decisão.

O procedimento das iniciais palmadinhas no ombro para depois envolver nosso pescoço com uma corda, sem que percamos o sorriso, repete-se na maioria dos anúncios comerciais. Essa radical falsidade se torna evidente também naquela conhecida marca de conhaque, de que já falamos antes. Jovens jogadores de futebol esforçam-se para golear o adversário. A palavra *Soberano* está em destaque. Próxima aos jogadores e dominando a cena, lemos a frase "É coisa de homens!". Existe por acaso alguma relação lógica entre o fato de beber esse tipo de líquido e estar em plena forma física? Se alguma relação há, não é de afinidade, mas de oposição. Os médicos desportivos recomendam justamente que o jogador evite consumir álcool para conservar a elasticidade e a força dos músculos e a rapidez de reflexos.

Não percamos tempo procurando motivos razoáveis. Na propaganda, ninguém está se dirigindo à inteligência e à razão. Duas imagens – a dos jogadores e a da garrafa de conhaque – são colocadas lado a lado sob uma mesma frase ("É coisa de homens!"), para que vibrem conjuntamente em nossa imaginação. A intenção oculta é que o prestígio que envolve a figura dos jovens atletas e a força que irradia desse ambíguo *slogan* transbordem para o produto que se vende, o conhaque *Soberano*. Trata-se de uma operação *infrarracional*, que tenta vencer sem convencer. O criador dessa propaganda não se preocupa com o crescente consumo de bebidas alcoólicas, que tira os homens do jogo, privando-os de sua dignidade. Tampouco se importa com o fato de que a sedução pelo ter e parecer leva milhares de pessoas à ansiedade e até à ruína financeira. Por definição, o manipulador não está interessado nas *pessoas*, mas somente nos *clientes*. Essa redução acaba invertendo a ordem natural das coisas. Não se deseja algo por ser agradável, mas porque cai bem desejá-lo. Não se compra um produto porque dele se necessita. Ao contrário, sente-se necessidade dele porque é sinal de *superioridade* adquirir o que a propaganda tornou *superior*. Faz certo tempo, os cineastas procuravam belas casas de campo para reproduzi-las em seus filmes. Hoje, constroem-se casas de campo "de cinema", imitando as que aparecem nas telas. Atualmente, a reprodução muitas vezes se impõe ao modelo original. A fotografia faz mais sensação do que a realidade fotografada. Inverteram-se as coisas e os valores. *Essa inversão de valores é o efeito mais negativo da manipulação comercial.*

2. O manipulador empobrece o ser humano para dominá-lo facilmente

Quem pretende dominar, desvia-se sempre do que é essencial e nuclear, preferindo ressaltar os detalhes que lhe interessam para impressionar a sensibilidade das pessoas, e não para dar uma solução à questão em jogo. Quando a problemática do divórcio surgiu em certos países, destacou--se como tema mais importante o drama dos casamentos malsucedidos. Não se deu a mínima atenção ao tema central e decisivo nesse contexto: *o valor da unidade matrimonial e familiar*. Para introduzir a lei abortista na Espanha, dramatizou-se com frequência o caso das adolescentes que, por falta de possibilidades econômicas, não podiam recorrer às clínicas estrangeiras. Deixou-se de lado a questão fundamental: *É lícito destruir violentamente um processo vital que conduz à formação de um ser humano?*

O manipulador tem interesses velados, e por isso sempre atua de modo *parcial*, no duplo sentido da expressão, no sentido de *incompleto* – voltado apenas para um aspecto de uma questão complexa – e de *unilateral* – para desviar a nossa atenção de outros aspectos da realidade que poderiam prejudicar a sua tese.

Um dos meios mais eficazes para praticar essa parcialidade é empobrecer a linguagem e deturpá-la. O manipulador se prevalece do fato de que vivemos numa civilização da imagem e da palavra fácil, a palavra que voa na imprensa e, sobretudo, pelo rádio, pela televisão e pela internet. Usa a palavra e a imagem unilateral e superficialmente, como simples meios para atingir seus fins. Os jorros de imagens – reduzidas a meras *figuras* – e de palavras tomadas como *elemento sedutor* nos empurram para a vertigem. Os anúncios publicitários mexem com *figuras*, não com *imagens*. A exibição de figuras pede rapidez. A de imagens convida ao repouso, como numa exposição de pintura.

O uso banal da linguagem – que é veículo da criatividade – permite ao manipulador fazer tábula rasa de convicções profundas, tradições valiosas, critérios e normas seculares de conduta, ou seja, de tudo aquilo que significa apoio espiritual para um povo. E essa ação manipuladora ocorre sem que o povo se dê conta. *Um povo desprotegido espiritualmente é facilmente manipulável.*

Isso explica por que tantos demagogos praticam um modo de revolução impulsiva e grosseira, sem nenhuma profundidade de abordagem. Cortam os vínculos com o passado, sem perceber que o ser humano não pode projetar um futuro melhor, no presente, se não assume as possibilidades fecundas que o passado lhe oferece. Tal movimento deve ser *crítico*, sem dúvida, para que o projeto a realizar seja *criativo*. Contudo, o exercício da crítica não pode reduzir-se ao extermínio abrupto.

Os revolucionários que exterminam o passado conquistam os aplausos do povo, fazendo-lhe todo tipo de promessa utópica, mas logo depois deixam esse mesmo povo isolado e desamparado, num presente destruído, carente de possibilidades. Não tendo outro apoio além das promessas que recebeu, o povo permanece prisioneiro de seus supostos "libertadores". Essa impotência o torna *submisso* e *gregário*.

3. O manipulador é um tirano que se faz passar por democrata

O manipulador está sempre procurando expedientes para enganar sem mentir. Pretende fazer com que você se engane sem que ele o force a isso, embora o induza ao erro. Para que a mentira constitua um recurso manipulador, deve ser levada ao extremo. Aquele que mente com relação a algo de muita importância, e o faz de modo enérgico, empenhando nisso o seu prestígio pessoal, tem muitas probabilidades de que a maioria acredite nele por considerar impossível que alguém se arrisque desse modo a ser desmentido.

Comumente, o manipulador emprega uma série de truques, com base no uso arbitrário da linguagem e da imagem. E atua velozmente, como um ilusionista de conceitos. O ilusionista, em seu manejo de mãos, realiza movimentos muito rápidos, confiando na incapacidade dos outros de perceber o que está acontecendo. Dessa forma, o impossível parece possível. É a sedução da "mágica". Os truques do mágico dependem da rapidez desconcertante. De modo análogo, o demagogo procede com estudada precipitação, a fim de que a multidão não perceba suas manobras intelectuais e aceite como possíveis as tramoias conceituais mais inverossímeis.

Para vencer uma pessoa ou um grupo de pessoas, a estratégia consiste em acelerar os processos de reflexão, não dando tempo para que se aprofundem nos temas, usando de modo apressado – sem os devidos ajustes e ressalvas – conceitos muito ricos de sentido – como *liberdade, autonomia, independência, progresso*... – e recorrendo a tipos de valoração indiretos, como "a valoração por contraposição".

Lembremos a história da jornalista que se encheu de coragem para dirigir-se a certo presidente da república, conhecido por seu comportamento oscilante quanto a questões de máxima importância. Com seu melhor sorriso, ela comentou: "Dizem que o senhor muda muito". O presidente respondeu com ar de superioridade: "E lhe parece que é ruim mudar? Pior seria se eu fosse imobilista". Na hora, a jovem ficou totalmente sem jeito. Mas mesmo que tivesse captado com rapidez o truque manipulador da resposta, não teria conseguido retrucar. E milhões de pessoas que assistiram a esse momento pela televisão tiveram a impressão de que aquele presidente havia respondido de modo exitoso e fulminante. Tal sensação corresponde ao uso contundente dos recursos estratégicos. O presidente, na realidade, respondeu de modo parcial e precipitado. Não parou para pensar. Aceitou de antemão que a tendência a mudar sem uma razão suficiente opõe-se pura e simplesmente ao *imobilismo*, termo carregado de descrédito numa época em que se glorifica a *mudança*, consagrada como outra palavra talismã. O mandatário descartou o que seria o termo oposto a semelhante tipo de mudança: *a fidelidade a determinadas convicções, a permanência firme na defesa de algo que está acima da passagem do tempo*. Limitou-se a dar por certo que, se alguém não muda, permanece imóvel e rígido. Mudar implica liberdade de movimentos. "Mudei, logo, sou livre. Por consequência, o imobilismo é pior do que a mudança".

Na resposta do presidente, acumulam-se vários truques estratégicos. Ele equipara *mudança* e *liberdade*, prestigiando as atitudes de *volubilidade* e *inconstância*. Fala de *modo enérgico*, o que denota autoridade, domínio de si, segurança com relação ao tema tratado. Une a *defesa* ao *ataque*, empregando a ironia e a alusão sarcástica a outras pessoas. Responde com rapidez, utilizando o "efeito surpresa".

4. O manipulador não aceita o diálogo como meio para esclarecer as ideias

O manipulador recusa-se sistematicamente a debater de modo sereno e profissionalizado. Hoje em dia é muito raro presenciarmos debates nos meios de comunicação. Entrevistas sobre determinados temas há sempre, mas *debates*, ou seja, espaços nos quais pessoas de diferentes orientações tenham liberdade para confrontar suas opiniões, corrigi-las e criticá--las com profundidade, isso é muito difícil encontrar.

Às vezes, convocam-se debates e são anunciados como tais, mas nos bastidores tudo é deturpado de tal forma que perdem a eficácia em termos de busca da verdade, reduzindo-se a meros recursos propagandísticos. Em outros casos, não há manipulação programada, mas os debatedores carecem de abertura de espírito e não se escutam. Defendem sua posição inicial como uma questão de honra, preocupando--se apenas em oferecer aos espectadores uma imagem favorável de si mesmos.

5. O manipulador age sempre a favor da corrente

O manipulador aproveita cada uma das tendências humanas para dar a entender que está a seu favor e, amparado pela simpatia que isso lhe proporciona, introduzir sub-repticiamente algum aspecto tendencioso de sua ideologia. Se quisermos ser livres, teremos de conhecer essas tendências com a finalidade de superá-las.

Tendências que facilitam a manipulação

1. Inúmeras pessoas tendem a pensar que a liberdade consiste em não ter obstáculos. O manipulador toma como ponto de partida essa tendência pouco reflexiva para fazer os outros pensarem que a liberdade autêntica se opõe a toda e qualquer forma de orientação e norma.

2. O ser humano dos nossos tempos evita a complexidade. Deseja sempre soluções fáceis para todos os problemas. Quer *receitas*. O manipulador se prevalece dessa propensão e dá como verdadeiro que a relação do ser humano com as realidades do entorno é tão simples quanto a que temos com os *objetos*, e é regida pelas mesmas leis. Por isso, o manipulador emprega excessivamente os verbos *ter* e *fazer*, totalmente inadequados para expressar atividades criativas e realidades superiores aos meros objetos. Com o simples uso de tais termos, o manipulador simplifica a expressão, mas a reduz a um plano de realidade muito rasteiro.

3. Atualmente, sentimos a necessidade imperiosa de evitar conflitos. A lembrança de brigas que nos fizeram sofrer leva-nos a desejar a paz a qualquer preço. O manipulador aproveita esse nosso nobre sentimento para convencer a opinião pública de que o *entusiasmo* na defesa dos valores gera *intransigência* e provoca polêmicas e divisão. A paz exige – o manipulador sussurra ao nosso ouvido – o abrandamento das convicções e a adoção de uma atitude *relativista* e *perspectivista*, para a qual toda opinião é igualmente válida, por corresponder a um modo peculiar de abordar cada tema. Não ouvimos já infinitas vezes que "toda opinião é igualmente digna de respeito"? Esse é um lema admitido de modo geral hoje em dia. Mas terá algum fundamento?

Não, não tem o menor fundamento. Aquela frase é o cartão de visitas dos intrusos, dos que falam sobre questões que desconhecem, provocando confusão na opinião pública. Esse *slogan relativista* tem por princípio que qualquer visão da realidade, partindo de uma determinada perspectiva, é tão válida como qualquer outra. Num momento em que tanto se fala de direitos humanos, essa afirmação parece plausível. Que direito tenho eu para pensar que o meu modo de ver um problema é mais acertado do que o de outra pessoa? Todos temos o mesmo direito a opinar e fazer valer nossas ideias. Mas, de verdade, esse direito é igual?

Uma pessoa que não entende de cogumelos silvestres está legitimada a dar conselhos em público sobre o modo de selecionar cogumelos antes de comê-los? Quem não dedicou seu tempo ao aprofundado estudo da ética poderia se dar a liberdade de influenciar a opinião pública e os legisladores, emitindo opiniões pouco fundamentadas sobre a eutanásia, o aborto, o divórcio, a descriminalização do consumo de drogas e outros temas de semelhante gravidade? É evidente que não. Mas essa afirmação minha será tachada de *discriminatória*. E ela é, mas não porque eu esteja discriminando pessoas indevidamente preparadas. Essas mesmas pessoas deveriam abster-se de entrar num jogo que desconhecem e no qual acabarão por desempenhar um papel atabalhoado.

É óbvio que nem todas as perspectivas são válidas. Ortega y Gasset pensava que sim, e, para demonstrar a validez de sua posição, aludia a duas pessoas que estivessem contemplando a Serra de Guadarrama, não muito longe de Madri, a partir de dois pontos geográficos diferentes. Qual das duas perspectivas é a verdadeira? Ambas, respondia Ortega. Mas, conforme já vimos, esse exemplo não pode ser tomado como modelo a partir do qual poderíamos afirmar que *todas* as perspectivas que pessoas diferentes tenham de *qualquer tipo* de realidade são *igualmente* válidas.

Quando se trata de uma realidade física, basta desfrutar de uma visão normal para garantir o bom êxito do ato de contemplar. Se quisermos, no entanto, captar uma realidade de nível superior — uma obra artística, por exemplo —, não serão suficientes alguns sentidos corporais em estado perfeito. Além deles, que estão subentendidos, devemos ter uma preparação adequada e uma sensibilidade peculiar para cada tipo de arte. Posso ver um quadro com perfeita nitidez se meus olhos assim o permitirem. Contudo, se desconheço os princípios da estética pictórica e careço de sensibilidade para captar os valores dos quadros, minha contemplação de uma obra pode não conter valor algum. Não fará o menor sentido eu expressar em público minha maneira de vê-la. Poderei causar prejuízos ao difundir ideias banais acerca da arte. Em respeito à minha dignidade pessoal, devo me manifestar apenas nos casos em que possa oferecer ao público pensamentos de qualidade.

Vejamos, em síntese, como o manipulador se aproveita das tendências da maioria.

1. Tende-se a pensar que *ser livre é não ter obstáculos*. Conclusão do manipulador: *para ser livre temos que evitar limites e normas.*
2. O ser humano hoje tende às *soluções fáceis*. Conclusão: *o ideal é tratar todas as realidades com a mesma sem-cerimônia com que se tratam os objetos.*
3. Hoje em dia desejamos *evitar os conflitos a qualquer preço*. Conclusão: *é preciso renunciar à defesa dos valores, uma vez que todos os pontos de vista são igualmente válidos.* (Essa posição é subjetivista e relativista.)

Circunstâncias que favorecem hoje a manipulação

O relativismo não tem fundamento, não resiste à menor análise crítica, como no caso da oposição entre *liberdade* e *norma*, e das demais teses arbitrárias do manipulador. Mas esse tipo de análise requer tempo e esforço, justamente aquilo que o ser humano hoje procura economizar a qualquer custo. Essa atitude indolente provoca uma falta de discernimento que favorece grandemente a atividade oportunista do manipulador demagogo. Tenhamos diante dos olhos, de modo sucinto, todo o processo de banalização da vida humana atual:

1. Em nosso tempo, a *informação* predomina sobre a *formação*. Bom número de pessoas prefere aumentar a quantidade de informação de modo fácil, deixando de lado a árdua tarefa de formar-se solidamente.
2. Essa falta de formação se traduz em carência de critérios lúcidos para discernir doutrinas e ordenar valores. A pessoa pouco formada, ainda que copiosamente informada, costuma optar pelo acúmulo de ideias sem integrá-las ou assumi-las.
3. Esse sincretismo acumulativo que pretende juntar tudo, criando a ilusão de possuir uma grande riqueza intelectual, desemboca numa posição de *relativismo* – tudo é verdadeiro segundo a perspectiva que alguém adote – e de *indiferença* – nada possui um valor suficientemente grande que nos leve a assumi-lo de fato.
4. O medo difuso de ver a sociedade dividida em grupos beligerantes acentua o deslizamento em direção ao indiferentismo relativista e ao irenismo banal. *Dá tudo na mesma* – costuma-se dizer –, *o importante é manter a concórdia*. Não há uma hierarquia de valores que nos leve a empenhar nossa posição e prestígio em defesa dos valores mais altos. Uma espécie de instinto de conservação e de busca da prosperidade

leva a enfatizar os pontos de contato com posições doutrinais alheias, silenciando as características opostas. Entre estas, acham-se às vezes as condições de toda autêntica criatividade: a fidelidade às promessas, o respeito absoluto à vida – nascente ou declinante –, a liberdade religada aos valores, o amor oblativo... Atacar essas atitudes significa enfraquecer as bases da capacidade de resistência moral perante aqueles que desejam nos dominar como uma presa.

5. Todo aquele que denunciar essa operação de falsa maquiagem conciliadora, típica de épocas desorientadas, será tachado de dogmático, intransigente e arrogante. Em momentos de conformismo entreguista, essa reprovação desqualifica e intimida pessoas pouco seguras de si mesmas.

6. Essa intimidação provoca a *desmobilização dos espíritos*, a debilidade espiritual, a diminuição ou neutralização total da criatividade e, por consequência, uma situação de vulnerabilidade e a ausência de anticorpos diante da invasão ideológica dos manipuladores profissionais, que se vangloriam de sua ousadia e prepotência. A falta de criatividade e de iniciativa leva as pessoas medrosas de nosso tempo a desconfiar de sua própria capacidade de estruturar a vida social de modo saudável e duradouro.

7. A desconfiança de nossos próprios recursos e o desejo obsessivo de evitar conflitos nos fazem imaginar maiores do que de fato são as qualidades e os poderes do adversário. Em geral, o poder atrai, sugestiona, fascina. Esse fascínio nos leva a exagerar os pontos de possível entendimento com o adversário e a dar pouca importância às divergências. Esse exageramento fascinado se traduz em aberta simpatia, primeiro, em hesitação, depois, e finalmente em aberta colaboração.

8. A perda da nossa própria identidade se traduz, por sua vez, na ruptura da linguagem. Esta perde seu caráter de *veículo da criatividade* para se converter no meio por excelência para provocar a perplexidade intelectual e espiritual. A maneira imprecisa de falar que atualmente observamos não se reduz a uma simples moda. É um verdadeiro sintoma. E ao mesmo tempo origina um clima propício a todo tipo de manipulação. A confusão é o "elemento" no qual o manipulador nada de braçada. O manipulador se prevalece da atual tendência a pensarmos e nos expressarmos de forma apressada e superficial, quando não frívola, para exaltar determinados vocábulos – e seus correspondentes conceitos –, depreciando outros, entendendo os esquemas mentais como *contrastes* ou como *dilemas*, de acordo com a conveniência de cada momento, abordando os problemas de forma parcial e tendenciosa, mobilizando uma série de procedimentos estratégicos para vencer o povo sem dar-se ao trabalho de convencê-lo. Assim, a linguagem – o maior dom que recebemos – é degradada em sua própria essência. Converte-se em *antilinguagem*. Já não é um lugar de encontro na busca da verdade, mas de embuste, distanciamento e domínio.

Essa forma de proceder significa um atentado contra o pensamento rigoroso e, ao mesmo tempo, contra a vida criativa. Não se trata de uma questão meramente acadêmica. É algo que afeta o próprio núcleo de nossa existência como pessoas. Descobrir isso por conta própria é a primeira condição para nos libertarmos da servidão a que os manipuladores nos submetem. Ao falar de "manipuladores", não devemos pensar somente nas outras pessoas, nos "homens cinzentos" de *Momo*, a profunda e deliciosa narrativa de Michael Ende. Manipuladores podemos ser nós mesmos, quando nos deixamos levar pela tendência a dominar os outros, recorrendo a artimanhas.

O importante é conhecer com profundidade a existência dessa tendência em nós mesmos, e avaliar sua periculosidade, para que não nos deixemos dominar por ela nem cair nas redes dos que desejam manipular-nos. Esse conhecimento será libertador, e é justamente a mensagem que a história dos "homens cinzentos" nos transmite. Eram homens poderosos, implacáveis, terríveis por sua força e agressividade, mas era suficiente conhecê-los para neutralizá-los.[2] "Conhecer os homens cinzentos" equivale a descobrir o valor do tempo que consagramos a criar algo valioso, como uma amizade, por exemplo. Essa consagração parece hoje, aos olhos de muitos, uma verdadeira perda de tempo. Estamos ocupados demais em perseguir o ideal de possuir e usufruir. "Os seres humanos não têm mais tempo para conhecer coisa nenhuma", diz a raposa ao pequeno príncipe. "Eles compram dos vendedores coisas que já vêm prontas. Mas como os vendedores não vendem amigos, os seres humanos não tem mais amigos."[3] Comprar é um procedimento ligeiro, fácil de realizar e que não supõe um compromisso pessoal. É algo que adquirimos com facilidade, como objeto de troca, sem um caráter singular, algo que não é para nós "único no mundo". O pequeno príncipe havia aprendido a lição da raposa: "...Se você me cativar, nós teremos necessidade um do outro. Você será o único

[2] Cf. *Momo e o Senhor do Tempo*. Trad. Monica Stahel. São Paulo, Martins Fontes, 1995.
[3] Cf. *O Pequeno Príncipe*, p. 67.

menino do mundo para mim. E eu serei para você a única raposa do mundo...".⁴ "Foi o tempo que você perdeu com sua rosa que tornou a sua rosa tão importante".⁵

Trata-se de um tempo *criativo*, de qualidade mais elevada do que a mera sucessão de minutos. O pequeno príncipe pressente isso, ao confessar: "Se eu tivesse cinquenta e três minutos para gastar [...], eu andaria calmamente até uma fonte de água fresca...".⁶ A água que alguém bebe depois de tê-la buscado na companhia de outra pessoa que arriscou a vida para manter-se ao seu lado adquire um valor simbólico: remete a tudo aquilo que há de valioso no encontro. "Tenho sede dessa água", disse o pequeno príncipe, "deixe-me bebê-la..." "E entendi o que ele estava procurando! Levantei o balde até seus lábios. Ele bebeu de olhos fechados, como se estivesse saboreando um momento de festa. Aquela água não era uma água comum. Ela havia nascido da caminhada sob as estrelas, do canto da roldana, do esforço de meus braços. Era boa para o coração, como um presente."⁷

Ir à fonte, inclinar-se sobre ela e beber, sentindo gratidão pelo dom da água, vista como fruto de um encontro de diversas realidades, exige esforço, compromisso e tempo, porque é uma atividade criadora de uma relação valiosa. Ao contrário, se eu pudesse tomar uma pílula que matasse a sede imediatamente, seria, sem dúvida, muito mais cômodo e rápido, mas não me enriqueceria como pessoa. Posso comprar a

---

⁴ Cf. *O Pequeno Príncipe*, p. 65.
⁵ Cf. *O Pequeno Príncipe*, p. 70.
⁶ Cf. *O Pequeno Príncipe*, p. 72.
⁷ Cf. *O Pequeno Príncipe*. Trad. Gabriel Perissé. Belo Horizonte, Autêntica, 2015, p. 77.

pílula, possuí-la e consumi-la. A pílula é minha e posso tomá--la quando quiser. Já a fonte eu preciso encontrar. Não é possível adquiri-la ou dominá-la. Porque, simplesmente, recebo da fonte o dom da água; não me sinto dono, mas devedor. Trata-se de duas atitudes diferentes. Uma delas, a primeira, leva-me a *desfrutar da posse*. A outra, a *deleitar-me com o encontro*. A ambição de possuir inspira e impulsiona a prática da manipulação, que é uma *vertigem*. O desejo de colaborar suscita atitudes de respeito, que estão na base do *êxtase*. O cultivo das experiências de êxtase prepara o ser humano para conservar a liberdade interior perante o assédio da manipulação.

7

Como se manipula
II. Uso tático dos vocábulos

Ficou em nossa memória a figura do mágico que víamos, na infância, fazendo truques impressionantes. Há algo de maravilhoso nesses gestos elegantes que, sem aparentar esforço, fazem mágicas sensacionais. Esse encantamento desloca-se facilmente para o *ilusionista de conceitos e ideias*, que é o manipulador. Com as mãos limpas, aparenta sinceridade e honradez. "Nada nesta mão, nada na outra", parece nos dizer. "Tudo é transparente em minhas mensagens, propostas e formulações." O manipulador finge estar convicto do que diz e, para confirmar essa impressão, costuma expressar-se com firmeza, sem vacilar. Para inspirar confiança, coloca-se ao lado daqueles a quem se dirige.

Essa tática sedutora é empregada pelos "vendedores" para deslumbrar os cidadãos com um produto e transformá-los em clientes. Tal transformação, numa ação comercial, limita-se a um momento determinado, o momento da decisão de compra. Já os ideólogos mobilizam recursos manipuladores com um propósito de longo alcance: mudar a mentalidade e o modo de vida dos cidadãos.

Para levar a cabo essa mudança no estilo de pensar, sentir e querer, o ideólogo manipulador age de forma *sistemática e planejada*. Não usa apenas algumas armadilhas com a finalidade de difundir certas ideias, construir uma boa imagem diante do público e obter êxitos eleitorais. Tudo isso vai incluído num plano geral mais ambicioso, que consiste no domínio interior das pessoas e em sua transformação em ativistas, porta-vozes de determinada concepção de mundo e de vida.

O manipulador costuma desenvolver esse plano em três fases:

Na primeira, empobrece o sentido de certas palavras e conceitos, procurando fazer com que as pessoas lhes deem a categoria de "ideias talismã", ideias tão cheias de prestígio que parecem constituir o núcleo em torno do qual a vida humana inteira deve ser configurada. Pensemos em palavras como *liberdade, autonomia, independência, mudança, luta, revolução, progresso, evolução*...

Na segunda fase, o manipulador difunde doutrinas elaboradas com base nessas ideias talismã, para oferecer uma fachada sob a qual se esconde o intento de conquistar.

Na terceira fase, essas *ideias talismã* tornam-se *ideias motrizes* ou *ideais*, o que altera o sistema de coordenadas mentais que orientam a vida humana, modelam a vontade e modulam o sentimento das pessoas sem que elas o notem.

A primeira fase será analisada nos capítulos 7 a 10.

O caráter maleável das palavras

"Cuidado com as palavras, pois são capazes das maiores tiranias contra a humanidade."

(Ortega y Gasset)

Os estrategistas das revoluções ideológicas sabem perfeitamente que é muito difícil, se não impossível, mudar a mentalidade de uma pessoa por meio de discussões doutrinais. Suponhamos que você tenha uma forma de pensar diferente da minha em questões políticas ou éticas. Começamos a dialogar e logo depois o *diálogo* se transforma em *discussão*, pois desde o começo estávamos em desacordo. É muito provável que rapidamente a discussão desande em *briga*, se um de nós ou os dois considerarmos as ideias que defendemos como uma questão de honra, sentindo a discordância como ofensa pessoal. A conversa vai adquirindo *conotações passionais* que nos roubam a tranquilidade necessária para esclarecer as ideias. Cada um dos dois defende suas posições iniciais como se fosse uma fortaleza ameaçada por inimigos, e já não damos atenção aos motivos racionais que o adversário porventura apresente. *Essa intenção mútua transforma o diálogo em dois monólogos alternados.*

Você começa a conversa, expondo suas ideias. Eu percebo que você é contrário às minhas convicções e passo a tratá-lo como adversário, esperando a primeira oportunidade para interrompê-lo. Assim que eu tomo a palavra, começo a defender minhas posições e a atacar as suas. Você se põe na defensiva e fica à espera de que eu precise respirar para tirar--me a palavra. O modo expositivo que você havia adotado no começo é substituído por um estilo beligerante, mais desabrido, taxativo e grosseiro. A partir desse momento, você se fecha em suas ideias como quem se refugia numa fortaleza, e seu objetivo agora é defendê-las a qualquer preço e tentar me convencer de que estou errado. Eu adoto a mesma atitude e também não o escuto mais. Não me dou ao trabalho de observar se suas ideias e alegações podem me trazer alguma luz. Procuro argumentar com energia para demolir suas posições e vencer sua resistência a concordar comigo. O tom da nossa conversa vai ficando mais e mais pesado. Quando você consegue falar, continua a partir do ponto em que tinha parado. Você me ouviu sem escutar, mas isso não altera em nada sua posição. E comigo acontece a mesma coisa. Retomo o fio da meada e fico totalmente indiferente ao que você disse antes, quando me interrompeu.

Esse embate nada tem a ver com um verdadeiro diálogo. São dois monólogos alternados que, não sendo um diálogo, também não constituem um encontro, um campo de jogo e de iluminação. Por isso, as ideias não se esclarecem nem unem as pessoas. O que há é uma grande confusão, que afasta ainda mais as pessoas umas das outras. Um total fracasso.

O manipulador conhece muito bem esse fracasso, e daí conclui que para transformar a mentalidade das pessoas e dos povos não vale a pena motivar o diálogo interpessoal ou o debate aberto. *Muito mais eficaz é a modelação dissimulada das mentes.*

Em virtude dessa convicção, o manipulador não se lança abertamente à batalha. Não dá margem a que as pessoas percebam o que está acontecendo. Não mobiliza suas defesas interiores. Prefere agir de modo muito mais simples, tranquilo e proveitoso. Procura atingir a medula dorsal do pensar, do querer e sentir das pessoas, que se constitui de uma série de conceitos básicos. Tais conceitos exercem o papel de motor e leme no processo de desenvolvimento pessoal do ser humano, papel esse enfatizado pela antropologia atual, mas que a maioria das pessoas, infelizmente – com exceção dos manipuladores –, não teve condições de aprofundar. Daí a necessidade de examinar a fundo as questões relacionadas às bases da vida humana e difundir o resultado de nossas análises.

Vejamos, primeiramente, o prestígio que certos vocábulos e conceitos adquirem ao longo do tempo. Alguns deles são estimados pelo *valor simbólico* que possuem. Outros adquirem relevância em razão de certas *circunstâncias culturais*. Um terceiro grupo é *exaltado artificialmente* pelos manipuladores.

1. Termos prestigiados de modo natural por seu valor simbólico

Há termos dotados de uma espécie de simbolismo natural. "Alto", "elevado", "superior" são palavras que aludem a uma condição valiosa, nobre, excelente. "Baixo", "inferior", "rasteiro", "pedestre" sugerem, ao contrário, algo banal, desvalorizado, ruim. Estar "à direita" de um presidente significa um grau de importância maior do que estar "à esquerda". São localizações espaciais que foram adquirindo conotação "axiológica", ou seja, uma significação relativa ao valor dos seres humanos e suas situações.

De modo análogo, os termos "luz", "luminoso", "esplêndido", "branco", "nítido", "transparente" e outros semelhantes são utilizados com frequência para indicar situações promissoras. Ao contrário, "tenebroso", "escuro", "negro", "confuso" costumam expressar a vertente aflitiva de uma realidade ou acontecimento. Usa-se o adjetivo "negro" em diversos contextos para expressar algo negativo. Seria inútil que os negros tentassem alterar o uso dessas palavras e, procurando manter o sentido de uma coisa funesta, substituíssem expressões como "passado negro" e "futuro sombrio" por "passado branco" e "futuro luminoso". Os latinos se referiam ao homem ilustre como *clarissimus vir* (literalmente, "homem claríssimo"). Esse sentido positivo da luz é conservado ainda hoje na palavra "preclaro". Seria muito sugestivo lembrar aqui o papel decisivo que a luz desempenhou na arte, na estética, na filosofia mais profunda desde os gregos até o último Heidegger, passando pelas catedrais góticas e pela Escola de Chartres. Um dos representantes desta, Hugo de São Vitor, cunhou a famosa frase: *Ipsa lux pulchra est* ("A luz é bela em si mesma").

Também aparecem com uma auréola de prestígio a palavra "abertura" e suas derivações. Alguém nos diz que uma pessoa é *aberta, franca, espontânea* e, automaticamente, vinculamos esses termos ao campo semântico de luz: *luminoso, claro, esplêndido, deslumbrante*. Por isso nós pronunciamos esses adjetivos abrindo os olhos, estendendo os braços, alargando o sorriso. Temos a convicção de estarmos aludindo a uma caraterística valiosa da pessoa em questão. Se, ao contrário, afirmamos que uma pessoa é *reservada*, está *fechada*, é *reticente*, anda *enigmática, indecisa*, estamos relacionando tudo isso com um dia encoberto, nublado, cinza, triste, com um clima inóspito. O gesto de desagrado com que expressamos essas caraterísticas indica visivelmente que as consideramos negativas, ou ao menos pouco atraentes.

As palavras *fechado* e *aberto* são utilizadas frequentemente com finalidades estratégicas. Hoje se fala, por exemplo, de "música aberta" para designar uma forma de compor que não se submete aos limites da estética tradicional. Emprega-se o termo "aberto" como oposto a "fechado", isto é, *preso aos moldes da tradição*, encarando tradição, equivocadamente, como algo morto que pesa sobre nossa vida presente, bloqueando-a. Sugere-se, assim, que tal gênero de música está aberto a mil e uma possibilidades interpretativas que podem surgir no lugar de uma configuração definitiva, escondendo-se, porém, que tal conceito de abertura significa, na verdade, *precariedade* e *carência*, e não riqueza de possibilidades. Esse procedimento é típico da manipulação. Enfatiza-se um aspecto de uma palavra e se deixa de lado outros mais importantes.

2. Termos prestigiados culturalmente ou termos "talismã"

Em cada época existem vocábulos que, por diferentes razões socioculturais, são envolvidos por um prestígio tão grande que se tornam imunes a qualquer revisão crítica, e são considerados como o terreno intelectual sobre o qual pessoas e grupos sociais caminham sem a menor preocupação. Constituem os *termos talismã*. Parecem trazer em si todo o sentido e valor da vida.

A palavra "ordem" – antigamente vinculada ao número, à harmonia, à proporção, à medida e, por consequência, à origem da bondade e da beleza – adquiriu nos séculos XVI e XVII um elevadíssimo nível, em razão de sua vinculação a estruturas elaboradas pelas ciências modernas, que naquela altura davam seus primeiros passos. *Pensar com ordem* equivalia a pensar retamente. *Proceder com ordem* significava agir de modo *ajustado, justo, reto, eficaz*. O termo "ordem" produzia um profundo estremecimento nos espíritos porque era a junção enigmática entre as estruturas matemáticas e as físicas, entre o mundo que o homem pode considerar, em boa medida, configurado por sua mente e o mundo exterior, no qual ele se encontra instalado e que ao mesmo tempo o supera sem medida. Ainda hoje se usa a expressão "ordenar a vida" com sentido positivo.

Ao tomar consciência do que implicava a ordem, o homem do século XVIII conferiu à razão, faculdade destinada a providenciar a ordem, o caráter de *talismã*. Não por acaso a razão é a vertente do ser humano que constitui o orgulho e a força do *Século das Luzes*.

O livre uso da razão preparou a grande luta pela liberdade: a Revolução Francesa. *Revolucionário* era o homem avançado em seu tempo, que lutava por elevar o ser humano a níveis adequados à sua dignidade. O contrarrevolucionário era um ser *reacionário*, inimigo das luzes da razão e do modo genuíno de ser homem. Ao longo do século XIX, consagrou-se como talismã o termo *revolução*. As grandes revoluções daquele século desencadearam-se com a finalidade de ampliar os níveis de liberdade. No século XX impôs-se como talismã o termo *liberdade*.

As palavras talismã produzem um efeito fascinante, pois apresentam um aspecto sumamente atrativo, ocultando, porém, os aspectos menos favoráveis. Para converter-se em *talismã*, um termo deve ostentar um significado capaz de deslocar-se em diversos sentidos, dentre os quais o manipulador escolherá, a cada momento, aquele que melhor convier às suas finalidades. Fala-se, por exemplo, em *liberdade*, e esta remete a *independência, cogestão, igualdade*... E imediatamente pensa-se na exaltação dos povos que adquirem sua *independência* e na dignificação que significa para os trabalhadores passarem a ser *cogestores* de sua empresa. Mas ao mesmo tempo deixa-se de lado, astuciosamente, o fracasso de tantas emancipações prematuras e a desordem e a ineficiência que ocorrem, com frequência, quando toda hierarquia autêntica é anulada na gestão de um centro de trabalho.

A riqueza e a ambiguidade dos *termos talismã* facilitam todo tipo de *deslizamento de sentido*. Se a liberdade é o valor supremo, *ser livre* implica *ser plenamente homem*. Quando, num *slogan* publicitário de certa marca de bebida, proclama-se que "Soberano é coisa de homens", o termo *homem* atua com a força de uma palavra *talismã*. A palavra apresenta, ao mesmo tempo, riqueza e ambiguidade. Não se sabe com precisão o que se pretende dizer com palavra tão genérica, mas intui-se que seja algo valioso, autêntico e forte, capaz de atrair e agradar. Esse agrado e esse atrativo aumentam quando a palavra "homem", no caso, entra em estreita relação com outro termo igualmente coberto de prestígio: "soberano". Quem inventou esse sagaz *slogan* certamente não ignora que em muitos casos a entrega à bebida, por maior que seja a qualidade do líquido ingerido, não conduz um homem à plena liberdade e dignidade, mas a uma vinculação escravizadora. Esse aspecto sombrio é deixado de lado. Projeta-se simplesmente sobre a marca da bebida o termo *homem*, entendido de forma ambígua como algo *poderoso* e cheio de *prestígio*.

O FASCÍNIO DA AMBIGUIDADE

Os vocábulos *talismã* são sempre vitoriosos num clima de ambiguidade. Seu poder sugestivo decorre do fascínio das promessas indefinidas. "Beba Soberano e você será um verdadeiro homem". Essa é a frase implícita no *slogan*. As chamadas e palavras de ordem desse tipo costumam ser curtas, telegráficas, enigmáticas. Para que um *slogan* seja "interessante" e desperte a atenção do público, mesmo que não tenha valor em si, deve *sugerir*, a partir de sua peculiar mistura de clareza e ambiguidade. Um *slogan* totalmente claro e aberto não daria trela à imaginação, não possuiria o aliciante próprio das coisas escondidas, misteriosas. Ficaria submetido à luz fria do entendimento analítico. Por isso, basta explicitar devidamente os diferentes sentidos das palavras talismã para enfraquecê-las, deixando-as, por assim dizer, "exorcizadas", privadas de seu especial atrativo.

A primeira regra do demagogo manipulador é não deixar em evidência os diferentes matizes de um conceito. Desse modo, ele, manipulador, poderá usar a cada momento o sentido que julgar mais adequado para suas finalidades de estrategista do pensamento. Em contrapartida, a defesa de nossa liberdade intelectual consiste em exigir que o demagogo esclareça as coisas com precisão. Ele nos diz: "Soberano é coisa de homens". E eu lhe pergunto imediatamente: "O que você entende por *homem*?". Se ele me responde que "homem é o ser humano pleno", pergunto-lhe de novo: "Mas em que circunstâncias a bebida alcoólica ajuda um ser humano a atingir essa plenitude?". *Essas perguntas desarmam o manipulador*. Se, ao contrário, permitimos que o termo "homem" atue sobre nossa mente com toda a *carga emocional* que possui naquela frase, entramos no processo de fascínio que o manipulador pretende desencadear para nos vender a mercadoria a todo custo.

A atração que os termos *talismã* exercem tem sua validade, na medida em que é beneficiária de um valor autêntico que a cultura da época soube enfatizar. Em contraposição a isso, o uso estratégico que se faz com frequência de tal poder magnetizador é totalmente indevido. Esse uso é a causa da proliferação de termos talismã artificiais.

3. Termos artificialmente prestigiados pelos manipuladores

Todo termo *talismã* tem um poder fascinante que prestigia os vocábulos que dele se aproximam e desqualifica aqueles que deles se afastam ou parecem se afastar. Costuma-se dar como líquido e certo que *toda forma de censura* restringe a liberdade humana, e o termo *censura* encontra-se hoje, por consequência, fora de jogo. Ninguém, pensando em sua própria sobrevivência, ousa defender atualmente o mais leve tipo de censura em qualquer aspecto da vida social. Ao contrário, "autonomia", "independência", "democracia", "autogestão", "cogestão", "progresso", "mudança"... são palavras que mostram alguma conexão com a liberdade e se tornam *automaticamente* prestigiadas, convertidas em *palavras talismã* por aderência. Enfatizo o advérbio "automaticamente" porque esses efeitos que a linguagem produz não obedecem a nenhum motivo racional, mas a uma *pura contaminação por motivos de afinidade*.

Em contraposição ao termo *censura*, o vocábulo *controle* é usado hoje em dia com muita frequência, pois está carregado de prestígio. Como adquiriu essa aura de simpatia?

Na vida diária, fala-se com frequência da necessidade de controlar a qualidade dos alimentos, a venda de drogas, os movimentos de pessoas suspeitas... Em todos esses casos, o controle é exercido *para proteger a liberdade humana*. O controle da qualidade dos alimentos, por exemplo, opõe-se à fraude. Toda fraude alimentar baseia-se na *liberdade de ação* e restringe a liberdade do cidadão quanto ao cuidado de sua saúde e na sua atividade normal. Pedir o controle da qualidade dos alimentos equivale a solicitar que se restrinja a *liberdade de ação* e que se favoreça a *liberdade para a criatividade*. Organizemos estas ideias no esquema abaixo:

O *controle* dos alimentos	impede	a fraude, proveniente da *liberdade de ação*, liberdade arbitrária
A *liberdade de escolha*	se opõe	à fraude

O *controle* e a *liberdade de escolher o que permite viver de forma normal*, e essa liberdade implica certo grau de criatividade na vida humana, estão emparelhados pelo fato de se oporem à fraude. Tal emparelhamento cobre de prestígio o termo "controle".

O aumento da carga emocional das palavras

Para descobrir as forças ocultas que os manipuladores mobilizam, convém destacar que a carga emocional das palavras, com o tempo, cresce de um modo às vezes inacreditável.

A expressão "a esquerda", aplicada a certos grupos políticos, significou no início algo tão neutro como a localização daqueles que se sentavam à esquerda da cadeira do presidente no Congresso francês. Posteriormente, vinculou-se à "luta revolucionária pela liberdade". Essa acumulação de termos *talismã* deu à palavra "esquerda" um potencial emotivo de tal magnitude ao ponto de lançar multidões de homens a contendas implacáveis.

Essas aderências sentimentais não correspondem a motivos racionais, e bloqueiam o uso sereno da razão. Não faz muito tempo, um político da situação encontrou-se com o membro de um partido da oposição num debate televisionado. O tema em discussão era a liberdade na democracia. Seu adversário apresentou uma montanha de dados reais, com os quais se depreendia claramente que durante o mandato da "esquerda" os cidadãos tinham visto suas liberdades reais bem restringidas. Em vez de rebater os argumentos contrários com outros argumentos, o alto dignatário limitou-se a proclamar, indignado: "Como o senhor se atreve a fazer essa acusação à esquerda? A esquerda é sinônimo de liberdade!". Esse modo de expressar-se é nitidamente manipulador. Não oferece motivos racionais, mas trabalha apenas com as palavras.

De modo análogo, se um representante da "direita" limita-se a afirmar com firmeza que "a direita é sinônimo de prosperidade e criação de riqueza", expressa-se também de forma manipuladora. Ambos se apoiam nessa aura de sentido mais ou menos difusa que os termos vão adquirindo ao longo do tempo. Ambos não fazem o menor esforço para oferecer razões válidas que possam corroborar suas teorias.

O correto não é fundamentar o discurso no prestígio de certas palavras, mas ir realmente ao fundo das questões. Se estamos falando sobre liberdade, devemos indicar com precisão os diferentes modos de liberdade e quais atitudes éticas e políticas fomentam cada um desses modos. Se o tema é a criação de riqueza, o mais adequado é descobrir em concreto o melhor caminho para que isso ocorra.

A linguagem manipuladora é nebulosa. A linguagem veraz é clara, transborda luminosidade quando é *meio no* qual se fundam âmbitos de convivência. Essa luz da linguagem – e de cada um dos vocábulos – apaga-se quando é convertida em *meio para* dominar mediante a estratégia da manipulação. Aquele que *domina* algo não se *encontra* com esse algo. A linguagem – ao converter-se em meio de dominação – deixa de ser *lugar vivente do encontro*, e perde sua beleza e sua bondade. Atenta contra sua essência, tornando-se antilinguagem.

A força da linguagem submetida à arte da manipulação é assombrosa. Quando uma palavra carrega-se de emotividade, imprime na mente uma marca tão profunda que tudo o que depois ouvimos, vemos e pensamos fica polarizado ao seu redor, magnetizado e orientado por ela.

Esse tipo de linguagem deformada, destruidora do seu sentido originário, não possui capacidade criativa, mas demonstra um terrível poder de aliciamento. Por exemplo, se, aceitando sem pensar o que diz um manipulador, não conseguimos distinguir formas diversas de liberdade e damos por certo que a liberdade – falando assim, sem perceber seus matizes – se opõe a todo tipo de diretriz ou norma, nossa tendência será recusar toda e qualquer norma ou diretriz que nos sejam propostas.

Para viver com certa autonomia pessoal precisamos nos libertar do despotismo da linguagem sequestrada pelos manipuladores, que assumem a frase do astuto Talleyrand: "A linguagem foi dada ao homem para ele mentir". O oposto da linguagem manipulada é a linguagem veraz e sincera, porque é pronunciada com amor, para fundar os modos mais altos de unidade com as realidades do entorno.

8

Como se manipula

III. Prestígio artificial da palavra "mudança"

A nora, engrenagem para tirar água do poço acionada por movimentos circulares, gira incessantemente, *muda*, mas não *avança*; *move-se*, mas não *progride* em direção alguma. As pessoas, ao andarem, *mudam* de situação. Mas será que todas elas realmente *progridem* em sua vida, ao mudarem? Cada uma delas tem um objetivo quando anda pelas ruas. Se o alcança, que consequência isso tem para sua vida, para o sentido em conjunto de sua vida? Muitas pessoas saem de casa todos os dias para trabalhar, mas outras saem para cometer um crime que destruirá sua existência para sempre.

Dentro do avião que acaba de decolar viajam centenas de pessoas. Movem-se agora a uma grande velocidade.

Mudam constantemente de situação. Mas o fato de terem se submetido a esse processo de mudança *local* significará, em sua existência, um *progresso*, no sentido de um avanço em direção à plena realização humana? Cada caso deverá ser visto atentamente. Dar como certo que *mudança* equivale a *progresso*, no sentido positivo dessa palavra, é uma frívola precipitação. Devemos adquirir o hábito de utilizar esses termos de um modo bem mais cuidadoso.

A projeção de uns esquemas sobre outros cobre de prestígio o termo "mudança"[1]

É necessário enfatizarmos quanto é grave alterar o sentido desses termos aparentemente inofensivos como "progresso" e "mudança". Semelhante adulteração provoca inúmeras confusões. Analisemos os seguintes esquemas:

progresso	—	*recuo*
progresso	—	*retenção*
mudança	—	*conservação, persistência*
mudança	—	*retrocesso*
mudança para melhor	—	*estagnação*
mudança para melhor	—	*retrocesso*

Prosseguindo, vejamos agora como esses esquemas conectam-se com estes:

---

[1] Reproduzo aqui uma análise de esquemas já realizada no meu livro *La Revolución Oculta*. Madrid, PPC, 1998, p. 117-18, ponto de partida para as definições apresentadas neste capítulo.

reforma   —   *imobilismo*
novo   —   *velho*
moderno   —   *antigo*
insólito   —   *habitual*
atual   —   *passado (no duplo sentido de "antigo" e "desatualizado")*

Se utilizarmos esses esquemas apressadamente e com os olhos enevoados, como é do agrado do manipulador, a tendência será associarmos *progresso, mudança* e *mudança para melhor* — termos que já estão meio fundidos entre si por constarem da mesma coluna — ao *reformado*, ao *novo* e ao *moderno*, ao *insólito* e ao *atual*. Essa proximidade engrandece os últimos termos. Em oposição, os termos "recuo" e "estagnação" unem-se aos termos "antigo", "passado" e "velho", e "conservação" alia-se com "imobilismo". Vendo em conjunto as palavras da coluna da direita, ficaremos admirados com a carga emocional *negativa* que cada uma delas adquire.

Essa consideração nos adverte para um fato de extrema importância: *sempre que um termo é falado, suscitam-se na mente, por vibração, outros termos que podem lhe transferir prestígio ou descrédito.* Essas vibrações ou interconexões que se produzem quando se relacionam entre si os termos das duas colunas, formadas pelos esquemas mentais, exercem sobre os espíritos um influxo tanto mais fascinante e perturbador quanto mais difusa é a operação mental em jogo. Assim como os ideais utópicos, mais entrevistos do que criticamente analisados, suscitam com frequência, no interior das pessoas, uma espécie de "mística", que se torna fonte de energia explosiva na hora da ação, assim também as conexões ambíguas entre conceitos podem impulsionar toda uma *dialética mental apaixonada*, intelectualmente precária, mas suficientemente sedutora no caso de pessoas que agem de modo mais espontâneo, e dependem mais das emoções do que das opções reflexivas.

Interpretação da mudança como uma lei natural universal

Vimos, assim, que a palavra *mudança* adquiriu prestígio por sua vinculação à *liberdade* e ao *progresso*, e em virtude de sua oposição à *estagnação* e ao *recuo*. Mas há um fato que contribuiu ainda mais fortemente para exaltar o conceito de mudança, e que o tornou mais perigoso para a vida criativa. Refiro-me à convicção crescente de que a natureza não é estática, mas *dinâmica*.

À medida que as ciências deram ao homem a possibilidade de aprofundar-se no estudo das diferentes realidades – sejam as imensas, sejam as minúsculas –, descobriu-se com grande assombro que nenhuma realidade está acabada nem se mantém rígida num determinado estado. Ao contrário, cada realidade oferece algo de si ao entorno, desenvolve-se, evolui, muda, ajusta-se às circunstâncias...

É possível perceber essa mudança contínua nas rochas e montanhas, nas plantas e nos animais, no ser humano e em suas criações. As culturas evoluem como um ser vivo: nascem, amadurecem, entram em declínio, desaparecem. Os estilos se organizam, consolidam-se, ficam caducos, perdem vigência. Se prestarmos atenção a essas realidades mutáveis e olharmos para o conjunto da realidade com os olhos enevoados, será fácil chegar à conclusão de que *a mudança é uma lei natural universal* da qual ninguém poderá se esquivar. O trabalho demagógico logo de início conta com essa maneira confusa de ver a realidade. Apoia-se na pesquisa científica, que ressalta a condição mutável de muitas realidades, e dá como certo, de modo precipitado, que *toda realidade é fluida*: a verdade, os valores, os conceitos, a linguagem, as instituições, os estilos, as normas... (Lembremos que o manipulador nunca se dá ao trabalho de demonstrar racionalmente coisa alguma, mas considera como óbvio aquilo que é do seu interesse.)

Não devemos, contudo, aceitar passivamente esse pressuposto, sem indagar com firmeza, por exemplo, se o fato de as realidades inanimada, vegetal e animal *mudarem* nos permite afirmar que não existem verdades *imutáveis*, nem normas *perenes*, nem conceitos *estáveis*. Outra pergunta seria a seguinte: supondo que a evolução das espécies esteja cientificamente demonstrada, isso nos autoriza a deduzir que nada resiste à passagem do tempo e que a única atitude ajustada ao modo de ser da realidade fluida é adaptar a mente e a conduta a cada uma das situações que se dão ao longo do tempo? É evidente que responder de maneira afirmativa a essas questões seria totalmente ilógico.

Vejamos com clareza as premissas e suas consequências, confrontando-as devidamente:

1. A realidade inanimada, a vegetal e a animal – rocha, árvore, cavalo... – mudam.	1 bis Os conceitos, as verdades, as normas, os costumes devem mudar de modo incessante.

2. As espécies				2 bis O homem deve
   vegetais				adaptar sua mente e
   e animais				sua conduta às
   evoluem.				diversas situações
					ao longo do tempo.

Existe alguma relação lógica entre as duas proposições da esquerda e as duas da direita? É patente que não. Quem quiser negar a existência de verdades imutáveis, normas perenes e conceitos estáveis deverá *apresentar razões convincentes e não se limitar aos malabarismos mentais*. É passar por cima da razão afirmar que, pelo fato de algumas vertentes da realidade sofrerem mudanças, todo tipo de realidade deverá também submeter-se à mutabilidade, de modo que nada na vida humana esteja livre das voltas que o mundo dá.

Embora não seja lógico, esse desatino seduz muitas pessoas do nosso tempo pelo simples fato de que ajustar-se à realidade mutável é interpretado como uma *libertação*, libertação do supratemporal, permanente e eterno. Estamos no núcleo da manipulação ideológica. Se a realidade muda e nossa conduta só é realista se se ajustar a essa constante alteração, devemos nos libertar de tudo aquilo que signifique *permanência* no mesmo estado, já que permanecer é visto como um bloqueio de nosso dinamismo natural.

Para tornar essa proposição mais verossímil, são trazidos à baila casos irrefutáveis de mudança que têm seu próprio valor. Ouvimos pessoas nos dizerem: "É preciso passar da ditadura para a democracia, dos regimes opressores para os regimes abertos, da ignorância para o conhecimento, da servidão para a liberdade". E todos concordamos com tudo isso. Sobre a base desse acordo, acrescenta-se então que o ser humano deve ser *libertado* de toda "obsessão religiosa", da "repressão sexual", dos "tabus morais"... Ora, qualquer um de nós saberá descobrir aqui a passagem ilegítima de um modo de libertação justificado a outro que não o é. Usando como isca a vontade de sairmos de uma situação de escravidão, tentam despojar-nos do que constitui a base do nosso desenvolvimento pessoal.

A utilização de termos pejorativos como "tabu", "repressão", "obsessão" faz com que a atenção das pessoas seja direcionada para as formas *inautênticas* de moralidade, sexualidade e religiosidade, o que torna fácil convencê-las da necessidade de tal libertação. Contudo, se entendemos corretamente o que é a vida moral, a vida amorosa e a vida religiosa, não faz o menor sentido falar aqui de *libertação*. Não precisamos *nos libertar* dessas formas de vida, mas *aperfeiçoar* o nosso modo de compreendê-las e realizá-las. O manipulador, porém, sempre mistura alhos com bugalhos, operando com conceitos confusos que ele próprio se encarregou de obscurecer.

Se não nos damos conta e denunciamos esse salto injustificado de um tipo de *libertação* a outro, ficamos à mercê do manipulador, que poderá, nesse caso, afastar-nos de tudo aquilo que nos alimenta como seres humanos, sob o pretexto de que estamos numa situação de opressão. No entanto, estarmos unidos ao lar, ao clima cultural próprio, à tradição (bem compreendida), à verdade e aos valores mais elevados instaura a contextura que forma o nosso verdadeiro entorno de seres humanos, o âmbito natural de nossa plena realização. Se estivermos desconectados desse entorno, ficaremos "desambitalizados", descentrados, privados de todo dinamismo criador. Nessa situação de *asfixia lúdica*, na qual ficamos isolados e sem possibilidade de entrar em nenhum tipo de jogo criador, o trabalho de manipulação e destruição espiritual não só será viável e fácil mas até mesmo bem recebido.

Essa sarcástica contradição de que o povo acolha com gratidão e simpatia um procedimento que, na realidade, é humilhante e aviltante resulta da capacidade que têm certas *ideias* de produzir um *clima de ambiguidade e de obscurecimento* do sentido verdadeiro de tudo aquilo que acontece na vida humana. Uma alteração da linguagem que pode parecer insignificante a um olhar ingênuo é, no entanto, capaz de deixar as pessoas totalmente desprotegidas e sem condições de reagir.

Prestemos atenção. O manipulador não realizou ações violentas nem difundiu nenhuma doutrina. Ele simplesmente conferiu o caráter de *talismã* a determinadas palavras. A força dessas palavras levará as pessoas a receber sem visão crítica as doutrinas que o manipulador lhes quiser inocular, com a finalidade de alterar sua escala de valores. O homem manipulado aceita ingenuamente tudo o que ouve e lhe é sugerido, porque o manipulador *não se dirige à sua inteligência nem à sua liberdade: deixa que a linguagem atue, sorrateiramente, sobre os centros de decisão das pessoas.* Vemos desse modo por que qualquer forma de *mudança* parece ser algo automaticamente atraente para as pessoas. E o que significa *permanência* não lhes soa bem, sem que saibam explicar o porquê de tal sensação.

Essa maneira *automática* de operar os recursos manipuladores tem consequências terríveis para a sociedade, pois permite que os poderosos sem escrúpulos *cultivem estratégias ardilosas, desprezando o estudo fiel da realidade e os problemas sociais*. Se um partido político assumir como próprios os termos talismã de um dado momento histórico – tais como *mudança, ruptura, revolução, progressismo...* –, bastará fazer promessas vagas para fascinar os eleitores. Ao contrário, ainda que um partido político caracterizado hoje por termos *antitalismã* (pensemos na palavra "conservador", por exemplo) elaborasse excelentes tratados sobre as questões sociais, oferecendo soluções certeiras, seria tudo inútil. Não conseguiria atrair eleitores que se comportam como *massa*, pois a força que move as massas não é a agudeza da inteligência, a profundidade do pensamento ou a energia de uma vontade disposta a enfrentar os grandes problemas sociais, mas simplesmente a carga emocional que contêm certos vocábulos cujo sentido foi submetido a uma deturpação tática.

A metodologia filosófica enfatiza a necessidade indispensável de sermos fiéis a cada modo de realidade e não darmos saltos injustificados de um nível de realidade a outro. Os manipuladores não cumprem esse preceito óbvio e decisivo. Toldam os olhos, aplicando a toda e qualquer realidade conclusões da ciência que são válidas apenas para um aspecto do real. Têm eles em mente, sem dúvida, que poderão se beneficiar com tal confusão. Entre os seus objetivos, por exemplo, está o de transformar a ideia de *mudança* em ideia *talismã*.

A idolatria do novo e do jovem

Uma ideia, uma atitude, um critério ou uma atividade que não estejam *ajustados ao momento atual* costumam ser desqualificados com o simples recurso da zombaria, e considerados como "defasados", "antiquados", "ultrapassados", como se estivéssemos falando de roupas fora de moda. "Atual" é considerado o "mutável", "aquilo que pertence a este momento", "aquilo que é válido em virtude da mudança". Não se pensa que, pela moda, os nossos modos de vestir são submetidos à passagem do tempo, mas que essa vertente da vida humana encontra-se num plano de realidade evidentemente inferior ao plano das ideias, das atitudes, dos critérios e das ações que decidem sobre o sentido da existência. Submeter essa vertente criativa do homem ao império do calendário supõe uma ilegítima redução de nível.

Ater-se apenas ao "atual", ao "vigente", leva a idolatrar *o jovem*, entendido como "o novo", "o recente", "o originário". Contudo, o fato é que no plano do tempo decorrente nada perdura: o novo também deslizará inexoravelmente para o passado, perdendo todo o seu encanto. O novo por sua vez será substituído em breve pelo "novíssimo", qualificação que também rapidamente perderá sentido. Será necessário então encontrar outra expressão para uma atualidade ainda mais excitante: "os novos novíssimos". Nesse ponto, já caímos no ridículo. É cômico perceber ao longo da história os contínuos esforços de autoafirmação que foram feitos utilizando "o novo" como emblema.

Essa ideia fixa, essa obsessão pela mudança e pelo novo levam o ser humano a jamais repousar no presente – que é o tempo da criatividade – e a viver aprisionado pelo futuro. Fala-se repetidamente do "desafio do futuro", da "busca da utopia", e afirma-se que "o tema fundamental da filosofia não é o estudo do 'ser presente', nem do 'ser em progresso', mas o do 'não ser ainda', proclamando-se o 'êxodo do homem para o reino utópico do Novo' (E. Bloch).[2] Numa sociedade

---

[2] Cf. A. Mary Testemalle, ¿*Silencio o Ausencia de Dios?*. Madrid, Studium, 1975, p. 71-72.

voltada desse modo para o futuro, ser qualificado de "avançado" constitui o supremo elogio, ao passo que ser chamado de "reacionário" e "antiquado" é extremamente desabonador.

Vivendo unicamente preocupados com as mudanças, sem dedicar-se a criar no presente algo perdurável que supere o decurso do tempo, os homens só possuem na vida um *ideal possível: submeter-se docilmente às situações mutáveis e às suas exigências*. Como a mudança ocorre de modo ininterrupto, pois a vida humana é temporal, é fácil difundir a ideia de que a vida é um rio impetuoso que só poderá ser navegado por aqueles que se adaptem ao seu ritmo e a suas correntezas. Essa forma de "derrotismo infracriador" é interpretada como *sabedoria vital* e celebrada como uma *atitude de conciliação e de diálogo*.

Tal interpretação festiva é um equívoco. A vida é esse tipo de rio turbulento e transbordante *no plano físico e biológico*, mas *não no plano criador*, no qual o decurso do tempo não nos arrasta de modo inexorável. A vida é o lugar de instauração de realidades e acontecimentos supratemporais. No tempo passageiro escrevemos um livro, compomos uma obra musical, tecemos uma relação amorosa – relação que pede eternidade –, cria-se uma família... Essas realidades, fruto de um encontro criador, perduram ao longo do tempo e se estruturam conforme um ritmo peculiar que elas mesmas determinam.

A obsessão pela mudança e pelo futuro leva a interpretar o passado como algo *já acontecido*, carente de atualidade e vigência, o contrário do *futuro*, que parece ser a única realidade. Esse esvaziamento do passado empobrece totalmente o conceito de *tradição*. Tenhamos sempre em mente essa informação, que oferece uma chave para interpretarmos mil e um acontecimentos da vida social: o manipulador transforma o termo *mudança* em talismã, e essa simples operação lhe permite conceber a *tradição* como um peso que não só não promove a vida, mas também a bloqueia. Não esperemos, no entanto, que ele nos dê explicações lúcidas a respeito. Quando lhe interessa desmerecer uma norma ou um critério assegurado por uma tradição de séculos, o manipulador afirma com decisão estratégica que se trata de *tabus imemoriais, preconceitos herdados, restos de um passado esclerosado*. Ao fazê-lo, põe-se ao lado do futuro, do progresso, da mudança, da liberdade de configurar um novo porvir, sem nenhum condicionamento.

A mera afiliação à mudança em vista de um novo futuro deixa o manipulador numa posição bastante vantajosa. Pouco lhe importa que, empobrecendo o conceito de tradição, apague no povo a memória do passado, condenando-o à esterilidade, dado que o ser humano só pode ser criativo no presente, ao projetar-se para o futuro, assumindo as possibilidades que as gerações anteriores lhe transmitiram. Em latim, transmissão é *traditio*, que resultou na palavra "tradição".[3] O manipulador revolucionário subtrai a energia criadora do povo, fazendo com que este viva do impulso ilusório, proveniente do mero *estar à espera* de que se cumpram as promessas relacionadas ao futuro.

Essa atitude de *mera espera* tem apenas *a aparência de uma vida de esperança*. Esperar em alguém significa receber dele, a cada momento, o impulso para viver e o sentido da existência. *Manter-se à espera* significa deixar que o tempo passe, algo

---

[3] Cf. Xavier Zubiri, "La Dimensión Histórica del Ser Humano". In: *Realitas I*, Madrid, Sociedad de Estudios y Publicaciones, 1974, p. 11-69.

que se dá num plano inferior. Não cria relação alguma com uma realidade valiosa. O resultado é o tédio e a desesperança, como vemos de forma dramática em *Esperando Godot*, de Samuel Beckett.[4]

Diferentes valorações da mudança

É comum que o jovem fale com seus pais do seguinte modo: "Vocês pensam assim porque pertencem a outra geração. Eu sou de outro tempo, por isso penso de modo diferente". Temos aqui, no fundo, uma maneira *relativista* de julgar o valor das atitudes e ações. Pensa-se que o valor daquilo que uma pessoa faz ou pensa está na dependência da situação em que ela se encontra. Assim, quando *muda* a situação de uma pessoa, deverá *mudar* também o seu modo de valorar a realidade.

Numa eventual conversa com aquele jovem que antes se dirigia aos pais, eu lhe diria o seguinte: "Estou andando pela rua e de repente vejo uma pessoa cega que tem receio de atravessar. Eu me aproximo dela silenciosamente e lhe dou um empurrão. Ela cai, e eu desato a rir. O que você acha dessa minha atitude? Certamente considera algo deplorável, e tem toda razão, mas não se esqueça de que tal comportamento sempre foi censurável e sempre o será". Imagino que o jovem concordará comigo nesse ponto. Mas é bem possível que continue pensando que, alterando-se as circunstâncias, altera-se também a perspectiva a partir da qual julgamos a vida e

---

[4] Há uma ampla exposição sobre essa obra no meu livro *Cómo Formarse en Ética a través de la Literatura*. Madrid, Rialp, 1997, p. 229-63.

tudo o que nela acontece. De onde o conceito de "mudança" tira tamanho poder?

Para responder a essa pergunta de modo adequado é conveniente observar as diferentes valorações que a ideia de mudança recebeu ao longo da história. O ideal do homem estoico – um Sêneca, um Marco Aurélio... – era manter-se incólume e inalterável perante o vaivém dos acontecimentos, mesmo os mais adversos. Demonstrar igualdade de ânimo, ser imperturbável na hora da tribulação, constituía o objetivo maior do *homem sábio*, considerado durante séculos como modelo de conduta reta, rigorosamente humana. Comportar-se de modo volúvel era sinal de fraqueza de ânimo, de instabilidade espiritual, de pusilanimidade. Como hoje em dia essas duas diferentes atitudes são valoradas?

Afirmar atualmente que uma pessoa é volúvel "como uma biruta ao vento" tem sentido pejorativo, indicando que não é confiável. Preferimos "pessoas de palavra", que cumprem aquilo que prometem fazer. Na vida política, porém, um candidato que promete mudanças é aplaudido pelas multidões. Se, ao contrário, pede perseverança no caminho iniciado, é considerado rígido e "imobilista". Na vida familiar, o divórcio sempre supõe um trauma. No entanto, a palavra "divórcio" em nossa época quase não tem mais o caráter pejorativo de outros tempos, pois agora surge ao lado de palavras como "mudança", "progresso", "liberdade", utilizadas de modo manipulador. A manipulação inverte o sentido dos vocábulos e os enaltece, mesmo quando aludem a aspectos da vida visivelmente negativos.

Se queremos nos manter internamente livres perante o uso manipulador dessas palavras, devemos analisar com profundidade as seguintes questões: *"Como devemos valorar a mudança? Toda mudança é valiosa? Pode uma mudança ser negativa em determinadas situações e para determinados seres?*

O fato de poder mudar implica um tipo de liberdade, não resta dúvida. É a *liberdade de movimentos*, que significa um poder especial, o de realizar ações conforme nossa vontade. Uma pessoa paralítica que se vê presa a um lugar, como se fosse uma árvore, sente-se muito pouco livre. Falta-lhe um tipo básico de liberdade, necessário para viver com um mínimo de iniciativa quanto aos movimentos. Se você está num determinado lugar, certamente deseja de vez em quando ir a outro, mesmo que seja menos agradável, menos belo e ofereça menos possibilidades. Todo mundo experimenta a mudança como uma necessidade básica do seu próprio ser. Não poder mudar produz inquietação e desassossego, como a claustrofobia típica de quem se encontra ilhado. Pessoas ilhadas podem estar vivendo numa ilha paradisíaca, com espaço vital suficiente, sem que lhes falte o necessário para uma vida confortável, e talvez sejam sedentárias e não gostem de viajar, mas ainda assim sentem-se incomodadas por estarem num lugar rodeado de água, sem condições de sair dali andando em linha reta. Essas pessoas estão limitadas. Não podem mudar.

Algo semelhante ocorre com os alimentos, com a postura na cama, com as leituras... *Querer mudar é uma lei da vida.* Nosso corpo está em contínua mudança. E o universo não cessa de girar e alterar suas posições.

A arte, fiel imitadora da *capacidade criadora* da natureza – e não de suas meras figuras –, reconhece como uma categoria fundamental da beleza a "unidade na variedade", ou seja, o *contraste*. A monotonia exaure as fontes da beleza artística.

A mudança traz em si, e disso não tenhamos dúvida, um imenso valor. Mas de que tipo de mudança estamos falando, afinal? Vimos diversos modos de mudança, e todos desempenham um papel positivo na existência, o que lhes confere um valor. Contudo, se quisermos falar de *mudança* em geral e exaltá-la como o valor supremo da vida humana e, portanto, falar de *ideal*, teremos de fazer algumas ressalvas bem concretas, pois está em jogo o sentido do que somos e do que queremos ser.

Para mim, como pessoa humana, a mudança encerra um valor, na medida em que não me deixo dominar por ela enquanto *mera alteração*, e ao mesmo tempo em que a domino, apoiando-me em sua força de transformação para criar algo valioso. A todo momento meu corpo sofre mudanças em todos os seus elementos, e minha consciência pessoal sobrevoa essas alterações, mantendo sua própria identidade. Tenho consciência de que *sou eu* quem está mudando e, mediante essa mudança, permaneço na existência com renovadas energias.

O fundamento primário da música é o ritmo. O ritmo contém em si mudança, sucessão de sons. O músico precisa dessa mudança, mas somente cria obras musicais e as interpreta *quando assume a mudança, sem submeter-se a ela*, como se fosse um mero mecanismo. Ao contrário, o compositor assume ativamente a mudança e cria, graças a ela, formas que não passam, que continuam existindo indefinidamente como matriz de todas as re-criações que poderão se fazer dessas formas no futuro.

Por vezes, ouvimos alguém dizer: "As obras musicais acontecem no tempo, e, ao cessar o último acorde, desaparecem, diferentemente das artes do espaço, que desafiam o passar dos anos". Isso não é exato. A música, a dança e o teatro – artes temporais – perduram como as artes do espaço, mas de um modo diferente, *em estado virtual*. *Virtual* significa *latente*, mas não no sentido de *oculto*, e sim no sentido de *promovedor*. Virtual vem do latim *virtus*, que significa *força*. Nesse caso, trata-se do *poder de re-criar*. Toda interpretação é, a rigor, uma *nova criação* da obra, e não uma *repetição*.

Necessidade de utilizar o termo "mudança" com precisão

Caímos na banalidade quando empregamos o termo "mudança" sem definir com precisão em que sentido o estamos tomando. Hoje em dia, ouvimos com frequência afirmações precipitadas como estas: "A sociedade mudou, e a nossa época é muito diferente das anteriores. A moral não pode ser a mesma, precisa mudar também. Não foi em vão que o tempo passou". Aqui se misturam indiscriminadamente diversas formas de mudança. Os tempos mudam. O ano passado era representado por um número diferente do ano que estamos vivendo agora. Houve uma mudança, sem dúvida. Mas se você afirma que a moral deve mudar, *a que tipo de mudança você está se referindo*? Você percebe estar se movendo num plano de realidade totalmente diferente? A moral se refere ao *modo de criarmos* nossa vida, algo que é pessoal e ao mesmo tempo comunitário, algo muito rico e complexo. A passagem do tempo implica também diversas formas de mudança: a posição dos astros, a idade biológica, o grau de amadurecimento de uma pessoa... Essas mudanças levariam em si mesmas uma necessária alteração dos valores que o homem deve assumir em sua vida para lhe dar pleno sentido? Eis a questão decisiva.

Se pensamos que a Ética consiste na aceitação de determinadas normas que orientam nossa vida, dando por certo que tais normas devem corresponder ao nosso modo particular de ver a existência a cada momento, a conclusão é que as *normas de conduta devem sofrer as mesmas mudanças que experimentamos em nosso modo de ver o universo e a vida humana*. No entanto, a Ética não é somente uma questão de observância a normas e diretrizes, mas um *assumir ativo de valores*. E esses valores independem de nós. Afirmar isso seria adotar uma concepção "relativista", atualmente inaceitável sob todos os aspectos, pois empobrece nossa ideia da realidade.

Os valores devem ser descobertos e realizados por nós, se quisermos que tenham uma existência plena. Essa forma de ver os valores é *relacional*. Confundir o *relacional* com o *relativo* empobreceu durante séculos nossas pesquisas sobre o que é a vida humana e sobre quais são as leis que regem o seu desenvolvimento. Os valores se revelam para nós realmente quando os assumimos com uma voz interior. Até certo ponto os valores necessitam de nós para se manifestar. Mas não somos donos dos valores.

Dessa forma *relacional* e não *relativista* de entender o valor depende nossa vida ética, nossa capacidade de configurar devidamente a nossa personalidade. Sem a minha participação, os valores não se revelam para mim, mas não é em mim que esses valores têm sua origem. Eu não sou a causa dos valores, não sou eu quem decide que algo é ou não valioso.

Para alcançar o equilíbrio espiritual precisamos fazer essas distinções, ganhar liberdade interior em contraposição à astúcia com que os manipuladores deturpam os conceitos, de modo particular o conceito de mudança. Devemos distinguir com precisão os diversos tipos de *mudança* e de *permanência* em nossa vida. O termo *mudança* usufrui hoje em dia de um prestígio inquestionável. Mas será que toda e qualquer forma de mudança tem essa prerrogativa? Deixar-se sugestionar pela aura que envolve a palavra "mudança" significa condenar-se a desconhecer as formas de permanência e longa duração das realidades valiosas. Esse desconhecimento retira todo o vigor de nossa vida pessoal, convertendo-a num *deserto*, ou seja, num acúmulo informe de instantes sem peso específico.

Adotar a mudança, vista como palavra talismã, como a grande panaceia que resolve todos os problemas humanos, lança-nos em direção ao futuro, privando-nos, porém, das inúmeras possibilidades criadoras que o passado nos oferece. Essa ruptura com o passado deixa-nos numa grande penúria, sem o tesouro de possibilidades criadoras oferecidas pela tradição. Isso explica por que tantas ideologias baseadas na promessa de um futuro melhor se mostraram inoperantes e vazias.

Para superar a vacuidade do pensamento e adquirir liberdade interior perante a linguagem deturpada devemos conhecer de perto o abuso manipulador cometido contra os *esquemas mentais*.

9

Como se manipula

IV. A deturpação dos esquemas mentais

Quando um pianista se prepara para tocar o piano, vemos que este se encontra *fora*, *diante* do pianista. O pianista está *aqui* e o piano está *ali*. Os esquemas "dentro-fora", "aqui-ali" indicam relações espaciais entre realidades diferentes, distantes e externas. No momento, porém, em que o pianista começa a tocar, é certo continuar dizendo que o pianista está *aqui* e que o piano está *ali*, *diante* do piano, *fora* do piano? É fundamental esclarecermos esses esquemas mentais, a fim de distinguir o sentido dos diversos modos de unidade que o ser humano pode criar com o seu entorno.

Nos meus livros *Inteligência Criativa* e *La Revolución Oculta*, estudei diversos exemplos de esquemas mentais que desempenham papel decisivo na vida humana. Retomo brevemente tal discussão, com o intuito agora de analisar mais profundamente a razão pela qual, nessa questão, *está em jogo o nosso destino como pessoas*.

Podemos afirmar sem exagero que a formação humana carece hoje de uma base sólida, pois não conhecemos com profundidade a *vida interna dos esquemas mentais e o duplo uso que se pode fazer desses esquemas*. Todo nosso esforço para elaborar um pensamento rigoroso e preciso alcança, neste capítulo, um momento de especial intensidade.

A vida criativa apoia-se no uso acertado dos esquemas

Os esquemas canalizam nossa atividade. Lembremo-nos de que quando nós, seres humanos, pensamos e falamos, mobilizamos *termos* para expressar realidades e acontecimentos, configurando *esquemas mentais* para relacionar tais acontecimentos e realidades. Pensamos, por exemplo, que existe um eu e um você, um sujeito e um objeto, um dentro e um fora, um acima e um abaixo. Utilizamos nomes para essas realidades e os relacionamos em seguida entre si. Essa relação forma-se nos esquemas: *sujeito-objeto, eu-você, dentro-fora, acima--abaixo*. Esses e muitos outros esquemas mentais estruturam o pensamento e a expressão, articulam-nos, canalizam-nos, dão-lhes uma direção.

Quando, estando eu em contato com você, e você é uma *pessoa*, penso estarmos em uma espécie de relação entre *sujeito* e *objeto*, corro o grave risco de tratar você como *mero objeto*, e não como uma pessoa. Por isso o *Movimento Dialógico* ou *Personalismo* enfatizou a necessidade de pensar a vida humana segundo o modelo do esquema *eu-você*. Pelo simples fato de recorrer a esse esquema como veículo articulador de nossa relação, torna-se mais fácil não perdermos de vista que o outro é uma realidade *pessoal*, dotada de exigências muito diferentes das que possuem os meros objetos.

Mas na vida humana entra em jogo uma infinidade de realidades que não são *objetos*, mas também não são *pessoas*. Um piano, uma escola, um clube, um barco, uma obra literária ou artística, um estilo... não são pessoas, mas estão muito longe de reduzir-se a objetos. O piano, como um móvel entre outros, é um simples objeto. Como instrumento musical, porém, é um tipo de realidade diferente, que costumo denominar "âmbito".

Precisávamos recordar isso, a fim de descobrirmos algo de grande interesse.

Quando atuamos de modo criativo, os esquemas ganham especial flexibilidade

Os meros objetos já estão feitos como tais e assim continuarão sendo. Não têm vida, não podem desenvolver-se nem relacionar-se ou crescer em maturidade. Eu estou *aqui* e o piano, como móvel, está *ali, diante de mim*. Tal ideia está articulada pelo esquema "aqui-ali". Tenho uma *intimidade*, e *fora* desse meu espaço íntimo acha-se esse objeto que é o piano como móvel. Essa consideração vem articulada pelos esquemas "dentro-fora", "interior-exterior". Por ser um objeto, o móvel do piano jamais deixará de ser uma coisa *exterior* a mim, de estar *fora de mim*. Ele e eu não poderemos nos encontrar e criar intimidade, pois a intimidade surge apenas quando se instaura um *campo de jogo* comum. Essa impossibilidade confere aos esquemas utilizados — "aqui-ali", "dentro-fora" — uma rigidez insuperável. O hífen que separa os termos desses dois esquemas significa cisão, separação inevitável.

Suponhamos, porém, que eu saiba tocar piano, e passe a encarar esse *objeto* concreto que está ali na minha frente como um *instrumento*. Abro a tampa do teclado e começo a tocar uma composição musical. Tocar é um ato criativo, e a criatividade implica *assumir ativamente possibilidades de ação repleta de sentido*. O piano me oferece possibilidades para re-criar as formas musicais que a partitura me sugere. Da minha parte, ofereço à partitura e ao piano a capacidade e a possibilidade que tenho de criar formas. Ao entrelaçar desse modo minhas possibilidades com as do piano e da partitura, surge o *encontro*, cujo fruto é a obra musical.

O encontro significa a fundação de um campo de jogo. Neste, há múltiplas relações que já não estão pautadas pelos esquemas *dentro-fora, aqui-ali, acima-abaixo*... mas por outros, mais flexíveis, como *chamamento-resposta*. Deixo de estar *aqui*, e o piano deixa de estar *ali*, fora de mim. No aspecto físico, sim, estou aqui, e o piano está ali, mas não é o que ocorre no aspecto lúdico. Eu e o piano colaboramos agora numa mesma atividade, durante a qual há uma *diferença* entre os dois, porém não uma *cisão*, nem *separação*, mas uma *colaboração fecunda*. A partir desse momento, o *fora* e o *dentro* entrelaçam-se de um modo que era inconcebível antes de eu entrar em relação de criatividade com o piano e a partitura. Ao entrelaçarem-se, essas três realidades — a partitura, o piano e o pianista — ganham vida, alteram seu próprio sentido, potencializam-no, enriquecem-no. Eis aqui como os vocábulos adquirem vida, entram em relação, enriquecem o seu sentido e amadurecem, ao serem mobilizados num processo criador. E quando esse processo tem início? Quando as realidades não são encaradas como objetos tão somente, mas como âmbitos que podem entrar em jogo e dar lugar a novos âmbitos. Romano Guardini costumava dizer aos seus alunos que não devíamos nos prender aos conceitos; que lhes déssemos liberdade para viver, para que se relacionassem e se influenciassem mutuamente. Sábio conselho! Decisivo, no entanto, é descobrirmos como conceder essa liberdade aos conceitos. A teoria dos âmbitos nos oferece a solução.

Ao encarar as realidades como âmbitos, conferimos liberdade aos conceitos

Se vejo o piano como *objeto*, e digo que ele está *fora* de mim, esse vocábulo "fora" aplicado ao piano não dispõe de liberdade para vincular-se com o termo "dentro", em referência à minha intimidade pessoal, pois dois seres opacos não podem ocupar o mesmo lugar. Contudo, se encaro o piano como instrumento musical e começo a tocá-lo, o termo "fora" adquire vida, pois a realidade que está ali, *diante* de mim, está me oferecendo possibilidades para desenvolver minha capacidade criadora de formas musicais. Se sou capaz de *assumi-las ativamente* – ou seja, de modo criativo –, estabelece-se entre o piano e eu uma relação funcional de *colaboração*.

Justamente por sermos *distintos*, o piano e eu, e ocuparmos *lugares diferentes* no espaço, podemos situar-nos a uma determinada distância que nos permita *entrelaçar nossos âmbitos de vida e encontrarmo-nos de modo fecundo.* O aqui e o ali, o dentro e o fora não desaparecem, mas recebem outro valor, adquirem uma nova virtualidade. Convertendo-se agora em polos de uma relação funcional, de um ato de participação numa tarefa comum, deixam de *opor-se* para *complementar-se*. Não é mais necessário escolher entre o dentro e o fora. É possível entregar-se à alegre tarefa da integração desses dois aspectos. Se o *dentro* e o *fora* interconectam-se dessa forma, não preciso *sair de mim* para entrar nas realidades do meu entorno. Não me alieno, portanto, ao sair de mim, se essa saída tem caráter criador.

É muito importante descobrir que os âmbitos não estão fechados em si mesmos: são realidades abertas. Essa abertura irradia-se aos conceitos que entram em jogo para expressar as relações entre âmbitos. Por isso, considero que o esquema básico que deve estruturar e orientar a vida humana não é o esquema "eu-você", mas "eu-âmbito". Esse esquema corresponde a uma mentalidade *relacional*, à atitude da pessoa que tende a ver as realidades ao seu redor não como meros objetos, mas como âmbitos. Foi o que expliquei amplamente no meu livro *Inteligência Criativa*, e tem aqui uma excelente aplicação.

Quando pensamos de forma ambital e relacional, muitos esquemas mentais deixam de ser vistos como *dilemas* para serem tomados como "contrastes", e os que são interpretados como meros contrastes revelam sua verdadeira condição de *dilemas*. Entre estes últimos temos o esquema "vertigem-êxtase". Entre aqueles, destaco os esquemas "liberdade-norma", "autonomia-heteronomia", "independência-solidariedade".

Se habituarmos nossa mente à teoria dos âmbitos, saberemos superar o grande perigo da manipulação que consiste em interpretar de *modo falacioso os esquemas mentais e tornar impossível o estabelecimento de autênticas relações de unidade com as realidades do entorno*. Essa impossibilidade surge quando tomamos os *contrastes* como *dilemas*, e vice-versa. A união do homem com as realidades circundantes só se torna possível quando o nosso modo de pensar e expressar-se ajusta-se às condições de cada realidade.

Na ausência desse ajuste, a vida intelectual carece de agilidade, bloqueia-se. Nossa vida se desenvolve mediante atos de criatividade, que são atos de encontro. O encontro só é possível entre realidades que se fazem *presentes*. A presença ocorre apenas quando dois ou mais âmbitos se entrelaçam. Essa forma intensa e fecunda de unidade não se dá entre seres diferentes, distantes, externos, estranhos e alheios.

Se, de modo errôneo, interpretamos o diferente como algo inevitavelmente distante e externo, porque – em sua vertente material – acha-se "fora" de nós, destruímos toda e qualquer possibilidade de vida ética, estética e religiosa. Se interpretamos o esquema "dentro-fora" – ou o análogo "imanência-transcendência" – de modo dilemático, excluímos um número imenso de pessoas do jogo da vida.[1]

---

[1] Num debate transmitido pela *Radio Nacional de España* entre Enrique Tierno Galván e um teólogo, aquele conhecido pensador apresentou constantemente o esquema "imanência-transcendência" em forma de *dilema*. Como o teólogo não soube perceber o tipo de interpretação *reducionista* empregado por Tierno Galván a esse esquema, decisivo para a compreensão da vida religiosa, ficou à mercê das investidas de seu adversário ideológico e não conseguiu tomar a iniciativa.

O uso adulterado dos esquemas destrói a vida criativa

Se o uso dos esquemas mentais guarda tal importância, é urgente denunciar a tática traiçoeira dos manipuladores em lhes adulterar o sentido e sequestrar o dinamismo criador do ser humano. Vejamos com clareza como isso ocorre, sobrevoando o processo em seu conjunto.

A vida humana é encaminhada por uma série de esquemas interconectados, dentre os quais se destacam os seguintes, já analisados sob outra perspectiva nos livros *Inteligência Criativa* e *La Revolución Oculta*.

liberdade	–	direcionamento
liberdade	–	obediência
liberdade	–	normas
liberdade	–	formas
abertura	–	fechamento, obstrução
espontaneidade	–	coação
autonomia	–	heteronomia
autoimposto	–	imposição externa
projetado pelo sujeito	–	dado ao sujeito
autenticidade	–	inautenticidade
identidade	–	alienação
característico	–	diferente
próximo	–	distante
confiável	–	estranho
interno	–	externo
dentro	–	fora

O manipulador considera como certo que o travessão que separa os dois termos de cada esquema indica *oposição frontal*. Descarta a possibilidade de que tal signo expresse uma relação de *contraste* e *complementariedade*. Uma vez separadas as duas colunas de termos, acentua-se a tendência comum de vincular entre si os termos de cada uma, dando-lhes um sentido muito empobrecido, exatamente aquele sentido que possuem quando são vividos num plano *infracriador*.

Que sentido terão, por exemplo, as normas para uma pessoa pouco ou nada criativa? Não são valores que oferecem possibilidades de atuação criativa, se forem reduzidas a meros direcionamentos que *coagem* a liberdade de ação. O que significa a espontaneidade para alguém que não atua criativamente? Pura atividade *irrefletida*, livre de qualquer travação externa.

Esses termos, empobrecidos, ficam numa relação de inferioridade absoluta em comparação com os *termos talismã*. Se em uma das colunas surge uma palavra talismã, as demais palavras da mesma coluna vão até ela em busca de prestígio. Os termos da coluna considerada de antemão como oposta a esta são relegados a uma posição de total desprestígio. Essa dupla valoração, tanto uma como a outra igualmente injustas, exerce uma função dissolvente: leva a considerar ambas as colunas como opostas entre si, incapazes de qualquer forma de conciliação e colaboração.

Toda colaboração possível entre o homem e a realidade circundante está esboçada nesses esquemas: "liberdade-direcionamento", "liberdade-norma", "projetado pelo sujeito-dado ao sujeito", "característico-diferente", "autonomia-heteronomia". A vida criativa do ser humano baseia-se na possibilidade de que haja uma *relação ativa* de colaboração entre a liberdade e o direcionamento, entre o interno e o externo, o que está dentro e o que está fora. Se esses esquemas têm uma condição *dilemática*, essa relação colaboradora torna-se impossível.

Ora, para infelicidade de todos, costuma-se hoje dar como certo que tais esquemas são *dilemas*. Considera-se incontestável que o autêntico, aquilo que confere ao ser humano sua identidade pessoal, sua peculiaridade e interioridade, redimindo-o da alienação, está em agir com *abertura*, de modo *espontâneo* e *autônomo*, seguindo *critérios próprios*, elaborados na *própria intimidade* diante de toda proposição ou imposição que venha de *fora* por meio de um *direcionamento normativo*, ou de vinculação a formas herdadas da tradição, vista como algo distante, externo e estranho ao homem atual.

Observemos como a simpatia das pessoas inclina-se pelos termos da coluna da esquerda – na qual estão as palavras "liberdade", "abertura", etc. –, e sua antipatia volta-se contra os termos da coluna oposta. Mas a gravidade está em que estes últimos termos aludem ao entorno humano: o que está fora do ser humano, o que é diferente dele, o que vem dado ou já pressuposto, as normas, os direcionamentos... Os termos da coluna da esquerda expressam a área da vida humana que se encontra contraposta a tudo o que o rodeia. Lamentavelmente, opondo-se essas duas colunas entre si, aparta-se o próprio ser humano do seu entorno, da área de realidade que lhe proporciona as possibilidades de ação que tornarão possível sua atividade criadora. Essa cisão destrói totalmente sua capacidade criativa e inviabiliza seu desenvolvimento como pessoa.

Quando as pessoas perdem o poder criador, incapacitam-se para assumir valores, fundar campos de jogo comuns e instaurar, assim, modos relevantes de unidade e coesão. Podem viver juntos, mas não participam em grandes tarefas nem compartilham critérios éticos firmes e ideais elevados. Em razão disso, sua vida comunitária desfaz-se e se converte em mera justaposição de indivíduos, uma *massa*. Uma massa está à mercê de quem queira modelá-la como bem quiser.

Observe-se que o manipulador não dirigiu seus ataques contra os grupos sociais e as comunidades. Isso teria alertado seus integrantes e despertado suas defesas interiores. Limitou-se o manipulador a uma ação menos arriscada e mais dissolutora: *interpretar os esquemas mentais de modo empobrecedor, reducionista*. O que empobrece a vida humana deixa o ser humano indefeso. Tivemos dois séculos de desvario reducionista que, sob o pretexto de derrubar falsos ídolos, depreciou ao máximo as vertentes mais nobres do ser humano. Essa ação aviltante teve e continua tendo grande espaço. Quase diríamos que continua na moda. Milagre seria que uma sociedade que exalta quem corta as raízes de sua criatividade não se encontrasse, como é o caso, mergulhada em profunda crise.

Necessidade de reagir positivamente perante a manipulação

Como devemos reagir diante do empobrecimento da vida intelectual – e, por consequência, da vida humana – causado pela manipulação? Devemos estar atentos diante de toda interpretação dos esquemas capaz de debilitar nossa existência. Os esquemas expressam a relação do ser humano com o real, relação da qual procede sua energia, seu dinamismo criador. Uma interpretação falsa dos esquemas levará à desorientação e ao empobrecimento. Não há nada que justifique esse mal. Uma pessoa pode ter uma orientação ou outra, pode acreditar em Deus ou ser agnóstica, mas em nenhum caso está autorizada a rebaixar o valor inerente à vida humana. Tal empobrecimento prejudica radicalmente a nossa vida, afundando-a na asfixia espiritual e no desespero.

Precisamos todos, portanto, sejam quais forem nossas ideias e crenças, adquirir lucidez para descobrir com agilidade quais formas de pensar empobrecem e quais são as que enriquecem nossa vida como pessoa. Façamos alguns exercícios mentais, por meio de um exemplo.

Na série de esquemas analisados antes, aparecem estes dois:

| abertura | — | *fechamento, obstrução* |
| *espontaneidade* | — | *coação* |

Que valor tem o travessão que separa os termos desses esquemas? Sem dúvida, o valor de *oposição*. Trata-se de termos *opostos*. Ou estou aberto ou estou fechado. Ou atuo com espontaneidade ou sou coagido. Devo escolher entre um e outro. Trata-se, pois, de dois *dilemas*.

Mas, anteriormente, aparecem quatro esquemas, nos quais *liberdade* contrapõe-se a *direcionamento, obediência, normas* e *formas*. Essa contraposição não acarreta necessariamente *oposição*. Seus termos *contrapõem-se*, pois são *aspectos diferentes* da atividade humana. Um aspecto é a liberdade, outro é o direcionamento. Um deles é a liberdade para compor uma música, e o outro diz respeito às formas musicais que são oferecidas ao artista como possibilidades para encaminhar sua inspiração e seu trabalho criativo. São termos contrapostos, mas eles *se opõem* entre si? *Oposição* significa que são termos inconciliáveis, que não *podem entrar em jogo conjuntamente* para a criação de uma realidade fecunda.

Segundo o grande compositor impressionista francês Claude Debussy, as formas musicais são camisas de força que impedem a livre criação artística. Será verdade? Ouçam uma obra musical estruturada na forma de "sonata" (por exemplo, o primeiro movimento da Quinta Sinfonia de Schubert) e digam-me se lhes parece que o autor está imobilizado ou se, ao contrário, a sua composição tornou-se fonte de liberdade e graça expressiva, de engenhosa espontaneidade e surpreendente originalidade.

É sinal de sensatez fazer essas reflexões. Mas devemos saber que o manipulador não se interessa por isso. Simplesmente lança mão dos seus truques, e num passe de mágica transfere a interpretação *dilemática*, que apresentamos para os esquemas "abertura-fechamento", "espontaneidade-coação", para os seguintes esquemas:

liberdade	–	*direcionamento*
liberdade	–	*obediência*
liberdade	–	*normas*
liberdade	–	*formas*

Essa frívola generalização *empobrece radicalmente* esses quatro esquemas, na medida em que os divorcia. Se entendermos o travessão como signo de oposição, que valor ostentam o *direcionamento*, a *norma* e a *forma*? Um valor negativo. Surgem como pura limitação de uma energia transbordante. Já temos consciência de que a palavra "liberdade" costuma ser entendida pelos manipuladores como *pura liberdade de ação*, liberdade para agir de modo arbitrário. *Liberdade* apresenta-se como *prerrogativa para empreender qualquer ação*, a toda hora e em qualquer circunstância. O direcionamento, as normas, as formas são interpretadas como obediência servil a coações externas que bloqueiam a saída das forças criativas da liberdade humana.

Costuma levar certo tempo até descobrirmos quanto essa interpretação banalizante empobrece a vida humana. Quando conseguimos percebê-lo, tomamos consciência de que esse manuseio frívolo dos conceitos e esquemas decide a sorte de nossa vida. Para que cada um de nós faça essa descoberta por conta própria, prossigamos em nossa análise e vejamos o que ocorre quando o manipulador aplica a mesma valoração dos travessões aos próximos esquemas.

Se o que é projetado pelo sujeito e o que é dado ao sujeito se opõem, toda norma que venha *proposta do exterior*, de *fora de mim*, será por mim encarada como *coação*. Se eu a aceitar como critério de minha conduta, estarei me guiando por critérios alheios e estranhos, o que fará de mim alguém inautêntico; ao entregar-me a algo distante, me tornarei alienado. Essa convicção me afasta das possibilidades que a tradição me oferece, ou seja, que vêm das gerações anteriores, de forma que descarto a possibilidade de criar, no presente, um projeto de futuro viável e fecundo.

É impressionante perceber como um pensamento apressado e um equívoco metodológico deixam o ser humano abandonado e perdido num presente sem possibilidade criativa, entre um passado que já não possui e um futuro que não consegue configurar. Há situação maior de *pobreza*? Nada há de mais temível, mais desolador, opressor e angustiante na vida humana do que se ver forçado a optar entre realidades que são *complementares* mas aparecem como *opostas*, por causa de uma visão deformada das coisas.

A grande tarefa dos formadores consiste em mostrar aos jovens as inúmeras possibilidades que se abrem diante deles, caso aprendam a arte de converter o diferente-*distante* em diferente-*íntimo*, de modo que possam elevar-se ao mundo *exterior* sem *alienar-se*, assumir as possibilidades que lhes vêm propostas *de fora*, sem perderem sua própria *identidade pessoal*.

Grandes pensadores do nosso tempo esforçam-se em destacar que o ser humano está sempre instalado na realidade chamada *exterior*. Nada mais correto. Contudo, essa realidade é diferente de nós e, em princípio, externa e estranha. Nosso futuro de seres que devem desenvolver-se mediante o exercício da capacidade criadora depende de que saibamos assumir como *própria* uma realidade que apresenta tais condições.

Interpretar erroneamente certos esquemas faz-nos perder de vista a fecundidade dos limites

Quando alguém se dedica a compreender o tema que estamos analisando, descobre com assombro mil casos de empobrecimento injusto da vida intelectual. Pensemos no termo *abertura*. Costuma ser empregado em oposição a *fechamento*. Dizemos, por exemplo: as fronteiras se *abrem*; as fronteiras se *fecham*. Por outro lado, o termo *liberdade* é usado frequentemente em oposição a *aprisionamento* e a *sujeição a limites*. Pensemos no que significa "libertar" um prisioneiro. Esse uso da linguagem dá lugar aos seguintes esquemas:

abertura   —   fechamento
liberdade   —   aprisionamento
liberdade   —   limitação, sujeição a limites

    Os limites podem ser de diversos tipos. As paredes de uma prisão *marcam um limite* à possibilidade de expansão dos internos. Uma forma musical — uma sinfonia, por exemplo — *põe limites* à liberdade expressiva e compositora do músico. O primeiro tipo de limite atua de modo *negativo*. O segundo opera de forma eminentemente *positiva*, porque canaliza, dá sentido, confere dinamismo à ação criadora do compositor. A Metafísica atual nos mostra que a estrutura é fonte de dinamismo nos seres *naturais*, e a Estética nos ensina que o mesmo acontece nos seres *artificiais*.

    O manipulador não dá a menor atenção a tais reflexões e a mil outras semelhantes. Ele encara os termos *limite, limitação, fechamento, aprisionamento* todos juntos, misturando-os num mesmo bloco e opondo-os forçosamente à palavra *liberdade*. Como *liberdade* é atualmente um termo talismã, essa oposição deprecia o conjunto das outras palavras. Desse modo, *empobrece gravemente* a vida humana, ao ocultar o altíssimo valor que, em muitos casos, existe nos limites e na capacidade de saber "limitar-se". Pensemos no que essa perda significa para uma correta fundamentação da vida ética, que é vida criadora de relações de encontro.

    O exercício da criatividade apresenta ao ser humano determinadas exigências. A pessoa que corresponde a essas exigências adquire uma força especial para desenvolver criativamente a sua vida. *Força*, em latim, é *virtus*, que, em português, traduz-se como *virtude*. As virtudes implicam a

aceitação de certos *limites*. A virtude da paciência aceita o limite que supõe ajustar-se ao ritmo próprio de cada acontecimento. Ter intimidade pessoal com alguém requer tempo, pois os processos de amadurecimento obedecem a um ritmo lento. Não se pode acelerar esse ritmo. A paciência *põe um limite à minha impaciência, à minha vontade de queimar etapas*. De modo semelhante, a veracidade determina um limite ao meu interesse em enfeitar a realidade e em ostentar uma imagem melhor de mim mesmo. E assim por diante. *Ignorar o valor positivo dos limites e o sentido do limite significa desconhecer as bases de toda atividade criativa, nas diversas vertentes de nossa vida: a ética, a estética, a política...*
A falta de limite supunha, para os antigos gregos, uma *desmedida*. O *bárbaro* era desmedido, pois não tinha consciência do limite. Séculos inteiros de uma intensa busca que levaram a maravilhosas conquistas são varridos de nossa existência com o grosseiro recurso de opor a palavra *limitação* aos termos *liberdade* e *abertura*, e equiparando-a aos termos *sujeição, fechamento* e *aprisionamento*.

O poder dos esquemas mentais

De fato, os esquemas mentais são uma ferramenta que, utilizada com astúcia, pode desarticular a vida intelectual do ser humano e, com isso, toda a sua existência. Se o conceito de *limitação* não entra em vibração com os conceitos de *liberdade* e *abertura*, e não colabora com eles nem participa de um mesmo campo de jogo, tende a definhar e degenerar-se. Uma vez degenerado, esse conceito de *limitação* pode ser facilmente situado em oposição às palavras que signifiquem *libertação de todo e qualquer impedimento.* Essa oposição, porém, não supõe um enriquecimento, mas sim um grande empobrecimento da vida intelectual.

A saúde intelectual do ser humano se desarticula quando, por uma razão ou outra, a vida dos conceitos se enfraquece, reduzindo-se a possível diversidade de *sentidos* a um *significado* rígido e unilateral. O manuseio de tais conceitos degenerados pode ser útil nas batalhas ideológicas, mas supõe renunciar à busca da realidade plena, já que a liberdade e a vivacidade dos conceitos são o reflexo da flexibilidade de espírito com que, paulatinamente, mediante aproximações sucessivas e respeitosas, temos acesso ao conhecimento de tudo o que implica a realidade: a realidade que somos e a realidade em que estamos. Jamais esqueçamos que, à medida que penetramos nas mais valiosas realidades, mais complexas e sutis se tornam as relações entre elas e nós. Se quisermos alcançá-las em alguma medida, nossos conceitos devem flexibilizar-se e ampliar seu poder expressivo.

Um dos meios mais eficazes para isso é relacionar ativamente conceitos diferentes entre si, e até mesmo às vezes aparentemente opostos. Essa vinculação ocorre nos *paradoxos*.

A lógica perfeita do paradoxal

Em muitos casos, os paradoxos aparecem como algo *perfeitamente lógico* quando são vistos no plano de realidade no qual estão pensados. Quando se analisa a experiência de interpretação musical, é costume dizer que "o intérprete *domina* a obra, ao *deixar-se dominar* por ela". A rigor, deveríamos dizer que "o intérprete *configura a obra, ao deixar-se configurar por ela*", pois, no plano da atividade criativa, ninguém *domina* ninguém. Dominar é algo próprio ao plano em que ocorre o *manuseio de objetos*. A frase entre aspas no final do parágrafo anterior é um paradoxo, se a analisamos na perspectiva do plano artesanal, em que um agente realiza uma *ação* e uma realidade *sofre* essa ação. O esquema *ação-paixão* não é bidirecional. Um atua e outro recebe a ação. Não faria sentido afirmar que um carpinteiro, agindo tão somente como artesão, configura uma mesa enquanto é por ela configurado. No entanto, no plano criativo, tal assertiva expressa a condição *bidirecional* da experiência artística. O intérprete *configura* a obra ao mesmo tempo em que *se deixa configurar por ela*. Quando a obra se converte em *voz interior* do artista, em impulso, direcionamento e meta de seu agir, então o intérprete atingiu a meta em sua tarefa de re-criar a obra. Logo, é totalmente lógico vincular entre si os aspectos *ativo* e *receptivo* da atividade do intérprete.[2]

Reflitam comigo, agora, sobre um esquema que tem importância decisiva na vida humana: "natureza-história". Em sua obra *História como Sistema*, Ortega y Gasset afirma que "o homem não tem natureza, senão que... tem história. Ou, o que é igual: o que a natureza é para as coisas, a história é – como *res gestae* – para o homem".[3] Parece que Ortega

---

[2] Digo *receptivo* e não *passivo* porque uma obra musical – sendo um *âmbito*, uma fonte de possibilidades – atua sobre o intérprete por via de *chamamento* ou *convite*, e não de *coação*. A passividade se opõe à *atividade*, e esta, por outro lado, complementa-se com a *receptividade*.

[3] José Ortega y Gasset, *História como Sistema. Mirabeau ou o Político*. Trad. Juan A. Gili Sobrinho e Elizabeth Hanna Côrtes Costa. Brasília, Editora Universidade de Brasília, 1982, p. 49.

entende o esquema "natureza-história" como um *dilema* que nos obriga a escolher um dos termos. Xavier Zubiri, num trabalho sobre "A Dimensão Histórica do Ser Humano", explica que o homem é histórico *precisamente porque tem uma elevada natureza*. *Natureza e história* não são para ele um dilema, mas um *contraste*.[4]

Se pensamos que o conceito de natureza alude a um modo de ser *estável* no sentido de *imutável*, ao modo de uma *rocha*, torna-se difícil coordená-lo com o conceito de *historicidade*, que implica mutação, duração temporal, criatividade. Não conseguindo coordenar os dois conceitos, uma pessoa, hoje, tende a dar primazia à vertente *histórica* do ser humano, porque nela encontramos o que há de multicolorido e diversificado, de inesperado e progressivo na vida humana. Essa opção, no entanto, implica um empobrecimento suicida de nossa existência. Uma vida que seja pura duração temporal e mudança, sem um núcleo imutável que dê uma estrutura à pluralidade de fases desse processo vital, é simplesmente inconcebível. Como poderemos falar seriamente a respeito de uma vida ética se não houver valores supratemporais, valores que peçam para ser realizados a cada momento do tempo cronológico, mas que independem das diferentes situações e do vaivém do sentimento humano?

A interpretação desse esquema "natureza-história" como dilema procede de uma visão empobrecida de ambos

---

[4] "[...] O homem, por sua própria essência, está metafisicamente aberto ao processo histórico. [...] A história é [...] uma dimensão da abertura metafisica da substantividade humana à sua própria atualidade por capacitação." Cf. "La Dimensión Histórica del Ser Humano". In: *Realitas I*, Madrid, Sociedad de Estudios y Publicaciones, 1974, p. 54-55.

os termos. Esses termos são vistos de uma *perspectiva infracriadora*, e é desse tipo de interpretação que advém um empobrecimento ainda maior da vida humana.

A principal arma do manipulador é empobrecer a vida intelectual

A manipulação é uma tática destinada a empobrecer a vida intelectual. Os conceitos, uma vez banalizados, empobrecidos em seu sentido, lutam entre si e produzem dilemas. Quando a vida intelectual está povoada de *falsos dilemas*, a vida humana desarticula-se interiormente e se enfraquece. Essa vida enfraquecida fica exposta a todo tipo de erro e desorientação.

O empobrecimento se traduz em falta de rigor. Em sentido contrário, o pensamento rigoroso coliga-se a uma vida plena e criativa. Essa é a profunda razão pela qual, se quisermos pensar com rigor, devemos nos imunizar contra as táticas manipuladoras. Não o fazendo, um manipulador qualquer poderá anular nossa vida criativa, bastando empobrecer as palavras que usamos e os conceitos que constituem a base de nosso pensar.

O leitor que tem certa formação filosófica poderá realizar um exercício muito saudável: analisar o uso que se costuma fazer dos esquemas "dentro-fora", "imanência--transcendência", "autônomo-heterônomo", "projetado pelo homem a partir de si mesmo-dado ao homem a partir do exterior" na obra de Immanuel Kant, *A religião dentro dos limites da simples razão*, e no livro *Um Deus Diferente*, de John A. T. Robinson. O modo mais profundo e útil de ler um livro de filosofia é descobrir os esquemas que estruturam seu discurso. Será bastante instrutivo examinar se tais esquemas são vistos por esses autores de uma perspectiva *infracriadora* ou *criativa*, e se, pela forma como são interpretados, expressam adequadamente a relação existente entre uma pessoa que crê e o Deus ao qual adere integralmente, de modo criativo.

10

Como se manipula

V. Os procedimentos enganadores

Façamos o exercício de contemplar uma fotografia e um retrato artístico de uma mesma pessoa. Sem muito esforço, perceberemos uma grande diferença entre ambos. A fotografia nos dá uma *figura* de seu rosto e de seus traços externos. O quadro, por sua vez, nos oferece sua *imagem, toda a sua personalidade*. Nos impressionantes autorretratos de Van Gogh, vibra todo o sol do sul francês, a pressa febril do artista para registrar as cores intensificadas pela luminosidade do ambiente, o espírito missionário de um homem que queria falar aos homens a respeito do Criador com uma linguagem que entrasse pelos olhos de forma direta e profunda. *Figuras* e *imagens* pertencem a dois níveis diferentes de realidade e apresentam valores distintos.

Um médico segura a mão de uma pessoa doente a fim de observar-lhe a temperatura. Momentos depois lhe dá a mão para se despedir cordialmente. São duas formas diferentes de tato. Não são dois gestos iguais. O primeiro é apenas um *meio para* obter informação fisiológica. O outro é o *meio no qual* se realiza um ato criador: o ato de despedir-se de modo amistoso. *Esses dois gestos encontram-se em dois níveis diferentes da realidade.*

Uma criança entra num estúdio musical e vai correndo bater num bumbo que se encontra ali. Sente-se importante por extrair do instrumento aquele barulho todo. Já um músico, no momento adequado de uma peça musical, toca o bumbo com sentido artístico, produz um som expressivo, dá contundência à execução da orquestra. Eis duas formas diferentes de relacionar-se com o instrumento. A ação da criança não tem valor estético. Pode ser útil para que ela se inicie no mundo dos sons, mas agora, nessa circunstância, realiza-se num plano irrelevante em termos de valor estético. Ao contrário, a atividade do intérprete, ainda que semelhante fisicamente à ação da criança, está inspirada pela arte e se articula num conjunto pleno de sentido artístico. *Estamos de novo diante de dois níveis diferentes de realidade.*

Devemos agora dar um passo importante em nossa análise. É regra elementar em metodologia filosófica que cada atividade humana deva movimentar-se no nível que lhe é próprio. Se um pintor nos transmite, nos quadros que cria, a mera *figura* dos personagens representados, desce de nível e, portanto, de categoria. Deixa de ser um *artista* para tornar-se um *artesão*. Se uma pessoa segura a mão de outra com a atenção exclusivamente voltada para as condições físicas desta última, não se movimenta no nível da *saudação* mas no simples nível do *recolhimento de informações*. Rebaixa a condição normal do gesto de cumprimentar alguém. Se um artista limita-se a produzir sons sem lhes dar um sentido artístico, converte a arte em mera técnica ou ofício. Essas formas de reducionismo constituem um *empobrecimento* da vida humana. Ao tomar consciência disso, uma pessoa estará apta a perceber a gravidade das considerações que faremos a seguir sobre as táticas manipuladoras.

1. O manipulador empobrece a vida de uma pessoa, fazendo com que ela viva presa aos ganhos imediatos e se entregue à vertigem

O demagogo tenta empobrecer nossa vida para dominar-nos com mais facilidade. O recurso básico que utiliza é procurar nos seduzir com ganhos imediatos, a fim de que nos entreguemos euforicamente às diferentes experiências de vertigem. Basta fomentar nossa tendência a procurar gratificações intensas e fáceis.

Para tanto, oferece-nos uma justificativa *racional* para essa tendência. De algum modo, todos nós gostamos de acumular sensações prazerosas sem a consciência de uma possível desvalorização pessoal. As experiências de *vertigem*, vistas em si mesmas, privam-nos do que nos constitui como pessoas e destroem nossa personalidade. É por isso que o manipulador tenta, astuciosamente, confundir essas experiências de vertigem com as de êxtase. As experiências de êxtase nos elevam ao que há de melhor em nós, à plenitude de nossas possibilidades. Essa confusão ilegítima não resiste à mais simples análise crítica, mas, hoje em dia, é acolhida por uma multidão de pessoas, em razão da inversão enganadora de ideais que ocorre na *terceira fase da manipulação*.

Lembremos que um ideal muito em voga em nosso tempo é o *ideal da mudança pela mudança*, unido ao *ideal do domínio*. A mudança de estímulos produz excitação e exaltação. É a primeira consequência da vertigem. Se uma pessoa vive presa exclusivamente às experiências de mudança, costuma interpretar a *satisfação completa* das pulsões instintivas como *plenitude espiritual*. Quem já viveu experiências extáticas sabe que tal satisfação não é plenitude, mas embotamento, ao passo que quem vive encerrado na vertigem tem um horizonte visual bastante limitado e não percebe essa diferença. A satisfação aplaca seus apetites, e a pessoa corre o risco de pensar que, por isso, desenvolveu ao máximo suas possibilidades.

O embaralhamento produzido pela vertigem empobrece o ser humano

Procuremos pensar cada um por conta própria. Se vivemos obcecados pela conquista de gratificações imediatas, veremos as pessoas que nos rodeiam como fontes de possibilidades para criar algo valioso? Não. Olharemos para elas como fonte de estímulos prazerosos, reduzindo-as de categoria. E tal rebaixamento será acompanhado pela redução do nosso próprio ser pessoal a *meros detectores de sensações de prazer*.

Entre o fluxo de estímulos e o detector que os capta não há *distância*, mas *embaralhamento*, pois a reação a tais estímulos é imediata e automática. Você acaricia um casaco de lã e experimenta uma sensação tátil agradável. Você não *escolhe* essa sensação, pois, ao tocar o casaco, sente esse agrado *automaticamente*. Você fica *unido* ao estímulo, *sem distância*. Não está criando nenhuma relação pessoal com aquela peça de roupa. Para criar essa relação, teria de oferecer possibilidades e receber outras, e, entrelaçadas essas possibilidades, dar vida a algo novo.

Isso acontece, por exemplo, no cumprimento. Eu toco a sua mão e a aperto, ao mesmo tempo que me dirijo a você, olho seu rosto e lhe digo algumas palavras de boas-vindas. E você faz a mesma coisa comigo. Aqui também há sensações táteis. É possível que eu sinta algum tipo de agrado ao tocar sua mão, que pode ser suave ou estar morna. Mas essa sensação de agrado não é o objetivo que tenho em mente ao apertar sua mão. Eu passo por cima dessa sensação ao cumprimentá-lo, ou seja, considero-a como meio no qual estou realizando uma saudação, um cumprimento, ação que cria algo novo: *uma relação interpessoal* e, talvez, *o início de um encontro*.

Quando uma pessoa está sempre presa às sensações imediatas, vivendo para elas, nelas e delas, já não consegue ingressar no mundo da criatividade. Permanece num nível inferior àquele em que se dá a criatividade. Kierkegaard denominou esse nível de "estágio estético", a atitude de quem vive *mesclado com as puras sensações*. Obviamente, o adjetivo "estético" é empregado aqui em seu sentido originário, procedente do verbo grego *aisthanomai*, 'sentir'.[1]

---

[1] A respeito dos três "estágios (ou *atitudes*) no caminho da vida", segundo Kierkegaard, pode-se ler o meu livro *Estrategia del Lenguaje y Manipulación del Hombre*. Madrid, Narcea, 1988, p. 48-84.

Atualmente, o termo *estético* tem um sentido muito mais amplo e rico, mas etimologicamente – ou seja, em sua raiz – equivalia a "sensorial". O "estágio estético" é o primeiro dos três "estágios no caminho da vida" que Kierkegaard distingue e analisa. O estágio imediatamente superior é o "ético", caracterizado por uma atitude de criatividade. Nós adotamos essa atitude quando aprendemos a tomar *distância de perspectiva* diante dos estímulos e fundamos relações com as realidades que nos estimulam. Essas relações enriquecem nossa vida, afinam nossa sensibilidade para os valores, aumentam nossa capacidade criadora, permitem-nos captar o sentido de realidades e acontecimentos. É justamente *esse enriquecimento o que o manipulador quer evitar a qualquer preço*. Por isso devemos abrir bem os olhos e tomar consciência de que o manipulador, ao fomentar a vertigem, não pretende com isso intensificar os vícios praticados pelas pessoas. Isso seria muito banal. O que ele tenciona é baixar o nível da nossa criatividade e fragilizar nossas defesas interiores.

Lembremos um texto de Jean Anouilh. Eurídice diz a Orfeu: "Não fales mais. Não penses mais. Deixa que tua mão passeie sobre mim. Deixa que ela seja feliz sozinha. Tudo voltaria a ser tão simples se tu deixasses que apenas tua mão me amasse. Sem dizeres mais nada".[2] Esse mesclar-se com o sensível, que reduz o homem a uma mão que se funde com estímulos prazerosos, é o objetivo do manipulador. Insiste-se para que um ser humano renuncie a pensar e a falar para poder ser feliz. Encontrará ele, assim, verdadeira felicidade?

---

[2] Cf. Eurídice, *Théâtre*. Paris, Gallimard, 2007, vol. 1, p. 601.

O ser humano alcança o estado de felicidade, ou *eudaimonia*, quando desenvolve plenamente sua personalidade e atinge sua *meta*. Chegar à meta é o maior *bem* do ser humano. A felicidade é o sentimento que segue a consciência de ter alcançado o bem supremo da vida. Para a mentalidade que a personagem Eurídice encarna nessa peça de Anouilh, a meta do ser humano reduz-se a descer ao plano infracriador. "Não fales mais. [...] Deixa que tua mão passeie sobre mim. [...] Tudo voltaria a ser tão simples se tu deixasses que apenas tua mão me amasse." Seria simples, mas tal simplicidade é uma *usurpação*. A única simplicidade própria do ser humano é que deriva da *integração* de diversos elementos. Como acontece na arte. Mas integrar é difícil, exige esforço e sacrifício: o sacrifício de hierarquizar os diferentes valores e dar primazia aos mais elevados.

Termos perdido o sentido do sacrifício, entendido desse modo, constitui uma das maiores tragédias do nosso tempo, porque priva o ser humano da energia que recebe dos valores supremos, quando os toma como *ideais*. Sem essa energia, é impossível desenvolver a personalidade de modo integral. Tal desenvolvimento deve seguir um determinado progresso, que está balizado por estas fases: captação de valores, sua hierarquização, reconhecimento da primazia dos mais elevados – adotando-os como ideal de vida –, plenitude pessoal, meta da vida, bem do ser humano, felicidade interior.

O grau zero de criatividade e a mescla com o sensível

Muitos estudiosos hoje em dia destacam a crescente onda de *imoralidade* e *corrupção* que invade e inunda algumas sociedades, e a tendência a situar a vida num nível "amoral". No primeiro caso, há uma oposição direta às normas éticas. No segundo, vemos uma atitude de apego aos ganhos sensíveis e de rejeição às exigências da atividade criadora. Para sermos criativos, devemos renunciar à mescla com o imediato gratificante.

O *Estrangeiro*, de Albert Camus, foi livro de cabeceira de milhões de pessoas depois da última guerra mundial. É possível que essa multidão de pessoas tenha se sentido em boa medida identificada com o protagonista. Qual o motivo para essa ressonância social? Sem dúvida, o fato de que Meursault, o jovem argelino, vivia mesclado ao mundo das sensações e evitava com toda a alma elevar-se ao nível da criatividade. Por isso, não entendia a doce linguagem de Marie, sua amante, que lhe propunha se casarem, nem a linguagem severa do juiz ao condená-lo à morte, nem a linguagem amistosa do padre que lhe sugeria arrepender-se de ter assassinado um inocente. Estava fora do mundo das pessoas que têm um grau normal de criatividade e, por isso, compreendem a linguagem, que é o veículo da criatividade. Meursault era um *estranho* no mundo dos homens, um *estrangeiro*, uma *pessoa a-moral*. Daí muitos autores o terem julgado *inocente,* pois o homem amoral movimenta-se num plano de vida no qual ainda não se pode falar propriamente do que é bom ou mau. Tal inocência, porém, inexiste, porque situar-se no nível *a-moral*, *não criativo*, significa renunciar ao *dever primordial* do ser humano, que é *realizar sua vida*, e essa realização exige pôr em jogo a capacidade criadora.

Atos "imorais" são aqueles que desviam o ser humano do ideal de perfeição que devemos atingir por nossa própria condição humana. A gravidade desses atos é correlativa ao grau de desvio que produzem. A adoção de uma atitude "amoral" significa negar-se, por princípio, a caminhar em busca do ideal de pleno desenvolvimento. É em virtude desse profundo motivo que Kierkegaard censurava com veemência o *homem imediato*, aquele que se mescla com as sensações, e ao mesmo tempo postulava a necessidade de nos elevarmos ao *nível ético*, que equivale à adoção de uma atitude verdadeiramente criativa.[3]

O manipulador vai no sentido contrário ao de Kierkegaard: insiste em que os homens habitem uma vida infracriadora e que abracem para sempre o *absurdo* que ela implica. *Absurdo* significa *carente de sentido*. O sentido brota no campo de jogo que os homens criativos instauram. Ao renunciar à criatividade, a vida perde sentido e se torna *absurda*. Foi essa a decisão final do protagonista de *O Estrangeiro*.[4] Por isso desejava ele que, no momento de sua execução em praça pública, todos os espectadores o olhassem com ódio, pois o ódio não convida a criar atitudes de agradecimento, como acontece com a piedade, mas fixa a pessoa na decisão de não criar relações inter-humanas.[5]

---

[3] Cf. Kierkegaard, *O Desespero Humano (Doença até a Morte)*. Trad. Adolfo Casais Monteiro. São Paulo, Abril Cultural, 1979. (Coleção "Os Pensadores".) Escrevi sobre esse sugestivo tema da *imediatez* em meu livro *Estrategia del Lenguaje y Manipulación del Hombre*, p. 54-60.
[4] Cf. Albert Camus, *L'Étranger*. Paris, Gallimard, 1957; *O Estrangeiro*. 41. ed. Trad. Valerie Rumjanek. Rio de Janeiro, Record, 2017. Ver ampla análise dessa obra em meu livro *Estética de la Creatividad: Juego, Arte, Literatura*. Madrid, Rialp, 1998, p. 431-64.
[5] Idem, *L'Étranger*, p. 188; idem, *O Estrangeiro*, p. 126.

Leiamos *O Túnel* de Ernesto Sabato, e vejamos, numa leitura das entrelinhas, como o protagonista se movimenta num nível infracriador.[6] O personagem, *calculando* tudo ansiosamente, levado pelo desejo de ter todas as coisas sob seu controle e dominar María, sua amante, não *cria* relações pessoais. O processo em que esse homem entra, um homem sensível à arte, mas insensível aos valores humanos, apresenta as características típicas da vertigem. *Era um homem mesclado à ambição de possuir*. Jamais permitiu que entre ele e María houvesse a *distância de respeito* necessária para fundar um campo de jogo, de intercâmbio de possibilidades criadoras. À medida que se aproxima do desfecho, o relato ganha velocidade, torna-se "vertiginoso", pois também o protagonista torna-se cada vez menos livre na ânsia de manter em rédeas curtas cada um de seus atos.

Mesclado às compensações momentâneas, empolgado pelos ganhos imediatos, o homem perde radicalmente a *liberdade interior*, a capacidade de escolher a cada momento o que seria mais adequado para alcançar o ideal valioso que deve orientar sua vida.

O manipulador afasta o ser humano do seu passado

Por querer mesclar as pessoas aos ganhos imediatos, privando-as da perspectiva necessária para viver criativamente, o manipulador se esforça para afastá-las do seu passado. Rigorosamente falando, o *passado* não é tudo o que aconteceu antes

---

[6] Cf. Ernesto Sabato, *O Túnel*. 2. reimp. Trad. Sérgio Molina. São Paulo, Companhia das Letras, 2008.

do presente, mas aquilo que continua tendo vigência na vida atual, oferecendo-nos possibilidades para conferir sentido à nossa existência e projetar o futuro. O *futuro* não é tudo o que está *por vir*. É a parte do porvir que já estamos projetando no presente. Não devemos considerar como *histórico* tudo o que é *novo*, mas sim o que abre possibilidades para gestar o futuro, ou subtrai essas possibilidades. Cada geração *transmite* à geração seguinte um conjunto de possibilidades de diversos tipos. Como se sabe, o verbo latino *tradere* significa "transmitir", e é daí que se deriva a palavra *traditio*, em português, "tradição". Sem a tradição não poderíamos ser criativos no presente.

Você vai estudar numa escola, numa faculdade, numa instituição fundada pela sociedade de hoje. Essa sociedade sustenta os professores, que assumiram as possibilidades que gerações anteriores nos transmitiram nos diferentes campos do saber (física, química, etc.), e esses professores lhe oferecem agora tais possibilidades para que você as assuma ativamente. Se você as assume desse modo, poderá, por exemplo, fazer uma descoberta científica. Essa descoberta, por sua vez, será transmitida às futuras gerações. A constante transmissão de possibilidades é o verdadeiro *decurso histórico*, que não consiste em simplesmente deixar os ponteiros do relógio avançarem, mas é afloramento, transmissão, assunção e criação de diversas possibilidades em vista de um conhecimento melhor das realidades do entorno e do incremento de unidade com essas realidades. Enriquecer a realidade mediante a assunção criativa das possibilidades oferecidas pelo passado constitui a grandeza do ser humano como *ser histórico*.

Tal grandeza é brutalmente anulada quando o ser humano perde o vínculo com seu passado histórico, com sua tradição. Esse ser desenraizado flutua no vazio de um presente que não se projeta para um futuro autêntico, projeção essa que se realizaria sobre a base de possibilidades reais. Se estivermos privados do tesouro de possibilidades que o passado nos transmite, a cada manhã recomeçaremos do zero, correndo o risco de nos aventurarmos em revoluções alucinadas, baseadas no chamariz de promessas utópicas, que não são feitas para se cumprirem, mas para que nos entreguemos a um ritmo incessante e ilusório de mudanças.

O manipulador que deseja alterar o perfil de um povo arbitrariamente procura subtrair-lhe o passado, pois sabe muito bem que um grupo firmado sobre uma rica tradição rejeita as mudanças precipitadas, que destroem todo o vínculo, mas aceita, por outro lado, as mudanças que se realizam em ritmo lento, que é o ritmo dos processos de amadurecimento. As rupturas praticadas pela embriaguez espiritual produzida pela entrega à *vertigem da destruição* privam o ser humano do seu futuro.

A História registra inúmeros equívocos e falsas esperanças, comoções populares realizadas com doses imensas de sacrifício e entusiasmo que desembocaram no vazio. Por isso os "ideólogos", que querem impor ao povo um sistema de ideias esclerosadas, afirmam que "a memória é subversiva", pois a memória não lhes permite ocultar o vazio das formas de vida que nos propõem.

O manipulador tende a romper com o passado, lançando-se ao futuro com o exclusivo apoio de promessas utópicas. Qualquer um pode falar sobre o futuro com palavras sugestivas e fascinantes, sem correr o risco de ser desmentido imediatamente, sem ter de se submeter à precisão e a cálculos realistas. O revolucionário pode facilmente apresentar o futuro como um grande quadro ante o olhar deslumbrado de pessoas que perderam a clarividência proporcionada pelo passado, incitando-as a projetarem suas insatisfações e seus ressentimentos apaixonadamente nesse quadro.

Cada anseio, cada desejo insatisfeito, converte-se num ideal a ser projetado nesse horizonte impreciso e sugestivo de utopias irrealizáveis. Um desejo voltado para uma região de pura utopia e alimentado com promessas indefinidas gera uma energia selvagem, capaz de provocar comoções sociais inesperadas.

Essa projeção não se dá mediante razões bem ponderadas, mas em virtude do efeito contundente de termos ambíguos, *slogans*, lemas e palavras de ordem cujo único objetivo é romper com o passado e prometer um futuro feliz. Termos como *modernidade, avanço progressista, luta, ruptura, mudança, igualdade social*... guardam um surpreendente poder explosivo quando *atuam do vazio para o vazio*, do vazio de um passado com o qual não há mais vínculos e para o vazio de um futuro que não se pode mais projetar de forma consistente.

A ruptura com o passado é provocada sobretudo mediante o *sequestro* da linguagem. Ao se transmutar o sentido da linguagem, o ser humano de hoje perde seu vínculo com os tempos através dos quais a linguagem foi cunhando lentamente seu tesouro expressivo. A projeção ao futuro é levada a cabo mediante a *remodelação estratégica* da linguagem, impregnando-a dos valores que se deseja exaltar.

Essa linguagem desvirtuada pela desconexão com a realidade encontra-se extremamente empobrecida e carente de recursos para comunicar às pessoas os inúmeros matizes que a vida apresenta. Utilizar semelhante linguagem significa empobrecer o ser humano, ocultar-lhe as vertentes mais valiosas da realidade, aquelas nas quais deve ele firmar sua existência, a fim de desenvolver seu ser pessoal.[7]

Desvirtuando a linguagem, o manipulador realiza uma tarefa contrária à do pesquisador. Este cria palavras para sugerir aspectos da realidade que conseguiu descobrir e esclarecer. Já o manipulador priva os vocábulos de seu sentido tradicional, a fim de impedir que as pessoas tenham acesso às vertentes da realidade profunda que esses vocábulos expressam.

O ser humano despojado das riquezas do seu passado, das promessas de um futuro que é impossível projetar e de um presente no qual não se pode mais ser criativo fica facilmente submetido, pelo manipulador, às engrenagens do tempo cronológico. Essa forma de tempo elementar não permite ao ser humano dispor do necessário repouso para exercitar sua

---

[7] No primeiro discurso a seus compatriotas, o presidente da República Tcheca Václav Havel fez esta surpreendente declaração: "Vivemos num ambiente moral contaminado. Sentimo-nos moralmente doentes, pois nos acostumamos a dizer coisas diferentes do que pensamos. Aprendemos a não acreditar em nada, a ignorar-nos uns aos outros, a fomentar preocupações egoístas. Conceitos como amor, amizade, compaixão, humildade ou perdão perderam sua profundidade e suas dimensões, e para muitos de nós representam somente peculiaridades psicológicas, ou assemelham-se a saudações antiquadas e ridículas na era dos computadores e espaçonaves. Aprendamos nós mesmos e ensinemos aos outros que a política deveria ser uma expressão do desejo de contribuir para a felicidade da comunidade, ao invés da necessidade de enganá-la ou destruí-la".

capacidade criadora. Despojado de toda e qualquer possibilidade, resta-lhe submeter-se à *mera mudança*, anos-luz inferior ao autêntico *decurso histórico*. *Desse modo, a mudança converte-se no único valor absoluto*. Os seres humanos já não são *sujeitos ativos da história*, mas apenas *objetos passivos da mudança*. A mudança torna-se o novo *Absoluto* de uma sociedade despojada da história e de seu caráter histórico. O ser humano e a sociedade perdem seu caráter de seres *históricos* para se reduzir a seres *cambiantes*. Não obstante sua pobreza interna, a realidade cambiante é valorizada ao máximo, pois já não se reconhece nada cujo valor extrapole o decurso temporal e os vaivéns do sentimento.

O verdadeiro sentido do termo "conservador"

Uma vez exaltado o termo *mudança* e seus derivados, e estabelecido que a necessidade de mudar é inevitável, o termo *conservador* e afins caem num poço de descrédito. A atitude conservadora é considerada, de modo precipitado, como oposta a tudo aquilo que signifique *progresso, avanço, mudança, projeção para o futuro*. Um grupo denominado *conservador* pode ter uma excelente preparação para governar, mas, se não recuperar a linguagem sequestrada pelos taumaturgos da manipulação, mal poderá evitar as derrotas eleitorais, porque, hoje em dia, o sucesso depende do que se decide no campo minado da astúcia e da linguagem capciosa.

Para projetar um futuro de real esperança, devemos analisar serenamente os termos "progressista" e "conservador". Em vez de encará-los de modo "ideológico", esclerosado, inflexível, procuremos complementá-los mediante um estudo aprofundado da Filosofia da História. O ser humano verdadeiramente "conservador" não vive no passado, e sim no presente, mas num *presente conectado com a parte do passado que ainda tenha condições de lhe oferecer possibilidades para atuar com sentido e traçar um futuro que supere as realizações anteriores*. Essa superação só poderá concretizar-se se tais possibilidades forem assumidas num projeto de vida inspirado num *ideal depurado*, que corresponda às exigências da vida humana num grau superior aos ideais que impulsionaram a vida dos seus antepassados.

Esse ideal pode ser entrevisto pela pessoa mediante a força de sua imaginação criadora, que sabe projetar na mente daqueles que vivem aqui e agora um estado de coisas que haverá de se realizar num tempo vindouro e no lugar em que a cada um couber viver. No sentido profundo, o homem *conservador* lança sua existência na direção da "utopia", entendida como algo relevante que pode ser atingido graças à energia que procede do ideal autêntico. Trata-se, portanto, de um homem do futuro mais que do passado, tal como foi enfatizado pelos teóricos da esperança (Ernst Bloch, Gabriel Marcel, Jürgen Moltmann, Pedro Laín Entralgo...).

É um contrassenso sarcástico que aqueles que rompem com o passado e tornam impossível a configuração de um autêntico futuro destruam o prestígio daqueles que assumem toda a riqueza da tradição, acusando-os de "conservadores". Por outro lado, quem se refestela nas realizações do passado e as repete preguiçosamente, sem nenhum impulso renovador, não merece ser chamado de "conservador", e sim de "repetidor".

2. O manipulador seduz o ser humano com o chamariz das figuras

Para truncar a capacidade criadora do ser humano, o manipulador seduz as pessoas com torrentes de *imagens* reduzidas a meras *figuras*. Um ser expressivo conjuga dois modos de realidade: a que ele expressa e a que lhe serve de meio expressivo. Digamos que eu lhe conte algo divertido e você sorria. Seu sorriso é o meio no qual toda a sua pessoa sorri para mim, mostrando-me que você achou interessante aquilo que lhe contei. O seu sorriso é o lugar no qual se revela toda a sua pessoa sorridente. Sua pessoa não *atrás* do sorriso nem *para além* dos gestos faciais que a compõem. Essa sua realidade pessoal revela-se toda ela *no* sorriso, embora não totalmente. O seu rosto sorridente exerce aqui uma função de imagem. Toda imagem apresenta uma peculiar tensão e riqueza de sentido: possui um caráter ambíguo, bifronte, simbólico. *Simbólico* quer dizer *conducente*. A imagem nos conduz e remete a zonas íntimas dos seres expressivos, pois é na imagem que estas se revelam e vibram. Nos autorretratos de Rembrandt vibra todo o drama de sua vida, repleta de cores, transbordante de interioridade. São, por isso, *imagens*, e não meras figuras. A figura é a parte sensível da imagem vista de modo estático, sem a vibração que, nela, imagem, é comunicada pela revelação de uma realidade que possui intimidade.

Uma fotografia comum transmite *figuras*. Um retrato artístico forma *imagens*. A imagem instaura-se de dentro para fora, em virtude de um impulso criador. Você achou divertido aquilo que eu lhe contei, e então esboçou um sorriso, ou seja, criou, com todo o seu ser, espiritual e corpóreo, uma *imagem sorridente*, você se manifestou para mim *sorridentemente*, de modo benevolente.

A figura é um conjunto de traços que formam um todo cheio de sentido, mas que são tomados em si mesmos, como algo independente. É por isso que a figura pode ser desenhada *artificialmente*. Um retrato falado composto para identificar uma pessoa se reduz a mera "figura". Uma imagem deve ser criada de *dentro para fora*. Um autorretrato não pode *ser feito* com o simples recurso de copiar a fotografia comum. O artista precisa reproduzir os traços de um rosto, mas esses traços devem estar vivificados pela pessoa inteira, que neles se revela. Se você não sente em seu interior vontade de sorrir, e mesmo assim tenta esboçar um sorriso no rosto, o resultado será uma *careta*, não um sorriso. A careta é uma imagem reduzida a mera figura.

Fique diante de um espelho, olhando fixamente para os traços do seu rosto. Não pense em nada. Procure reduzir-se a um mero aparelho de visão. Logo você perceberá que seus traços faciais desligam-se de sua pessoa, convertem-se em *mera figura*. E por isso você se sentirá afastado de si mesmo, um estranho. Trata-se da inquietante "experiência do espelho" vivida pelos protagonistas de várias obras literárias de Unamuno, Camus e Sartre.[8]

Por ser lugar de expressão, a imagem é *eloquente*, constitui uma forma de linguagem humana. Como toda linguagem verdadeira, não comunica somente algo já existente: *dá corpo expressivo aos âmbitos de vida e realidade que vão sendo instaurados ao longo do tempo*. Um sorriso compartilhado funda

---

[8] Ver meu livro *Estética de la Creatividad*, p. 394-96.

um âmbito de compreensão, de acolhida benévola, de doce serenidade. Um gesto rude, ao contrário, cria um clima de repulsa e distanciamento.

A imagem é um nó de relações, um lugar de confluência e vibração. O pequeno príncipe – no relato de Saint--Exupéry – diz ao piloto que está sentindo sede. O piloto não o deixa ir sozinho ao deserto, em busca de água. Encontram a água, o pequeno príncipe bebe do balde, e nesse beber – comenta o piloto – *tudo era doce como uma festa*.[9] Era belo e era uma festa por uma razão profunda: essa água procurada em comum, com um espírito de amizade que induz a arriscar a vida pelo amigo, é um lugar de entrelaçamento de duas pessoas. Essa interação confere-lhe poder simbólico.

O silêncio e a captação das imagens

As realidades que confluem em cada imagem só podem ser captadas se as olhamos de forma *sinóptica* e se as pensamos *em suspenso*, não indo de uma realidade para outra, mas considerando-as em bloco, em mútua interação. Esse modo de captação *simultânea* dá-se no *campo acolhedor do silêncio*. Em seu sentido mais profundo, guardar silêncio não significa estar calado. O mero calar pode reduzir-se a *silêncio de mudez*. Guardar silêncio implica, positivamente, prestar atenção global a diversas realidades confluentes que produzem um transbordamento expressivo. Para perceber toda a riqueza de uma obra coral de Bach, a grandiosidade de uma cadeia de

---

[9] Cf. *O Pequeno Príncipe*. Trad. Gabriel Perissé. Belo Horizonte, Autêntica, 2015, p.77.

montanhas, a eloquência de um parágrafo oratório... faz-se necessário o silêncio.

Essa forma de silêncio carregado de expressividade, transbordante de sentido, só pode dar-se quando o ser humano adota perante as imagens o *ritmo lento* que corresponde à sua profundidade. Se eu bombardeio a minha visão com um jorro de imagens, não tenho sequer tempo para perceber quanto cada uma delas implica. Sinto-me obrigado a reduzi-las a *mera figuras*, vendo-as de modo superficial como meros conjuntos de traços.

Por sua própria riqueza, cada imagem pede ao contemplador tempo e atenção, que dê serenidade ao ritmo do seu olhar, para que possa entrelaçar seu âmbito de vida com o das realidades que confluem nela, na imagem. Ao contrário, o fluir frenético de figuras obriga o espectador a deixar-se levar e abandonar-se à vertigem devoradora da torrente de meros estímulos.

Analisemos, sob essa luz, o texto de Alain Robbe-Grillet – conhecido representante do "romance objetivo" –, no qual convida o espectador do filme *O Ano Passado em Marienbad* – de cujo roteiro é autor – a seguir o curso das impressões, sem tentar descobrir mensagem alguma de tipo racional:

> Há duas alternativas possíveis: ou o espectador tentará reconstruir algum esquema "cartesiano", o mais linear que puder, o mais racional, e julgará sem dúvida o filme difícil, se não incompreensível; ou, ao contrário, deixar-se-á levar pelas extraordinárias imagens que terá diante de si, pela voz dos atores, pelos efeitos sonoros, pela música, pelo ritmo da montagem, pela paixão dos heróis... a esse espectador específico

o filme parecerá o mais fácil que já viu em toda a sua vida: um filme que se dirige à sua sensibilidade, à sua faculdade de ver, de ouvir, de sentir e de se deixar comover. A história contada lhe parecerá a mais realista, a mais verdadeira, a que melhor corresponde à sua vida afetiva cotidiana, desde que aceite se desvencilhar das ideias preconcebidas, da análise psicológica, dos esquemas mais ou menos grosseiros de interpretação que os romances ou o cinema *cor-de-rosa* lhe repetem *ad nauseam*, e que são as piores das abstrações.[10]

Esse *deixar-se levar* pelas imagens, pelos sons, pela música, pelo ritmo da montagem e pela paixão dos protagonistas será um modo de ver o filme *digno de um ser humano*? O autor nos convida a adotar essa atitude de preferência passiva, pois deseja diminuir a profundidade do filme, acabar – segundo sua própria confissão – com o "mito da profundidade". A música, consequentemente, será entendida como mero estímulo sensível, e não como expressão de um mundo humano peculiar. E as *imagens* serão vistas como meras *figuras*.

"Deixar-se levar" por esse tipo de realidades supõe um modo de *fascínio* que não permite realizar jogo e iluminar o sentido de tudo o que acontece. Por isso o autor faz das tripas coração para convencer-nos de que, para a pessoa que se deixar fascinar, o filme será fácil, uma vez que está direcionado unicamente para a sua sensibilidade, para a sua faculdade de ver, escutar, sentir e comover-se de modo epidérmico. Robbe-Grillet não guarda nenhuma carta na manga e confessa

---

[10] *O Ano Passado em Marienbad*. Trad. Vera Adami e Elisabeth Veiga. Rio de Janeiro, Nova Fronteira, 1988, p. 13-14.

abertamente sua intenção de situar o espectador num plano de *pura sensibilidade*, de *sentimentos espontâneos* e *superficiais*. Outros autores – literatos, cineastas, pensadores de diversos tipos – perseguem o mesmo objetivo sem o confessar claramente.

Essa pressão exercida sobre nós, atualmente, para que orientemos nossa vida por uma *via infracriadora* provoca um perigosíssimo empobrecimento da existência humana. O ser humano só atua de modo seguro quando se esforça em fazer justiça a todas as suas vertentes sensíveis, complementando-as entre si. Criar vínculos entre as vertentes sensíveis e espirituais, as sentimentais e volitivas, e as receptivas e ativas significa enriquecer a vida humana. Separar as potências umas das outras, deixando-as soltas e fora de órbita, rebaixa o ser humano a um radical estado de desvalia. Esse empobrecimento causado por uma falta de eixo ou descentramento desencadeia rapidamente os mais graves conflitos.

Com frequência os jornalistas lamentam a atual escalada de violência e confessam não entender esse preocupante fenômeno. A análise dos processos de vertigem – que anulam a nossa criatividade – poderia ajudá-los a compreender o que ocorre em sua gênese, em seu desenvolvimento e em suas consequências.

O caráter realista da imaginação

A faculdade humana destinada a configurar e captar as imagens, entendidas como lugar de vibração e confluência de diversos elementos, é a *imaginação*. A imaginação é profundamente *realista,* pois não dá corpo a meras ficções, evasões fantasistas ou ilusões pseudorromânticas. Delineia os modos mais elevados de realidade, instaurados no encontro. A pessoa *imaginativa* – diferentemente da pessoa *fantasiosa* – não vive no mundo do *irreal*, mas no mundo do *ambital*, que é fonte de sentido. Daí a necessidade da imaginação no momento de criarmos formas artísticas, inventarmos objetos e máquinas, descobrirmos estruturas desconhecidas do real, tracejarmos diferentes modos de viver em sociedade... Mediante o poder da imaginação, o ser humano antecipa-se ao futuro, pois é capaz de configurar em sua mente estruturas chamadas a constituir a base de modos originários de realidade.

Você entra numa catedral, percorre com calma o espaço que vai do pórtico ao altar, penetra no sentido profundo de sua estrutura, entrelaça o seu âmbito de vida com o *mundo peculiar* que os construtores dessa catedral quiseram criar. Tal mundo é *irreal*? Se o fosse, como seria capaz dessa impressionante eficiência ao impulsionar e dar sentido a tão excelente obra arquitetônica? Estamos diante de um tipo de realidade que não é "objetiva". Uma catedral não se reduz a um conjunto de pedras. É todo um *âmbito*, estético e religioso. E tanto o religioso como o estético manifestam modos de uma realidade diferente da dos meros objetos. Por isso parecem *irreais*, para quem toma como único, ou pelo menos como modélico, o modo de realidade "objetivo". São, na verdade, modos de realidade *ambitais* de alta categoria perante os olhos de quem saiba descobrir formas diversas e complementares de realidade.[11]

O ser humano aberto à riqueza da realidade tende a tomar a imagem como ponto de vibração e manifestação de

---

[11] Por não dispor de uma teoria dos âmbitos, Jean-Paul Sartre confina a obra de arte ao plano do irreal. Cf. *L'Imaginaire. Psychologie Phénoménologique de L'Imagination*. Paris, Gallimard, 1940, p. 239-46.

algo que transcende a vertente sensorial dos seres. Em oposição a isso, a pessoa que vive presa exclusivamente às realidades objetivas – tangíveis, mensuráveis, delimitáveis... – tende a reduzir toda *imagem* a *mera figura*. Como as figuras são superficiais e não saciam nosso desejo humano de conhecer, essa mesma pessoa acredita que, acelerando o ritmo de percepção das figuras, conseguirá aplacar esse desejo. Grande ilusão! Mesmo que se empanturre de figuras, não alcançará a plenitude interior.

Esse aceleramento ocorre quase inevitavelmente nos meios de comunicação, que costumam oferecer inúmeros recursos ao manipulador para rebaixar o ser humano a um nível de vida banal. As imagens, se contempladas de forma rápida e diversificada, *di-vertem* o espectador, alienam-no, confundem-no, sugam suas energias, impedindo-o de se aprofundar nas realidades valiosas que essas imagens expressam quando vistas com a devida lentidão e serenidade. Daí que provoquem uma agitação vertiginosa, mais do que a elevação entusiasmada do êxtase. Em virtude desse rebaixamento de nível das imagens, a arte cinematográfica em geral expressa com mais facilidade formas de amor *meramente erótico* que de amor *integralmente pessoal*. Não deveria nos causar estranheza, por isso, que muitos filmes de conteúdo religioso nos decepcionem e os que se apoiam em grandes obras literárias fiquem muito aquém do mundo que o autor criou.

O manipulador reduz as imagens a figuras e as pessoas a clientes

Essa redução da *imagem* a mera *figura* é pré-requisito para o uso estratégico das imagens na propaganda comercial.

Como vimos, na propaganda a imagem do produto que se quer vender é projetada sobre outras imagens, que causam atrativo imediato a milhões de pessoas. Tal projeção realiza-se com a intenção de irradiar esse atrativo sobre aquele produto, seduzindo o comprador sem lhe dar uma única razão a respeito da bondade ou utilidade da mercadoria.

Analisemos alguns anúncios publicitários à luz da distinção entre *imagem* e *figura*. Iniciemos por um já mencionado. A tela da televisão mostra-nos um automóvel. De repente, surge a figura de uma jovem belíssima, que nada diz nem justifica sua presença, mas se faz notar. Sua mera proximidade faz o carro situar-se na área de fascínio criado por uma realidade extraordinariamente atraente. O rosto da jovem não é uma *imagem*, pois nele não vibra um ser pessoal. É mera *figura*, uma bela *estampa*. Essa redução de nível da pessoa permite o truque manipulador. Quando você, deslumbrado pelo anúncio publicitário, vai comprar o automóvel, adquire o automóvel, mas não a beldade que aparecera na televisão. E com toda razão, porque ninguém lhe fez semelhante promessa. O carro lhe é oferecido, a jovem lhe é apresentada, e você é quem faz a conexão entre as duas figuras: a do veículo oferecido e a da jovem apresentada. Mas não se engane: a jovem não foi apresentada como *pessoa*, mas como *figura*. Tudo o que é pessoal está reduzido aqui. Você mesmo é tomado como *mero cliente*, não como *pessoa*. E é como cliente que você será tratado.

Observemos que nos anúncios de automóveis costuma-se apresentar os novos modelos como portadores de valores humanos que satisfazem nossa autoestima, nosso desejo de brilhar, de exaltar nossa imagem social, de *aparecer* como alguém bem-sucedido e não de *ser*. Ao ver tais propagandas, tendemos a pensar que estamos subindo de nível, porque nos falam de sucesso, de conquistas, de destaque, de controle, de como devemos estar atualizados e abertos para o futuro, ser avançados, não ficar para trás, não renunciar a nada, estar à altura do nosso tempo... Contudo, esses valores não passam de uma isca para nos transformar em clientes. A prova disso é a frase que se ouvia em *off* ao mesmo tempo que apareciam as imagens daquela propaganda de automóvel: "Entregue-se às sensações". Às sensações, e não às *imagens*. Ou seja, você deve procurar os ganhos imediatos e fugazes, cultivar a vertigem. Mas a vertigem ocorre quando a pessoa se movimenta num nível infracriador e, portanto, infrapesssoal.

Esse duplo jogo de exaltar o cliente e reduzi-lo à servidão fica evidente em sua comicidade em outro anúncio, já comentado, no qual somos convidados a ter personalidade e saber escolher, contanto que escolhamos exatamente aquilo que nos é proposto. "Seja livre! Escolha este produto!".

Num cartaz imenso apresenta-se a figura de um bebê sorridente e, como legenda, duas palavras: "É ele...". Poderíamos pensar que talvez se trate de ressaltar a beleza admirável da criança. Mas uma segunda frase mais à frente dissipa qualquer dúvida. *Ele* não é o bebê, e sim um fabuloso televisor de uma grande marca. Nesse caso, a descida de nível é tão abrupta que até pessoas pouco atentas às questões de manipulação acharão o anúncio terrível.

Um homem abraçado a uma mulher. Ele está de costas para o espectador, e ela de frente. O homem exclama: "Como eu poderia viver sem ela!". E de imediato pensamos que está se referindo à atraente mulher ao seu lado, para a qual olhamos. No entanto, quando olhamos para ela, reparamos que a mão do homem pousada na cintura da mulher está segurando também uma agenda. E é à *agenda*, e não à mulher, que ele está se referindo.

Nas táticas manipuladoras, ocorre sempre um truque: apresenta-se algo que atrai o nosso olhar, algo *valioso* para nós no sentido de *atraente*, e depois, de forma ardilosa, encaminha-se a nossa atenção para o produto com que se deseja nos envolver. A primeira realidade atua como simples isca. Se for uma realidade pessoal, essa sua redução a *meio para alcançar uma finalidade comercial* constitui um aviltamento ilegítimo.

Hoje, o público parece preferir os meios de comunicação que lhe oferecem *figuras* mais do que *imagens*. São revistas para folhear, filmes para ver de uma tirada, programas de TV que abordam com superficialidade diversos temas atuais... Isso pode ser indício de uma visão curta e pouco penetrante, empobrecimento da imaginação, grande déficit de criatividade.

Essa falta de *imaginação criadora* deixa as pessoas nas mãos da astúcia demagógica. A *astúcia* é a imaginação colocada a serviço não das *imagens* – seu objeto próprio –, mas da redução das imagens a meras figuras. É sintomático que hoje em dia se valorize muito a inteligência cheia de *astúcia manipuladora* e bem menos a que envolve *sabedoria vital*, essa capacidade de penetrar nos estratos mais profundos da realidade.

O cultivo massivo da imagem não indica necessariamente uma ascensão ao plano da criatividade e plenitude pessoal, da mesma forma que dedicar-se à arte e ao esporte não garante uma boa formação. O fato de vivermos num regime democrático não implica automaticamente alcançar a liberdade interior. A imagem tem duas vertentes. Se atentarmos apenas à *vertente sensível*, cairemos na *vertigem da curiosidade sensorial*. Se mergulharmos na vertente metassensível, estaremos interagindo com uma realidade capaz de encontro, orientando-nos pela *via plenificante do êxtase*.

3. O manipulador empobrece as pessoas ao diminuir a qualidade da união que nasce entre elas e delas com as realidades do entorno

Com frequência somos induzidos a nos revoltar, a ganhar independência e ser autossuficientes, o que satisfaz o desejo de liberdade inato a todo ser humano, especialmente quando se é jovem. Deveríamos nos precaver diante de tal situação, porque toda autonomia supõe *divisão*, e esta, em geral, degenera em *cisão*. A cisão desfaz as estruturas. A falta de estrutura desequilibra e empobrece, rouba energia, diminui a capacidade criativa e o poder de *resistência*, no sentido positivo de *permanência*. Esse enfraquecimento torna os seres humanos *facilmente domináveis*.

A vida humana nutre-se das formas elevadas de unidade que nós próprios contribuímos para fundar: família, linguagem, instituições, movimentos culturais, estilos artísticos, experiências religiosas... Para desvincular o ser humano desse solo nutritivo e, assim, debilitá-lo, o manipulador se esforça em diminuir a coesão das corporações, em fazer com que os diferentes grupos se oponham entre si, em avivar a luta de classes dentro dos diversos agrupamentos sociais, separando cada pessoa de tudo aquilo que a sustenta e impulsiona. Mas como o manipulador consegue que as pessoas e os grupos recusem unir-se ao entorno, que é sua fonte básica de vitalidade e energia? Como sempre, o manipulador começa fazendo ofertas sedutoras. Exaltando a autonomia das regiões de um país, por exemplo, enfatiza um valor real, que são peculiaridades dignas de serem conservadas e ressaltadas. Conceder a tais regiões certo grau de independência é uma forma de preservar esses valores. Por outro lado, o autogoverno provoca certo grau de isolamento e entrincheiramento nas próprias posições, e essa atitude frequentemente desemboca em provincianismo e desintegração, o que implica também *debilitamento*. Essa consequência negativa era, afinal, o objetivo perseguido pelo manipulador desde o início, que ele soube ocultar aos nossos olhos.

Outro caso de rompimento da unidade, astuciosamente provocado, é o do ataque ao suposto corporativismo de certas instituições. Entende-se aqui por *corporativismo* uma atitude de falta de solidariedade de uma instituição com o conjunto da sociedade à qual ela pertence. Abalar o poder das corporações que, por algum interesse próprio, desvinculam-se da trama social parece ser um gesto responsável e valioso. Certos governos, preocupados em manter o poder, procuram, de todos os modos, solapar a capacidade de ação das instituições e diminuir seu poder de coesão, a fim de convertê-las em *meras coletividades* ou inclusive em *massas*, o que facilita dominá-las. Quando essas instituições se opõem a essa intenção destruidora, são acusadas de corporativismo. A mera utilização dessa palavra coloca a opinião pública a favor dos poderes públicos, que parecem zelar pela *igualdade* e *solidariedade* de todos os cidadãos. Na realidade, tal acusação é um recurso demagógico que tende a enfraquecer a sociedade e mantê-la sob controle, o que constitui um *objetivo contrário ao que é proclamado diante do povo*. A força de uma sociedade e sua liberdade perante possíveis abusos de poder de um governo dependem da existência de corporações vivas, sólidas e saudáveis.

O ataque às instituições realiza-se frequentemente pela via de *desintegração interior*. A desintegração é provocada nos centros educativos mediante a introdução do *pluralismo* quanto a ideias e concepções de vida. Começa-se com a insistência numa ideia que parece óbvia: *a variedade de ofertas implica riqueza*. O manipulador sempre começa com uma ideia tentadora: o aluno deve ter acesso a um amplo leque de possibilidades para que possa fazer suas escolhas. À primeira vista, essa proposição parece aceitável, pois implica uma variedade de perspectivas e riqueza de pontos de vista. Em sentido oposto, a adoção de um ideário comum para uma escola reduziria a multiplicidade de ofertas a um denominador comum que diminuiria a liberdade de ensinar e de receber diversas doutrinas.

Não caiamos, porém, na precipitação que o manipulador cultiva. Vejamos a questão de perto. É realmente verdade que a multiplicidade de doutrinas oferecidas a uma criança ou a um jovem constitui para esses alunos uma riqueza? *De modo abstrato*, podemos dizer que a oferta de várias doutrinas acarreta mais riqueza do que a existência de uma só. Ao menos quanto ao aspecto *quantitativo* isso é certo. Mas, pensando na formação dos alunos, obrigá-los a escolher uma doutrina entre várias constitui para eles um impulso ao pleno desenvolvimento de sua personalidade ou, ao contrário, freia esse impulso de modo irreversível?

Em primeiro lugar, as crianças e os jovens nem sempre têm o discernimento suficiente para selecionar as concepções de vida mais adequadas para o seu futuro. Em segundo lugar, a formação humana não se reduz a apresentar as *diversas* opções intelectuais que orientam uma existência. Significa, de fato, *dar andamento à sua própria personalidade*, e isso exige a escolha de uma ideal e do caminho correspondente. Não se pode andar por vários caminhos ao mesmo tempo. Vemos isso na interpretação musical. Não faz sentido aprender a tocar um instrumento com métodos diferentes. Tal coisa anula qualquer possibilidade de adquirir uma técnica adequada.

Embora crianças e jovens fossem capazes de assimilar uma série de ofertas variadas, o resultado seria a *mera informação*, e não uma *verdadeira formação*. Esta exige uma *opção radical* desde o início. Naturalmente, tal opção supõe renunciar a outras possibilidades. Mas essa renúncia não deve ser entendida nem vivida como *repressão* e *empobrecimento*, senão como *a condição de todo progresso*. Ao utilizar um tipo de versificação, o poeta descarta outros muitos, contudo o faz para dar vida a um poema originário, que enriquece o universo. Não deve dar tanta atenção à perda de certas *possibilidades*, e sim ao *ganho real* que obteve.

Decisivo, portanto, é adotar a via adequada para desenvolver plenamente o projeto que se quer realizar. Crianças e jovens têm diante de si o grande projeto de realizar perfeitamente a sua própria existência. É responsabilidade dos pais e dos educadores orientá-los pelas vias fecundas em vista dessa realização. Se receberem boa orientação, essas crianças e jovens vão forjar uma personalidade firme, sólida, capaz de enfrentar as artimanhas dos manipuladores.

Essa firmeza opõe-se aos planos do demagogo, que, agora compreendemos, fomenta o pluralismo nos centros escolares que escapam ao seu controle. Mais tarde, quando assumir o poder, esse mesmo demagogo vai querer impor um centralismo repressor e implacável.

Utilização estratégica da cogestão

Uma consideração análoga pode ser feita com relação à tentativa de impor nos centros educativos o sistema de "cogestão". Dirigir um centro com a criação de um "conselho" parece ser um avanço na democratização das instituições. Tal medida, porém, é ambivalente. Pode contribuir para compartilhar o poder e evitar abusos. É igualmente útil, no entanto, para privar o diretor de toda autoridade real e deslocá-la para as mãos de pessoas dotadas de habilidade estratégica para dominar as assembleias.

Os ataques ao centralismo sempre encontram uma boa repercussão entre as pessoas submetidas a qualquer tipo de disciplina. O manipulador aproveita essa circunstância para fomentar a independência de pessoas e grupos. Rapidamente saberá converter a *autonomia* em *cisão*. "Dividir para vencer" é o eterno lema da estratégia da luta. O manipulador acrescenta-lhe a astúcia de apresentar a *divisão* como *autonomia*, termo que, por sua afinidade com *liberdade*, ostenta hoje um prestígio fascinante.

A autonomia converte-se em cisão e ruptura quando as pessoas se entregam aos diversos tipos de *vertigem*, sobretudo a vertigem da *ambição*. A ambição encarcera o homem em si mesmo e não lhe permite buscar a verdade, levando-o a evitar os debates e a transformar os diálogos em monólogos alternados. Esse empobrecimento reduz o ser humano a mero objeto, destinado a servir àqueles que proclamam estar a seu serviço.

4. A atual inversão de valores

Está se produzindo na atualidade uma inversão da ordem correta dos valores.

- O importante já não é a sociedade, cuja vida os meios de comunicação devem refletir. A sociedade tornou-se um *meio para* fornecer material noticiável que permita à mídia subsistir e apresentar-se como algo atrativo, sugestivo e incitante.

- O decisivamente valioso já não é *o esporte*, mas o *programa esportivo* que faz os comentários a seu respeito. Se, para apimentar a programação, é necessário interromper o sono de um esportista na véspera de uma competição decisiva, liga-se por telefone para ele sob o pretexto de que o público tem direito a receber informação em tempo real. O esportista atende à chamada, sonolento, irrita-se com o fato de o terem acordado, mas precisa dissimular sua indignação, pois tem medo do poder daqueles que comandam diariamente um programa de grande audiência.

- O que realmente importa, em suma, não é o bem dos cidadãos e as necessidades que têm e devem ser atendidas, mas o sucesso das empresas que lhes oferecem produtos e mercadorias para consumo. O valor supremo na sociedade não procede, pelo que se nota, das pessoas e instituições fundadas para desenvolver sua vida comunitária. Em vez disso, radica nas classes sociais que dizem preocupar-se com o bem da sociedade.

- O decisivo, para muitos artistas que se dirigem aos jovens, não é ajudá-los a encontrar o caminho da felicidade verdadeira, mas tomá-los como pretexto para produzir uma obra empolgante. Observemos, por exemplo, o texto da canção "Pise no acelerador", do compositor espanhol Joaquín Sabina (incluída no LP *Roleta-Russa*, de 1984), em que a vertigem da velocidade junta-se à vertigem da ruptura com os âmbitos e com a unidade. Seria muito útil confrontar esse texto com a obra de Max Picard *A Fuga de Deus*, especialmente o capítulo "A linguagem no mundo da fuga".[12]

Mais um tempo e você estará acabada,
presa em casa, lavando roupa,
ninguém lhe dirá "boneca, vem comigo",
e quando for não terá amigos.
[...]

Desconfie de quem lhe diz "tome cuidado",
e só quer que você fique ao seu lado,
antes que a censura acabe com você
deixe ele dormindo e, à meia-noite,
saia pela janela, ligue o carro,
pise no acelerador, é maravilhoso.
[...]

---

[12] Cf. Max Picard, *La Huida de Dios*. Madrid, Guadarrama, 1962, p. 135-47.

> Quando a cerimônia da vida
> ficar repetitiva
> e no filme de ser mulher se cansar do seu papel,
> pise no acelerador, e vai pra longe,
> pise no acelerador, é o meu conselho,
> pise no acelerador, foge do ninho,
> pise no acelerador, vai ser divertido!
> Rasgue as leis do trânsito e pise no acelerador.
>
> (Joaquín Sabina, *Roleta-Russa*)

Obviamente, nesse texto opera-se uma *subversão de valores*, e cada leitor saberá descobrir os valores que estão em jogo. Que valores considera primordiais quem pensa que a mulher está "acabada" quando realiza tarefas domésticas e não cultiva fáceis amores? Alguém que, logo de entrada, desqualifica um conselho, embora seja um conselho acertado, demonstra não saber tratar os outros com a devida retidão. Não poderá captar o valor do que acontece num plano de realidade superior quem nesse mesmo plano não se encontra.

Enviar mensagens aos jovens sem ter uma visão clara do que é a pessoa humana e sem conhecer as leis do seu desenvolvimento pleno é algo perigoso demais e precisa ser criticado. Tanto mais que as canções não procuram argumentar nem fundamentar o que sugerem, e ficam gravadas a fogo no espírito daqueles que as assumem como próprias.

11

Como se manipula

VI. Segunda e terceira fases da manipulação ideológica

No templo grego Erecteion, sobre a Acrópole ateniense, as cariátides sustentam o edifício, *aguentam* o seu peso. É surpreendente a função que essas seis belas mulheres desempenham, uma vez que o ser humano não foi feito para *aguentar*, mas para ser *criativo*. Devemos suportar grandes cargas nesta vida, mas *dando-lhes sentido*, e não simplesmente *suportando-as*.

O casamento apresenta dificuldades, e o homem casado deve assumi-las e resolvê-las a cada momento, criando e aperfeiçoando a aliança conjugal com que se comprometeu.

Essa perseverança na tarefa criadora denomina-se *fidelidade*. O homem que está chamado a *ser fiel* não deve apenas *aguentar*. Atualmente, costuma-se reduzir a *fidelidade criativa* a um *mero aguentar*. Essa tendência reducionista empobrece enormemente a vida humana. Como compreender essa propensão a infravalorar a existência humana? A uma *mudança de ideais*. Precisamos ver de perto, quanto antes, em que consiste essa mudança. É o objetivo deste capítulo.

Segunda fase: a doutrinação cultural

No capítulo anterior, vimos como algumas palavras ganham prestígio e outras se tornam desprezíveis sem que se precise argumentar de modo racional. Basta a força da linguagem usada demagogicamente. A linguagem submetida a esse uso ilegítimo, contrário ao seu ser mais profundo, é uma linguagem *sequestrada*. Sequestrar algo é torná-lo refém e fazer dele um meio para os próprios fins. Especialista em questões de poder e domínio, Josef Stálin viu com clareza que o sequestro dos "termos talismã" dá ao manipulador a faca e o queijo para *vencer sem convencer*. Um filósofo tão aberto à realidade histórica como Martin Heidegger escreveu: "No interior da história, palavras são frequentemente mais poderosas do que coisas e ações".[1]

Ciente do deslumbramento que as palavras sequestradas produzem nos espíritos menos atentos – de modo

---

[1] Martin Heidegger, *Nietzsche*. 2. ed. Trad. Marco Antônio Casanova. Rio de Janeiro, Forense, 2014, p. 317.

especial os termos "mudança" e "progresso" –, o manipulador leva a cabo, com astúcia, todo um trabalho de desmantelamento ou demolição do que constitui a base da vida espiritual das pessoas. Essa espoliação de ideais firmes e fecundos, de valores entusiasmantes, de verdades que desafiam os vaivéns da história abre um vazio estratégico propício a uma *re-mitificação*, isto é, à inoculação no espírito das pessoas de novos *mitos*, entendidos aqui como novos *valores*, ideais diferentes que polarizem as energias humanas. Os novos mitos vêm dados pelos vocábulos *liberdade*, *mudança* e outros afins.

Essa tarefa de remitificação realiza-se em duas fases: a de doutrinação sistemática e a de conversão das *ideias talismã* em *ideias-motrizes* ou *ideais*.

A primeira das três fases da manipulação, conforme foi dito, realiza-se de forma astuciosa e cínica, mediante o recurso de ver a realidade de modo confuso. Consagram-se assim determinadas palavras que exercem automaticamente uma espécie de feitiço sobre o espírito das pessoas.

Na segunda fase, procura-se dar ao processo de manipulação uma roupagem doutrinal, reflexiva, intelectual, para que as táticas de domínio não pareçam demasiado grosseiras. Assim, interpretam-se a história, a arte, a ciência, a filosofia e a religião de uma forma adequada aos fins que a própria ideologia persegue.

É uma nobre tarefa, por intermédio de uma crítica rigorosa, tentar contestar essas formas estratégicas de interpretação das grandes questões da vida. No entanto, tal esforço geralmente mostra-se inútil porque atua num nível de profundidade no qual a sociedade manipulada não se move, reduzida que está a *massa*, em razão dos hábeis/habilidosos truques realizados na *primeira fase*.

É óbvio que os conteúdos doutrinais têm grande importância: implicam toda uma concepção sobre a vida e a realidade. Com relação, porém, à orientação da atividade humana, devemos concentrar nossa atenção no *estilo de pensar e falar das pessoas*, pois, alterado esse estilo, provoca-se uma reviravolta radical em seu modo de sentir e querer. Mudanças aparentemente leves na forma de pensar e falar determinam toda uma transformação na conduta de pessoas e povos. Operar essa transformação é a tarefa da *terceira fase* do processo manipulador.

Terceira fase: Subversão de valores que se opera ao se trocar o ideal da unidade pelo ideal da mudança

Quando se confere valor de *ideal* ao conceito de *mudança*, utilizado de forma nebulosa, altera-se o sistema de coordenadas mentais, invertem-se os critérios de valoração. Para penetrarmos no último reduto das táticas manipuladoras e libertarmo-nos de seu feitiço, é importantíssimo que analisemos detalhadamente como se vinculam entre si vários termos e conceitos, no momento em que o ser humano *orienta sua vida pelo ideal da criatividade e da unidade*, ou, ao contrário, no momento em que *escolhe como meta a simples mudança*. Trabalhemos por blocos temáticos. Vejamos, em primeiro lugar, como aquele que tende ao ideal da criatividade e da unidade descobre a vinculação existente entre *ser fiel* e *ser constantemente criativo*, entre encontrar-se e desenvolver-se como pessoa. Analisaremos depois aquele que se orienta pela mudança, reduzindo a *fidelidade* a mera *resignação passiva*. Como tal atitude de passividade se opõe à mudança, a pessoa assumirá como ideal *ajustar-se à situação*, ajuste relativista que provoca a *infidelidade ao valioso que, num determinado momento, prometeu-se realizar ao longo da vida*.

A seguir, na coluna da esquerda com relação ao leitor, apresentarei alguns conceitos decisivos para o modo como uma pessoa orientada pelo ideal da *unidade* concebe a vida. Na coluna da direita, mostrarei a transmutação que tais conceitos sofrem quando se adota a *mudança* como ideal. Dessa forma, poderemos entender por dentro a razão que leva as pessoas a atuar de modos tão diferentes ou até opostos.

Ambas as colunas podem ser lidas em sentido vertical e horizontal. No primeiro caso, vemos, de modo coordenado, as consequências da adoção aos ideais indicados: a unidade ou a mudança. No segundo caso, vem à luz a oposição entre cada um dos momentos ou fases desses processos.

A leitura dessas colunas exige certa concentração e deve ser feita com calma. Vale a pena dedicar algum tempo a essa tarefa. Se o leitor não dispõe desse tempo, pode ir até a última seção deste capítulo: "O processo manipulador e a subversão dos valores" (página 286).

I. A FIDELIDADE CONVERTE-SE EM MERA RESIGNAÇÃO PASSIVA, E A CRIATIVIDADE EM EXPERIMENTALISMO

Ideal da unidade e criatividade

Atinge-se esse ideal mediante o jogo criador, que tem um *tempo* próprio, um ritmo peculiar. Criar uma amizade, por exemplo, implica entrar em jogo, e esse jogo requer tempo, não pode ser acelerado de forma arbitrária.

Ser fiel a algo valioso consiste em criar de modo incessante.

A criatividade, vista como assunção ativa de possibilidades e, portanto, como entrelaçamento de "âmbitos", instaura modos elevados de unidade, modos de encontro, levando o ser humano a seu pleno desenvolvimento pessoal.

Tal desenvolvimento pessoal – que se dá no tempo e acima do tempo simultaneamente – constitui o *bem* da pessoa humana.

Ideal da mudança e o isolamento egoísta em si mesmo

Alcança-se esse ideal sem que se ponha em jogo a criatividade. Basta ajustar a conduta às circunstâncias cambiantes e aos próprios interesses.

Quem não adota uma atitude criativa na vida considera a fidelidade como *simples resignação*, algo como manter-se imóvel, sustentando nos ombros um enorme peso.

Por estar em oposição à mudança, a resignação passiva implica uma forma árida e estéril de unidade que contraria a identidade pessoal de um ser *histórico* como é o ser humano. *Ser histórico* é entendido aqui de modo reducionista, como *ser em curso*.

O bem de um ser em curso consiste em *adaptar-se a cada situação*.

Conseguir o *máximo bem* é a meta à qual deve tender a vida humana.

A meta a ser atingida constitui o *ideal* da vida, algo futuro que impulsiona a cada instante a existência humana, dando-lhe sentido.

A animosa criatividade é o caminho certo para alcançar o ideal da vida humana.

Tal adaptação – contrária à resignação passiva – torna-se o bem do ser humano e constitui sua meta *a cada momento*. *Carpe diem!* (Horácio): agarre cada instante de prazer que se desfaz no nada!

Se é preciso atingir a meta *a cada momento*, o *ideal* da vida humana não vem dado por algo futuro, mas pela *mudança*, pela adesão a cada situação e pela realização de experiências novas e gratificantes (*Experimentalismo*).

A busca ansiosa de novas formas de fascínio é o que sacia a tensão do homem em direção ao futuro.

Consequências dessa transmutação de conceitos

1. A fidelidade é considerada uma atitude rígida, pouco versátil.

2. Ser infiel a uma promessa que era para a vida inteira deixa de ser malvisto. Ao contrário, é interpretado

[2] *Precisará ter muita paciência – respondeu a raposa. – Você primeiramente se sentará um pouco longe de mim, como agora, na relva.* [...] *A cada dia, porém, você se sentará um pouco mais perto...* (Cf. O Pequeno Príncipe. Trad. Gabriel Perissé. Belo Horizonte, Autêntica, 2015, p. 67).

como um modo de *fidelidade ao multicolorido e variado*; como acomodação às exigências de cada circunstância, prontidão para responder à chamada de cada situação *valiosa*; valiosa no sentido reducionista de "penhor de gratificações fáceis".

Observemos como o manipulador torna a necessidade uma virtude. Deixando de lado a *fidelidade criativa*, converte a *infidelidade* em "fidelidade do chamado à mudança", sensibilidade para o movimento e para o sempre novo.

3. Esse novo tipo de fidelidade deveria ser designado de outro modo. Seria o caso de empregarmos a palavra *volubilidade*, prontidão para, de acordo com as exigências de cada momento, mudar as ideias, os costumes, os critérios, as crenças, as atitudes, as orientações e as filiações.

Hoje se fala bastante de "infidelidade partidária", que é criticada pelo grupo que sentiu seus interesses prejudicados. Mas por ser um fenômeno que ocorre com frequência sem que os protagonistas sejam necessária e automaticamente desqualificados por todos indica que se operou na sociedade uma *transmutação de valores*.

4. A desenvoltura ou a tranquilidade com que muitas pessoas públicas reagem ao serem surpreendidas em algum tipo de infidelidade não se deve tanto ao cinismo, mas à *confiança em sua própria posição* diante da opinião pública, que acabará por protegê-las.

5. Essa atitude recebe considerável apoio das correntes filosóficas que defendem o *relativismo* e o *perspectivismo*.

II. A FIDELIDADE ÀS OBRIGAÇÕES CONVERTE-SE EM DESLEALDADE E PERMISSIVIDADE

Ideal da unidade e criatividade

A *adesão leal* às normas, formas, critérios e instituições é entendida como *ajuste à vocação humana*, que consiste em *vincular-se livremente ao valioso*.

Quando uma pessoa *assume livremente uma norma*, critério ou instituição que a orienta à realização de sua própria vocação, *obriga-se* a fazer aquilo a que se sente *vinculada interiormente*.

Essa *obrigação* livremente aceita torna prazeroso cumprir o que se *deve* fazer em vista da plena realização pessoal.

Ideal da mudança e o isolamento egoísta em si mesmo

Encarado do ponto de vista da preocupação pela mudança – e não pela unidade –, ater-se a normas e instituições apresenta-se como insensibilidade para o ajuste a cada realidade, situação, necessidade e desejo concretos.

Ajustando-se às circunstâncias, *a pessoa adapta as normas à situação*. Assim, adota-se uma atitude contemporizadora, *permissiva*, considerada precipitadamente como "tolerante".

Esse tipo de "tolerância" vincula-se taticamente ao espírito "liberal", entendido aqui no sentido restrito de "autárquico", autossuficiente, ligado exclusivamente a critérios próprios. Como a palavra "liberal" faz parelha com "liberdade" (palavra "talismã" por excelência em nossos dias), a atitude de não se prender a normas, critérios e instituições (diferentes do homem, supostamente distantes e alheias a ele) ganha enorme prestígio.

A realização plena produz entusiasmo e felicidade interior.

Cumprir o dever de forma entusiasmada e feliz supõe a "interiorização" do dever, não mais considerado como *imposto de fora*, mas como *proposto de dentro*, ao modo de *voz interior*.

A interiorização do dever permite à pessoa configurar sua atividade conforme um plano direcionado à realização de sua vocação e à busca do ideal que lhe foi proposto.

Essa maneira de agir com sentido pressupõe grande *soberania de espírito*, liberdade interior para modelar a própria existência de forma que a pessoa possa conferir a seu ser a figura que lhe corresponde.

Não se prender a normas, critérios e instituições supõe *liberdade de ação*. Há inicialmente exaltação e depois decepção e amargura, pois a pessoa se afasta do que a desenvolve plenamente.

Tal afastamento leva a ver toda *obrigação* ou *dever* como perda de liberdade, como submissão a algo diferente, distante, externo e estranho.

Quem não conhece outro modo de ser livre, a não ser agindo a cada momento segundo os ditames da situação, externa e interna, depende sempre das urgências que procedem de sua própria realidade ou das realidades externas. Essas urgências têm um caráter de coação; não constituem uma voz interior que chama à realização livre do ideal e da vocação próprios.

Essa constante submissão a diferentes impulsos, não integrados num plano de conjunto, significa uma perda da *liberdade interior*.

A figura e o ideal que lhe são inspirados vêm postulados pela realidade mesma do ser humano, e não como produto de uma escolha arbitrária.

Se a figura que vai apresentar nossa personalidade deve ser modelada conforme as exigências da realidade, nossa meta deve consistir em descobrir tais exigências e a elas nos ajustarmos.

O homem que carece de liberdade interior não pensará em conferir à sua existência uma determinada figura; deixará que essa figura seja modelada pelas circunstâncias.

Como as circunstâncias são muito variadas, impõe-se adotar uma atitude *pluralista*, segundo a qual cada opção pode ser tão justificada como qualquer outra, e ninguém precisa esforçar-se por ajustar progressivamente sua posição à verdade.

III. A SERIEDADE DO JOGO CRIADOR CONVERTE-SE EM FRIVOLIDADE INFECUNDA

IDEAL DA UNIDADE E CRIATIVIDADE

Quando se toma como ideal na vida fazer jogo criador, a pessoa se esforça para colaborar com os seres do seu entorno e para cumprir as regras do jogo, que depreendemos a partir do modo de ser de cada realidade e acontecimento.

IDEAL DA MUDANÇA E O ISOLAMENTO EGOÍSTA EM SI MESMO

Se o ideal de uma pessoa é a mudança, sua primordial preocupação será ajustar sua conduta às sucessivas situações, externas e internas, e não às *essências* inalteráveis das realidades e experiências.

Essa colaboração respeitosa equivale a *fazer jogo com as outras pessoas e com todas as realidades "ambitais"*,³ criando formas valiosas de unidade.

Esse jogo criador tem como característica essencial a *seriedade*.

A seriedade própria do jogo criador é uma atitude fecunda; cria "âmbitos" repletos de sentido e valor.

O homem sério é respeitoso e magnânimo, pois intui que sua perfeição depende da vinculação criadora ao valioso.

A acomodação aos próprios interesses cambiantes leva a *manipular as pessoas*, convertendo-as em *meios para os próprios fins*.

Brincar com as pessoas, ou seja, manipulá-las e não atender às exigências de seu modo de ser, mas apenas aos próprios caprichos e desejos de cada momento, desejos egoístas e frequentemente inconfessáveis, é uma atitude *frívola*, não séria.

A frivolidade que destrói o jogo criador é uma atitude infecunda. Permite, às vezes, alguns êxitos passageiros no aumento do domínio, mas termina destruindo a vida humana.

O homem frívolo reduz desrespeitosamente as realidades do seu entorno a meios para seus fins particulares; não permite que as realidades sejam tudo o que são, porque pressente que, reconhecendo-lhes o valor perene, essas realidades lhe exigirão fidelidade e ele não poderá alterar arbitrariamente as coisas de acordo com seus desejos individuais.

---

[3] Sobre o conceito de âmbito, ver o Apêndice ao Capítulo 1, p. 48. O tema do *jogo criador* é tratado amplamente em meu livro *Estética de la Creatividad: Juego, Arte, Literatura*. Madrid, Rialp, 1998, p. 33-183.

IV. A "LIBERDADE PARA A CRIATIVIDADE" – QUE INTEGRA AS ENERGIAS DO SER HUMANO – CONVERTE-SE EM "LIBERDADE DE AÇÃO" – QUE AUTONOMIZA TAIS ENERGIAS

IDEAL DA UNIDADE E CRIATIVIDADE

Se meu ideal na vida é a unidade em suas formas mais elevadas, dou importância à ordem, à hierarquização, à sistematização, à estrutura...

A estrutura, bem entendida, confere às realidades harmonia, leveza, solidez, energia, capacidade de perduração e de resistências às forças dissolventes.

A harmonia, fruto da integração de elementos contrastados (proporção e medida), é fonte de unidade, beleza e bondade.

A bondade, a beleza e a unidade supõem um valor elevado para quem cultiva as experiências de "êxtase", que são criativas e fundam um tempo superior ao mero transcurso de instantes.[4]

IDEAL DA MUDANÇA E O ISOLAMENTO EGOÍSTA EM SI MESMO

Quem escolhe o ideal da mudança não interpreta como valiosas nem as formas de unidade que perduram nem a fonte de unidade, integradora de elementos contrastados.

A estrutura, vista como a vertente das realidades que permanecem na sucessão das mudanças, é interpretada como fonte de rigidez, de inadaptação e imobilismo, e, portanto, como um *antivalor*.

A bondade e a beleza que se associam na unidade que é harmonia têm poder de perduração e não toleram a mudança; são vistas como "imobilistas".

Aquele que adota como ideal o domínio e a mudança não segue a via do êxtase, mas a da vertigem, que embaça a vista para os valores.

---

[4] Sobre as noções de êxtase e vertigem, fiz amplas análises nos livros *Vértigo y Éxtasis. Bases para una Vida Creativa*. Madrid, Asociación para el Progreso de las Ciencias Humanas, 1987; e *Inteligência Criativa: Descoberta Pessoal de Valores*. São Paulo, Paulinas, 2004.

As experiências extáticas, criadoras de encontros, são possíveis tão somente quando a pessoa se relaciona ativamente com realidades que lhe oferecem valores, convidando-a a assumi-los ativamente.

Essas realidades — instituições, pessoas, estilos, valores... — têm um modo de ser sólido, que perdura e mantém suas exigências: pede para ser realizado. O valioso não somente é, mas *deve ser*.

Para fundar relações criativas com esse tipo de realidades, o ser humano deve esforçar-se para cumprir as exigências que seu modo de ser apresenta.

Cumprindo tais exigências, a pessoa adquire liberdade para ser criativa.

Esse tipo elevado de liberdade permite à pessoa integrar suas diversas energias e planos de realidade, fundando com outras realidades modos de unidade valiosos.

Esse tipo de unidade supõe a plenitude e a felicidade humanas.

As experiências de vertigem são possibilitadas por realidades que oferecem gratificações imediatas e pedem apenas que a pessoa se deixe levar pelo fascínio.

Uma realidade valiosa que não somente é, mas deve ser, não pode ser usada pelo homem de qualquer maneira. Parece impor-se *de fora* de modo *coercitivo*.

Toda realidade valiosa, exigente por si mesma, limita a *liberdade de ação* da pessoa, máximo valor para quem tem como meta satisfazer seus próprios interesses.

Aceitando essa limitação, a pessoa acredita estar submetida à escravidão, anulada em sua independência e poderio.

Tendo perdido seu domínio sobre as realidades, a pessoa se vê como um ser carente de sentido, absurdo, pois não avalia o poder peculiar que existe na *liberdade para a criatividade*.

A consciência de ser absurdo e não ter justificativa para existir empurra o ser humano para o desespero e a destruição.

V. A UNIDADE REPLETA DE ENTUSIASMO CONVERTE-SE EM DESINTEGRAÇÃO APÁTICA E ENTEDIANTE

IDEAL DA UNIDADE E CRIATIVIDADE

Os tipos de unidade valiosos não são estáticos, mas *dinâmicos*. Constituem uma trama de inter-relações.

Movendo-se nessa trama relacional, o ser humano sente *entusiasmo*, pois se vê próximo à sua plenitude como pessoa.

O entusiasmo eleva o ânimo, mantendo-o em tensão criadora.

O exercício da criatividade permite ao ser humano agir conforme o *tempo* próprio do que está realizando e, assim, superar por elevação o tempo cronológico.

Ao sobrevoar o decurso do tempo, anula-se radicalmente a possibilidade do *tédio* ou *aborrecimento*, que implica submissão ao decurso dos diversos instantes.

IDEAL DA MUDANÇA E O ISOLAMENTO EGOÍSTA EM SI MESMO

Aquele que não cria tramas de inter-relações, pois deseja estar totalmente disponível para a mudança, tende a separar os diversos elementos de cada realidade e a desvincular-se das realidades valiosas, que resistem às alterações e mudanças.

Essa desintegração e desvinculação isola o ser humano, mergulhando-o na indiferença, na apatia e na indolência.

A indiferença apática diminui ao máximo a capacidade criativa.

A falta de ímpeto criador anula o dinamismo interior que leva o ser humano a mover-se no plano das realidades que abarcam muito campo e não se reduzem a cada um dos minutos do relógio.

Essa falta de dinamismo traduz-se em submissão ao tempo do relógio e, portanto, em aborrecimento e tédio.

Confusão entre a "novidade" e o "histórico"

"É bom", escreve Saint-Exupéry, "que o tempo que escorre não pareça gastar-nos e perder-nos, como o punhado de areia, mas tornar-nos plenos. É bom que o tempo seja uma construção."[5] O tempo colabora para a construção de uma realidade valiosa e sólida, sendo ele, o tempo, veículo de uma atividade criadora e não mera sucessão de momentos cambiantes. Neste último caso, cada minuto é *novo* com relação ao anterior, mas tal novidade não aporta nada de construtivo, pois seu valor radica apenas no simples fato de não ter existido antes e de não voltar a existir depois.

Quando a pessoa se move no plano do mero decurso do tempo, interpreta como um momento "histórico" aquele em que se realiza algo que nunca aconteceu antes. Tocar piano usando luvas com um dedal de costura em cada um dos dedos pode ter sido uma ideia que a ninguém ocorrera antes, até que, numa determinada manhã, um pianista apresentou-se desse modo numa sala de concerto. Tal momento, no entanto, não tem, por esse motivo, caráter *histórico*, pois não inaugura nenhuma época nova, não descobre nenhuma orientação inédita, nem sequer oferece alguma contribuição para a técnica interpretativa. Não passa de mera "ocorrência". A afirmação posterior do intérprete de que seu gesto foi *histórico*, pois jamais alguém, antes dele, fizera algo semelhante àquilo, revela escasso conhecimento de Filosofia da História.

A atividade criadora dá lugar a algo "originário", algo que é novo e abre notáveis possibilidades para o futuro. Aquele

---

[5] *Cidadela*. Trad. Julia da Rosa Simões. São Paulo, Via Leitura, 2015, p. 16.

que não procura criar um projeto de futuro no presente, com base nas possibilidades oferecidas pelo passado, e vive apenas concentrado na *mudança pela mudança*, tende a confundir o *originário* com a *novidade*, o que significa uma *queda do plano em que se dão os atos criativos e se sobrevoa o decurso do tempo para o plano em que se vive apegado à mera sucessão dos minutos*.

VI. O ENTUSIASMO NA DEFESA DOS VALORES CONVERTE-SE EM AGRESSIVIDADE NA IMPOSIÇÃO DE INTERESSES PARTICULARES

IDEAL DA UNIDADE E CRIATIVIDADE

A criatividade implica assumir ativamente os valores, o que produz entusiasmo.

Entusiasmar-se na defesa dos valores significa estar imerso num mundo de possibilidades que nos elevam ao melhor de nós mesmos.

Quando nos elevamos ao que há de melhor em nós, adquirimos plena *identidade pessoal*, tornando-nos o que estamos chamados a ser.

IDEAL DA MUDANÇA E O ISOLAMENTO EGOÍSTA EM SI MESMO

Aquele que não adota uma atitude criativa não tem sensibilidade para os valores. Tal insensibilidade leva à vertigem, à decepção e à apatia.

O homem apático, indiferente aos valores, não vê sentido em assumir um valor e a este ser fiel. Por isso, interpreta a *fidelidade* como sinal de mera *teimosia*, de instalação numa posição fixa, insensível às variações provocadas pela diversidade de tempos e lugares.

Aquele que assume como ideal ajustar-se ao mutável vê a identidade pessoal como uma forma de enrijecimento num estado imóvel.

A coerência entre a vocação pessoal e a atividade realizada implica autenticidade pessoal.

Se o meu objetivo na vida consiste em alterar o que for necessário para servir aos meus interesses particulares, meu ideal não será assumir valores supratemporais, mas defender posições que, a cada momento, obtenham a melhor imagem perante a sociedade.

VII. A SOBERANIA DE ESPÍRITO CONVERTE-SE EM VOLUBILIDADE

IDEAL DA UNIDADE E CRIATIVIDADE

Prometer algo valioso implica soberania de espírito, liberdade diante do imediato e das transformações do tempo e do sentimento.

Cumprir uma promessa constantemente supõe um espírito dono de si mesmo, criativo, soberano, livre, fiel.

A pessoa criativa, fiel, livre, não é aventureira, mas gosta de toda inovação que suponha um aperfeiçoamento de tudo o que é valioso.

IDEAL DA MUDANÇA E O ISOLAMENTO EGOÍSTA EM SI MESMO

Prometer realizar *sempre* algo que *hoje* se considera valioso não tem sentido para quem glorifica a mudança.

Aquele que vive preocupado apenas em obter vantagens vive no presente. A seu ver, o passado é algo que já aconteceu e está "ultrapassado". Ser fiel a esse passado, visto desse modo, constitui uma obsessão, um esclerosamento, uma falta de atualidade e iniciativa.

O homem, como ser vivo, deve amar a vida a cada momento e, por isso, deve ser flexível como a própria vida, adaptando-se às diferentes situações, à procura do novo mesmo que não seja valioso.

A tenacidade no serviço ao valioso caminha ao lado da *imaginação criadora*, que não é a faculdade do irreal fantástico, mas das realidades que, mais do que objetos, são *âmbitos*, seres capazes de oferecer possibilidades de ação repleta de sentido.

A pessoa imaginativa estima profundamente as realidades que, por seu valor, oferecem possibilidades de vida fecunda. Tal estima a leva a cultivá-las fielmente, e essa fidelidade é *criativa*, pois consiste em *criar a cada momento o que prometeu criar num determinado momento*. Assim, os noivos prometem fidelidade *para sempre*. Essa expressão adverbial, mais do que à *duração temporal* do lar, refere-se à *qualidade do amor*. A cada dia não oferece apenas "novidades", mas intensifica o amor primeiro, recriando-o a cada instante. Esse amor renovado não está no plano da *novidade*, mas do *originário*, uma vez que dá origem a um modo de amar que é *o mesmo* mas não idêntico ao que foi.

A volubilidade, do ponto de vista de quem glorifica a mudança, é interpretada de modo positivo como versatilidade, engenhosidade, poder inventivo.

A pessoa volúvel, inconstante, cambiante, não é malvista pela sociedade atual. Ao contrário, é considerada frequentemente como uma pessoa imaginativa e criadora de situações novas e surpreendentes. Hoje, confunde-se o *chamativo* com o *valioso*, aquilo que chama atenção e aquilo que enriquece nossa vida.

O processo manipulador e a subversão dos valores

1. É impressionante a alteração que se opera em todas as atitudes humanas quando, deixando de lado o *ideal da unidade*, se adere ao *ideal da mudança*.

2. O manipulador, invertendo as diversas *ideias-chave* tal como vimos nas colunas anteriores, anula o poder criativo das pessoas. Uma sociedade pouco criativa deixa-se guiar por aqueles que arrogam para si o papel de líderes e assimila sua linguagem.

3. Quando se estabelece um conflito entre as convicções que possui e as ideias propaladas por esses líderes, a sociedade tende a pensar que perderá a paz, caso se oponha àqueles que lhe prometem uma existência tranquila. Considera mais prudente *desdramatizar* as diferenças de critério e trabalhar com a ideia de que todas as posições são boas de acordo com a visão de cada pessoa ou grupo. Toda opinião, portanto, seria digna de respeito. Emitir *juízos com clareza*, com a convicção de *estar na verdade*, seria algo inaceitável. O certo seria tão somente expressar *opiniões*, que formam um conjunto *pluralista*, no qual nenhuma concepção tem primazia sobre as outras. Nesse clima de amolecimento intelectual, proclama-se *de forma contundente* que ninguém deve emitir *juízos definitivos*.

4. De fato, atualmente, já não ouvimos muitos *juízos autorizados* sobre as questões importantes. Impõem-se astuciosamente *slogans* anônimos, que passam a ser *juízos emitidos pela*

maioria dominante. Os juízos procedem de pessoas concretas. Estas, como se costuma afirmar, devem se manifestar. Os *slogans* são inventados pelos estrategistas da manipulação e propalados como *manifestação concreta da opinião pública.* Essa substituição do conceito elaborado com precisão e do juízo cuidadosamente formulado pelo *slogan* ou lema estratégico supõe um grave empobrecimento, uma vez que o *slogan* está *privado da reflexão que o conceito e o juízo implicam* e possui um *excesso de carga afetiva.* De modo semelhante, o *raciocínio ponderado* é substituído pelo *jogo astucioso dos conceitos.* A busca desinteressada pela verdade é abandonada em favor da *técnica sofística* de seduzir, utilizando-se os truques do ilusionismo mental.

5. Se a sociedade aceita como normais essas substituições, é muito mais fácil difundir as doutrinas que favoreçam os interesses dos manipuladores, orientando a vontade e modelando os sentimentos das pessoas no campo artístico, moral, religioso... Essas mudanças são vistas como algo que acontece por força dos próprios fatos, tempos e circunstâncias. Uma espécie de *fatalismo* toma conta das pessoas, inclusive daquelas que se consideram bem formadas, ao comprovarem que, de fato, a vida vai se deteriorando, sobretudo no campo mais visível em curto prazo, que é o campo ético. À primeira vista, tudo indica que é impossível lutar contra essa maré alta tão envolvente e anônima, que não se sabe como chegou, como foi imposta à sociedade e como funciona. Em consequência disso, apodera-se dos espíritos um *espírito de derrota.*

6. Todas essas circunstâncias levam um bom número de pessoas e grupos sociais a considerar como possível saída fazer um

pacto com o vencedor, acolhê-lo, aumentar ainda mais a sua força, correndo o grave risco de anular o necessário *pluralismo democrático*. Isso é curioso. Começa-se fomentando astuciosamente o pluralismo para enfraquecer a posição daqueles que têm ideias claras a apresentar, que têm critérios sólidos para oferecer, juízos certeiros a emitir. Proclama-se a igualdade de direitos com relação à liberdade de expressão, como se esta não devesse ser adquirida ao preço de uma adequada preparação. *Uma vez que, mediante essa estratégia, conseguiu-se o poder quase absoluto, usa-se esse poder para aniquilar de modo implacável qualquer resquício de pensamento alheio, de orientação diferente à da maioria prepotente.*

7. As pessoas dotadas de certa capacidade de iniciativa sentem-se, com isso, amedrontadas e sequestradas. Ao final, acabam frequentemente submetidas a uma espécie de "síndrome de Estocolmo", e transformam o temor em simpatia ou, pelo menos, em vontade de estabelecer uma relação de convivência com o adversário.

A compreensão profunda desses sete pontos nos permite descobrir a gênese da *subversão de valores* e, por consequência, a de toda uma série de atitudes destruidoras que decidem, em grande medida, o desenvolvimento da sociedade contemporânea.

12

Consequências da manipulação e seu antídoto

Ao descrever o que é a manipulação, quem manipula, por que e como, apresentamos algumas das consequências dessa forma sutil de ludibriar as pessoas. Podemos agora dar uma visão mais completa.

Consequências da manipulação

Sobrevoando tudo o que se disse até aqui, saltam aos olhos os seguintes dados:

1. O manipulador mobiliza todos os meios ao seu alcance para *empobrecer* a vida humana e *torná-la vulnerável* à sedução.

2. Entregue à sedução, o ser humano não consegue pensar com rigor, escutar o chamado dos grandes valores e

assumi-los ativamente – dando lugar à criatividade –, nem conferir energia à vontade e cultivar os modos mais elevados de sentimento.

3. Essa perda reduz enormemente as defesas interiores da pessoa, impedindo-a de proteger sua própria identidade e dignidade pessoal. Sob o pretexto de exaltá-lo, ao lisonjear suas tendências instintivas, o manipulador reduz a pessoa a *mera função*, a uma *presa fácil*.

4. Uma vez despojado de sua capacidade criativa, o ser humano perde o sentido da linguagem e emprega ingenuamente a linguagem deturpada.

5. Essa linguagem forjada pelo ideal do domínio e não da unidade converte em *ideais* as ideias *talismã* que afastam o ser humano da criatividade; exalta a *volubilidade*, em lugar da *fidelidade*; a *mudança*, em lugar da *perdurabilidade*; a *luta*, em lugar da *concórdia*; a *cisão*, em lugar da *integração*.

6. Tal subversão de valores provoca o *relativismo* e o *indiferentismo*, e, em última análise, o contrassenso ou absurdo.

7. A consciência de viver uma existência que consiste apenas em agitar-se paralisa o dinamismo pessoal humano e provoca uma atitude de apatia. É o final lógico de muitos movimentos de protesto e renovação que se deixaram guiar por uma linguagem falsificada, sequestrada, que confundia o *amor pessoal* com o *amor livre*, o *amor à natureza* com o *embaralhamento no sensível*, a *liberdade* com a *repulsa a todo tipo de ordem, normatividade e instituição*. Ao perseguir ideais nobres por vias inadequadas, o fracasso inevitável de tantos grupos

sociais converteu suas esperanças em amarga decepção e rebeldia interior. A convicção de que nada mais tem sentido e nada vale a pena inspira uma forma extrema de *niilismo*. Essa atitude espiritual baseia-se na convicção, difusa mas intensa, de que os valores superiores são irreais e carecem de qualquer efetividade sobre a própria vida, de modo que somente terá sentido valorar positivamente o que satisfaz os apetites instintivos. Tais apetites continuam vigentes de algum modo porque satisfazê-los não exige nenhum esforço criativo. Entregar-se ao mecanismo dos processos instintivos é a única forma de atividade capaz de lembrar ao ser humano decepcionado que ainda está vivo. Para o homem desiludido, *saciar* seus instintos parece lhe trazer a *plenitude*. A plenitude que os valores mais altos lhe oferecem está fora do seu campo de visão. Eis aqui o resultado mais destrutivo da manipulação ideológica. *Não esqueçamos que quanto mais altos os valores, maior é a complexidade e a riqueza de matizes que nos apresentam, e mais difícil captá-los e realizá-los.* Devido a essa dificuldade, "é normal que no homem [...] os mais nobres valores sejam também os mais vulneráveis à mentira".[1] Para a pessoa manipulada, insensível aos valores mais altos, o valioso reduz-se ao *interessante*, ou seja, ao que tem interesse imediato para alguém.

8. Quem somente deseja e busca o "interessante", o "excitante", o que lhe traz benefícios imediatos é facilmente seduzido pelas realidades fascinantes que o lançam na vertigem. A vertigem é um processo violento que degrada a pessoa

---

[1] Gustave Thibon, *O que Deus Uniu: Ensaio sobre o Amor Humano*. 2. ed. Trad. Mário Pacheco. Lisboa, Aster, 1958, p. 26-27.

paulatinamente, roubando-lhe a autêntica forma de liberdade, que é a *liberdade para a criatividade*.

9. Um povo carente da tensão criadora normal regride facilmente a estágios de imaturidade e primitivismo, embora desfrute de um alto grau de "civilização", de uso e desfrute dos resultados da cultura. Sinais de alarme a esse respeito são – entre outros fenômenos patológicos – o aumento da delinquência e do alcoolismo, a entrega passional aos jogos de azar, a destruição da juventude por meio das drogas, a queda brutal das taxas de natalidade, o aumento dos conflitos familiares, o cultivo aberto da grosseria e da vulgaridade. Esse declínio nos obriga a levar a sério a grave admoestação de Ortega y Gasset em sua inquietante análise no livro *A Rebelião das Massas*: "É perfeitamente possível desertar de nosso destino mais autêntico; mas é para ficarmos presos aos patamares inferiores de nosso destino".[2]

10. Um povo que deserta de seu destino mais autêntico não pode configurar de maneira estável uma verdadeira democracia, uma vez que esta é um campo de jogo no qual são criadas relações valiosas, clarifica-se comunitariamente o sentido da vida e há um avanço em direção à plenitude. Quem se declara partidário da democracia e pratica a manipulação para alcançar o poder sobre as pessoas imita a genialidade daquele que subiu numa árvore frondosa, sentou-se num de seus galhos e, querendo-o somente para si, cortou-o na junção entre ele e o tronco.

[2] José Ortega y Gasset, *A Rebelião das Massas*. 2. ed. Trad. Marylene Pinto Michael. São Paulo, Martins Fontes, 2002, p. 135.

Antídoto contra a manipulação

Os nocivos efeitos da manipulação são graves demais para que deixemos de tomar as medidas pertinentes. Não é fácil pôr em prática essa reação defensiva, porque o manipulador submete as pessoas aos mecanismos de um círculo vicioso. Primeiro, tira-lhes o poder de discernimento. Não sabendo usar a linguagem com espírito crítico, pessoas e povos sucumbem facilmente aos truques do ilusionismo mental. Em razão disso, o manipulador torna-se prepotente, arrogando-se o direito de dominar a população em todos os campos: na política, na moral, na cultura, na religião...

Uma pessoa presa a esse círculo dificilmente conseguirá libertar-se desse feitiço. Precisará de ajuda, de alguém que o oriente a pensar com a devida perspectiva e lhe faculte liberdade interior. Esse processo de libertação deve operar em várias fases:

1. É preciso mostrar com detalhes o que é a manipulação, como se realiza e quais são seus efeitos demolidores sobre a mente e a vontade das pessoas.

2. Para que as pessoas percam a ingenuidade que facilita o trabalho ardiloso do manipulador, é preciso iniciá-las na arte de pensar com rigor. Pensar de modo imparcial e sereno, com total independência das lutas sociais. Aqueles que estão comprometidos com alguma orientação política ou cultural não precisam temer que alguém queira afastar-se de sua posição ou que ataque o grupo a que pertencem. Trata-se tão somente de fazer justiça à riqueza dos aspectos da realidade que será estudada a cada momento. Esse trabalho positivo de

ajuste às condições da realidade fortalece nossa capacidade de pensar e nos expressar com rigor, libertando-nos de velhos erros e da canga de métodos inadequados.

3. Essa agilidade mental permite que cada pessoa descubra por si mesma possíveis desajustes no modo de entender ou usar determinadas palavras ou esquemas mentais, de abordar certos problemas, seguir um raciocínio, montar uma propaganda. Para que todos percebamos rapidamente o uso interesseiro que porventura se faz da linguagem e da imagem, convém que estejamos atentos e que nos sejam oferecidos diversos exemplos para uma boa análise. Essa análise nos obrigará a tomar distância a fim de adquirirmos perspectiva crítica. Tal distância de perspectiva nos dará maior poder de discernimento e nos libertará do círculo vicioso da manipulação.

4. Essa libertação amplia-se quando somos ajudados a descobrir a riqueza que há na *vida criativa*, da qual o manipulador quer nos afastar. Se assumirmos essa riqueza e realizarmos experiências criadoras, sentiremos o entusiasmo suscitado pelo "êxtase", e teremos força de vontade para abandonar toda posição, por mais arraigada que nela estejamos, que nos separe dessa fonte de vida em plenitude e felicidade. Quem nos oferece orientação não nos *força* a tomar decisões, não exerce sobre nosso ânimo a menor coação. *O que faz é nos dar perspectiva justa para que em nós venha à luz o desejo de nos orientarmos em direção ao que nos plenifica, com total liberdade perante toda espécie de preconceitos intelectuais e inclinações sentimentais.*

5. Uma tarefa como essa, de purificação do pensamento, da linguagem, das atitudes e dos ideais, só será possível se

estivermos impulsionados por um *amor incondicional à verdade*, àquilo que cada realidade e cada acontecimento são em si plenamente. O amor à verdade nos imuniza contra a tentação de manipular outras pessoas, e reforça nossas defesas diante das tentativas manipuladoras dos demais. Essa abertura à realidade e à verdade impede que os sistemas de ideias se fossilizem e degenerem em "ideologias". Por isso podemos dizer que a verdade nos cura e a mentira nos adoece.

À medida que aprendemos a distinguir os diversos modos de realidade, a captar o valor de cada um desses modos e a hierarquizá-los entre si, dando primazia aos valores mais elevados, recuperamos também, gradualmente, o sentido pleno da linguagem sequestrada. Para retirarmos das mãos do manipulador o controle sobre a linguagem, o caminho mais eficaz não é enfrentá-lo diretamente, mas consagrar-se à tarefa de descobrir a riqueza que se abriga nos vocábulos retamente empregados. O contato com esse tesouro inesgotável permitirá que superemos o *cansaço espiritual* que constitui – segundo Edmund Husserl – o maior perigo do homem europeu contemporâneo,[3] e nos levará a pensar que é possível superar a confusão mental, a indiferença e a apatia.

As táticas manipuladoras perdem seu encanto quando são descobertas

É necessário enfrentar os manipuladores, no sentido de obrigá-los a esclarecer se as suas razões são válidas ou se elas

---

[3] Cf. "A Crise da Humanidade Europeia e a Filosofia". In: *Europa: Crise e Renovação*. Trad. Pedro M. S. Alves e Carlos Aurélio Morujão. Rio de Janeiro, Forense Universitária, 2014, p. 113-54.

se reduzem a meros recursos estratégicos. Quando um recurso estratégico é conhecido e decifrado, fica-se atento a todo possível abuso da linguagem que possa ser cometido para nos dominar. Nossa agilidade mental nos permitirá rapidamente descobrir, sozinhos, a astúcia manipuladora. Essa liberdade interior arruína os planos astuciosos do demagogo, que, por isso, considera seu maior inimigo aquela pessoa que dedica tempo e talento para desmascarar suas táticas. Em certas ditaduras foi proibido por leis severas e ameaça de graves penas a leitura de livros de filosofia que dessem chaves de interpretação para fazer entender o verdadeiro sentido dos conceitos básicos da vida humana e seu desenvolvimento.

Oferecer chaves de interpretação é decisivo para que compreendamos o correto uso da linguagem e denunciemos os abusos cometidos contra ela. Quanto aos abusos, é urgente ter uma chave de interpretação para desmitificar os meios de comunicação. A televisão, a rádio, a imprensa, os espetáculos de diferentes tipos têm imenso prestígio para aquelas pessoas que os veem como algo sugestivo, proveniente de um lugar inacessível, entendendo-se essa palavra no sentido de um lugar elevado, enigmático, nobre. A chave interpretativa para desmitificar os meios de comunicação consiste em privá-los dessa aura de grandeza e vê-los de modo realista como produto de um trabalho realizado por pessoas *concretas* em *determinadas* circunstâncias. Quem está a par do que ocorre nos bastidores de uma redação de jornal, nos estúdios de um canal de tevê ou de uma produtora de cinema não aceita automaticamente como valioso tudo o que vê e ouve. Submete tudo à devida crítica.

Tal reação crítica é bastante difícil quando se trata de meios de comunicação que entram em nossas casas, falam-nos ao ouvido mil e uma vezes, insistem sobre o mesmo tema de vários modos, com diferentes entoações de voz, sob diversos pretextos, mas sempre com a mesma intenção de fundo: apregoar uma ideia, sugerir uma atitude, suscitar um sentimento, pressionar para que se tome uma decisão, provocar interesse por algo ou receio de determinada coisa. Por meio da repetição, os meios de comunicação invadem o campo da intimidade pessoal. Inicialmente, esses meios são colocados a nosso serviço, mas logo depois ganham espaço, tomam a iniciativa e passam a se considerar meta da vida social.

Apesar do prestígio e da imensa força persuasiva que os meios de comunicação têm, podemos libertar-nos de seu encantamento se aperfeiçoarmos nossa capacidade de captar no ar os métodos astuciosos dos manipuladores e adquirirmos um amor *incondicional* à verdade.

Libertar-se do manipulador depende do amor à verdade

O amor à verdade surge quando a pessoa é criativa e experimenta por contra própria a riqueza e o valor da realidade, para além de toda aparência e de todo interesse subjetivo. Esse valor e essa riqueza revelam-se na linguagem autêntica, veraz, amistosa, criadora de âmbitos de convivência e de participação em realidades ou tarefas valiosas. Quem alguma vez sentiu a emoção produzida por essa forma de linguagem descobre rapidamente o caráter ilegítimo da linguagem adulterada.

Se um dia você prometeu fidelidade a uma pessoa ou instituição, e depois se esforçou para cumprir sua promessa, vê por dentro, com toda clareza, que ser fiel significa *criar* diariamente a relação colaboradora proposta. Quando alguém se casa com uma pessoa, não "faz" um lar para sempre, mas promete empenhar-se em *criá-lo* ao longo dos dias. Quando um demagogo pseudoprogressista tenta desprestigiar nossa atitude de fidelidade, dizendo-nos que é pouco "lúdica", pouco imaginativa e versátil, devemos saber afastá-lo do nosso caminho, convidando-o a não confundir a atitude de quem apenas *suporta* com a daquela pessoa que vive a *fidelidade criativa*. Suportar e aguentar são algo próprios das paredes e colunas, que são elementos cóisicos. Ser fiel é condição exclusiva das *pessoas*, seres capazes de projetar o futuro criativamente, superando assim a submissão ao fluir do tempo.

Essa capacidade criativa está na base de todo autêntico jogo. Qualificar de "lúdica" e imaginativa a atitude de *volubilidade* da pessoa infiel manifesta uma lamentável ignorância com relação à essência do jogo, algo peculiar ao ser humano. O jogo é atividade que implica o esporte, a interpretação musical, a ação litúrgica, ou seja, toda atividade humana que *crie âmbitos repletos de sentido sob algumas normas determinadas*. Era esse tipo de jogo, não entendido como mera diversão descontrolada, que vinha à mente do grande escritor e estudioso da estética Friedrich Schiller ao dizer que "o homem joga somente quando é homem no pleno sentido da palavra, e somente é homem pleno quando joga", e que "é o jogo e somente ele, dentre os vários estados do homem, que permite o desdobramento simultâneo e completo da dupla natureza humana".[4]

---

[4] Friedrich Schiller, *Cartas sobre a Educação Estética da Humanidade*. 2. ed. Trad. Roberto Schwarz. São Paulo, Editora Pedagógica e Universitária (EPU),

Entrar em jogo com as realidades circundantes significa assumir as possibilidades que elas nos oferecem para atuarmos com sentido. Se as assumimos *ativamente*, entramos em relação de encontro e obtemos luz para compreender a eficácia e riqueza dos *valores* – que são *possibilidades de jogo* – e adquirimos entusiasmo e impulso para aspirarmos aos valores mais elevados como a buscar um *ideal*. A atração por um ideal autêntico confere à existência humana uma singular energia, libertando-a, assim, do estado de passividade e inércia que constitui o clima propício para a manipulação.

As pessoas *desiludidas* podem ser facilmente *iludidas*, por força da sedução que o *ilusionismo mental* exerce sobre elas. As pessoas iludidas esforçam-se para conseguir coisas que, no fundo, não desejam, pois tais coisas não lhes dão plenitude. Esse é o drama do homem manipulado. Não se sentindo mais atraído pelos grandes valores, o homem apático entrega-se facilmente ao estímulo ilusório do engano.

A questão decisiva em nossos dias é a seguinte: *Como descobrir o ideal autêntico da própria vida e por ele entusiasmar-se?* Essa pergunta nos remete ao começo da nossa análise da manipulação. Dissemos antes que o desejo de manipular nasce da insegurança que o homem sente quando se vê desamparado e não sabe buscar esse amparo a não ser mediante o aumento do seu controle sobre coisas e pessoas. Na Primeira Guerra Mundial foi à falência o velho ideal de *saber para poder, para prever, para dominar, possuir e desfrutar*. Esse ideal não foi substituído por outro mais adequado à vida humana. Daí

2017, p. 91-92. E sobre o jogo retamente entendido, pode-se ver o meu livro *Estética de la Creatividad*, p. 23-163.

o aumento alarmante da manipulação em todas as partes e a inclinação crescente das pessoas a se deixar manipular.

Não há, portanto, algo mais urgente na atualidade do que pararmos para refletir, para ver a vida em conjunto, sobrevoando o passado e o que desejamos que venha a acontecer, a fim de fazermos uma opção: *optarmos por um ideal que oriente nossas energias para um autêntico desenvolvimento pessoal e comunitário*, e não somente pelo sucesso imediato em um aspecto ou outro da vida, como o aumento de poder, de bem-estar, de sofisticação cultural... Buscarmos *o desenvolvimento pessoal e comunitário*.

As pesquisas científicas e filosóficas mais lúcidas do nosso tempo ensinam que o ser humano se desenvolve plenamente mediante o exercício da criatividade em todos os planos. E todos os aspectos da criatividade apresentam um traço comum: *confluem na instauração de modos relevantes de unidade*. Um arquiteto estende uma ponte sobre um rio e transforma a paisagem. Essa transformação é realizada de modo *coativo* ou de modo *dialógico*? Somente no segundo caso a ponte é um produto *cultural*, pois instaura *unidade*: unidade entre os homens que se comunicam e entre todos eles e a paisagem.

Quando se criam esses modos elevados de unidade, há encontro, jogo, festa, arte, beleza, amparo, felicidade. Ao percebermos essa múltipla e sugestiva conexão, abre-se diante de nós um horizonte entusiasmante de realização humana. Desdobrar esse horizonte e nele entrar com entusiasmo é a quinta-essência da tarefa formativa. Tornar tudo isso mais visível anima os manipulados a libertar-se da sedução das diversas formas de ilusionismo e estimula os manipuladores a mudar de ideia e interromper seu trabalho suicida.

Uma boa formação permite-nos compreender que a relação de domínio "senhor-escravo" desvaloriza o servo e o senhor, porque os afasta a ambos do encontro e da participação nas tarefas comuns e valiosas. Se é verdade que "toda vida verdadeira é encontro" e "onde não há participação não há realidade" (Martin Buber),[5] quem quiser realizar-se como pessoa deverá apostar tudo numa única cartada: respeitar a quem está chamado a ser seu companheiro de encontro e ter alta estima pelas realidades cujo valor só se percebe quando se "participa" dessas realidades. Uma obra de arte não pode ser conhecida plenamente a não ser que alguém mergulhe nela, jogando com ela, participando dela.

Toda vida ética fundamenta-se nessa ideia de participação e de encontro, e tal ideia inspira-se no ideal da criatividade e da unidade. *Mudando-se o ideal, muda-se tudo.* É impressionante a transformação que se opera em nossa personalidade quando substituímos o *ideal do domínio e do deleite* pelo *ideal da criatividade, da unidade e da colaboração.* Realizada essa mudança de ideal, não entramos num processo de vertigem, mas de êxtase; não nos deixamos atrair pela *exaltação* e pelo *prazer* que o fascínio produz, mas pela *exultação* e pelo *júbilo* suscitados pelo valor; não nos esvaziamos de tudo aquilo que nos aperfeiçoa, mas nos elevamos ao melhor que há em nós mesmos; não nos precipitamos amargamente na destruição, mas ascendemos alegremente na construção de nossa própria personalidade.

    Examinando com atenção o abismo existente entre um caminho e outro, descobrimos que confundir as

---

[5] Cf. *Eu e Tu.* 10. ed. 5. reimp. Trad. Newton Aquiles Von Zuben. São Paulo, Centauro, 2013, p. 57 e 90.

experiências de vertigem e as de êxtase constitui a forma mais perigosa de reducionismo, de manipulação e subversão de valores. Quando reduzimos as pessoas e as realidades ao nosso redor a *meras coisas*, pelo desejo de domínio, perdemos a *soberania de espírito* que o respeito e a vontade de colaboração nos dão, e acabamos por nos *assediar* uns aos outros. Esse *assédio* daqueles que se reduzem a *coisas* anula de modo radical a possibilidade do encontro e, por consequência, da vida ética. O amor degenera em ódio, a confiança em suspeita, o diálogo em discussão rancorosa.

Contra essa *revolução do Niilismo* só existe uma forma adequada de resposta: buscar o ideal *autêntico*, que é o de *criar as mais valiosas formas de unidade*. Essa é a *verdadeira utopia*; não a utopia ilusória que cai no vazio, mas a utopia que entusiasma e leva à plenitude. Faz muitos anos, um grande médico e humanista espanhol, Gregorio Marañón, viu tudo isso com grande lucidez, ao escrever:

> Cego será quem não perceber que o ideal da etapa futura de nossa civilização será o retorno aos valores eternos que, por serem eternos, são antigos e modernos: a supremacia do dever sobre o direito, a compreensão da dor como energia criadora, o desinteresse pela excessiva fruição dos sentidos, o cultivo da alma mais do que do corpo, em suma, de um modo ou de outro, o retorno a Deus.[6]

---

[6] Cf. *Obras Completas*, vol. I. Madrid, Espasa-Calpe, p. 128.

Você poderá interessar-se também por:

ALFONSO LÓPEZ QUINTÁS

O CONHECIMENTO DOS VALORES

INTRODUÇÃO METODOLÓGICA

De acordo com o autor, os valores pertencem à esfera da realidade que é inacessível ao conhecimento científico e técnico. Quem deseja conhecê-la precisa mobilizar não apenas sua capacidade intelectual mas também seu sentimento, sua vontade e seu poder criativo. Esse tipo de conhecimento vinculado ao amor, ao compromisso pessoal, à vibração do sentimento traz consigo um modo próprio de racionalidade, nem superior nem inferior à científica. Trata-se, simplesmente, de uma racionalidade diferente, própria a essa área do conhecimento. Alfonso López Quintás apresenta neste livro uma introdução metodológica ajustada a esse peculiar objeto de conhecimento que são os valores.

facebook.com/erealizacoeseditora   twitter.com/erealizacoes   instagram.com/erealizacoes

youtube.com/editorae   issuu.com/editora_e   erealizacoes.com.br

atendimento@erealizacoes.com.br